U0632955

国家特色专业"公共事业管理"建设成果

后大众化阶段
大学发展的审视与反思

王云兰　著

Houdazhonghua Jieduan
Daxue Fazhan De Shenshi Yu Fansi

中国社会科学出版社

图书在版编目（CIP）数据

后大众化阶段大学发展的审视与反思／王云兰著．—北京：
中国社会科学出版社，2012. 10
ISBN 978 – 7 – 5161 – 1631 – 9

Ⅰ. ①后⋯ Ⅱ. ①王⋯ Ⅲ. ①高等学校－发展－研究－中国
Ⅳ. ①G649. 21

中国版本图书馆 CIP 数据核字（2012）第 251201 号

出 版 人	赵剑英
责任编辑	宫京蕾
责任校对	秦　艳
技术编辑	李　建

出　　　版	中国社会科学出版社
社　　　址	北京鼓楼西大街甲 158 号（邮编 100720）
网　　　址	http：//www. csspw. cn
	中文域名：中国社科网　　　010 – 64070619
发 行 部	010 – 84083685
门 市 部	010 – 84029450
经　　　销	新华书店及其他书店

印　　　刷	北京奥隆印刷厂
装　　　订	北京市兴怀印刷厂
版　　　次	2012 年 10 月第 1 版
印　　　次	2012 年 10 月第 1 次印刷

开　　　本	710 × 1000　1/16
印　　　张	14. 5
插　　　页	2
字　　　数	243 千字
定　　　价	39. 00 元

凡购买中国社会科学出版社图书，如有质量问题请与本社联系调换
电话：010 – 64009791
版权所有　侵权必究

目　　录

第 一 章

引　论

　　回顾我国十余年高等教育所走过的历程，国家全面主导了高等教育发展走向。1999—2004 年前后以规模扩张、2005 年全面提升高等教育质量工程，再到《国家中长期教育改革发展规划纲要》提出管理体制改革、构建现代大学制度，每个五年发展任务明确，重点突出。新的发展阶段有新的特征和要求与新的使命和任务，在对前一阶段高等教育发展总结反思的基础上，及时应对国家和社会提出的新任务，解决面临的新问题，大学人责无旁贷。

第一节　高等教育后大众化阶段的特征

　　我国高等教育自 1999 年扩招以来，高等教育规模加速扩张，使我国高等教育毛入学率由 1998 年的 9.8% 提升到 2010 年的 26.5%，高等教育总体规模跃居世界首位。但是，快速发展使我国高等教育发展进入了一个"平台期"，有学者称之为高等教育的"后大众化"阶段。对此，我们首先应讨论高等教育后大众化阶段理论问题。

一　高等教育大众化理论的提出

　　1973 年，马丁·特罗教授在对美国高等教育规模扩展的状况及随之带来的变化进行思考、分析，写下《精英向大众高等教育转变中的问题》，该文以高等教育毛入学率为指导将高等教育的发展分为精英、大众、普及三个阶段，并对各阶段的内涵进行质的界定。指出"当一个国家接受高等教育的人数与其适龄青年相比，如果不超过 15%，视为高等教育经营阶段；处于 15% 和 50% 之间，视为高等教育大众化阶段；超过

50% 被视为高等教育普及化阶段"①。为了论述这一明显的变化，马丁·特罗从高等教育规模、高等教育本质、高等教育功能、高等教育课程、高等教育入学招生、高等教育教学等 11 个方面来阐述各个不同发展阶段所产生的质的变化。

"马丁·特罗教授的三个阶段理论虽然并不是经过数学推理与统计学分析得出的实证研究结果，但却是一种合理的想象和推断，是一种根据阶段社会发展事实而进行的逻辑判断，是根据他本人从事高等教育的经验对当时世界高等教育发展形势的一种推断。"② 这个通过高等教育毛入学率来划分高等教育阶段的方式是马丁·特罗教授以美国和欧洲高等教育大众化作为其理论基础，并没有涉及其他国家，也没有考虑发展中国家"后发外生型"的大众化发展方式。马丁·特罗教授从"量"的积累到"质"的飞跃这一发展观出发，提出高等教育从精英向大众、"普及"阶段发展时，曾指出："几乎在所有情况下，学生数量的增长都先于其他方面的变化"的"质变先于量变的断言"③，但这一断言在高等教育发展实践中存在一定的局限性，与许多国家的发展现状不符而受到学者的质疑，因此，各国教育学者结合本国社会、高等教育大众化实际等因素，在马丁·特罗理论基础上对高等教育大众化理论进行了发展和创新。

二　高等教育后大众化阶段论

高等教育后大众化阶段论最早由日本有本章教授提出，他在考察 20 世纪 90 年代末日本高等教育大众化演变过程中发现在社会、经济、文化等因素的影响下，其管理体制、经费来源、发展道路等方面产生了巨大变化。发现大众化阶段的后期，并不只是计算适龄青年入学率的继续增长而进入普及化阶段，越来越多的成年人为了满足工作和生活需要，多次进入高等学校接受继续教育，这一现象有别于马丁·特罗教授早期预言的普及化阶段。于 1997 年发表了《后大众化时期学术机构改革的跨国研究》一文，提出了高等教育后大众化阶段论。

---

① 马丁·特罗著，王香丽译，谢作栩校：《从精英向大众高等教育转变中的问题》，《外国高等教育资料》1999 年第 1 期。

② 潘懋元：《精英教育与大众教育》，《中国高教研究》2000 年第 12 期。

③ 马丁·特罗著，王香丽译，谢作栩校：《从精英向大众高等教育转变中的问题》，《外国高等教育资料》1999 年第 1 期。

　　在高等教育发展阶段中政府政策变化的基础上，有本章教授对后大众化阶段高等教育发展的趋势作了分析。主要包括以下八个方面的内容："（1）在后大众化阶段，教学取向主要侧重本科教育，研究取向侧重研究生教育；高等学校应该增大国际学生的人数；高等学校应该更多的为社会服务。（2）强调在高等教育后大众化阶段，研究生教育应该从本科教育机构中脱离出来。为适应新的学科的出现，要通过院系和教职工的重新安排使学科交叉和整合。（3）在后大众化阶段，在越来越严峻的经济环境及其对学术管理的影响下，高等学校的行政和管理效率要进一步提高。（4）在后大众化阶段，高等教育的经费预算都面临着短缺威胁，学术经费的减少必然对学术的职能产生直接或者间接的影响。（5）论述了学校分类的变化。他把学术生产力分为两类：研究生产力和教学生产力，认为要运用学术生产力划分学校的类型：一种类型重教学，一种类型重研究。（6）论述了后大众化阶段学生入学和就业的变化。在大众化时期学生人数不仅稳步增长，学生也能找到舒适满意的工作，而在后大众化阶段，这一切发生了改变，高等学校必须认真考虑职业性问题。（7）在后大众化阶段，要对课程和课堂教学进一步改革。（8）在后大众化阶段，对学术性人员、非学术性人员以及学生等三种类型人员的变化给予重视。"[1] 上述八个方面对后大众化阶段的预测，是从学校出发。对学校的发展提出了要求，有助于高校把握住发展的政策和方向，积极应对高等教育后大众化阶段内外部的各种变化。

　　高等教育"后大众化"阶段不仅出现在日本，1997 年美国学者罗伯特·吉姆斯基教授发表了论文《美国高等教育后大众化》，认为有本章教授的七条假设准确描述了美国当时高等教育的特征，美国也同样存在"后大众化"阶段。

　　我国高等教育的新发展主要有，2001 年潘懋元教授和谢作栩教授联合发表文章《试论从精英到大众的"过渡阶段"》，提出"过渡阶段"论，指出"中国高等教育发展的进程中，在距离大众化数量增长最低限度还很远的时候，就已经出现若干马丁·特罗教授所列举的大众化阶段质的特征，甚至出现了某些普及化阶段的特征"。这一"质变限于量变的特征"和马丁·特罗教授提出的"量变限于质变"的论述截然不同。潘懋元教

---

① 潘懋元：《中国高等教育大众化的理论与政策》，广东教育出版社 2008 年版。

授和谢作栩教授的文章认为："可以将这种高等教育的'量'的积累尚未达到西方学说所说的大众教育的'度'，即毛入学率未达到15%，而超前出现的种种大众化高等教育新质的变化过程，称之为精英向大众化教育转变的过渡阶段。"① 潘懋元教授和谢作栩教授所提出的从精英到大众的"过渡阶段"，是基于我国在量上还未达到高等教育。2010年我国高等教育毛入学率达26.5%。高等教育在校人数达3105万人，我国已走上高等教育大众化的阶段。在质的方面表现出后大众化的特征。我国已经进入高等教育"后大众化"阶段。

杨移贻认为，"在中国高等教育大众化发展到一定时期，办学规模经过一段时间的快速扩充，达到一定的量，如毛入学率达到25%之后，进入发展的缓和期，需要对发展中出现的种种问题进行反思，并作出政策调整，这样一个时期直至普及化到来，就是高等教育发展的后大众化阶段"。②

我们认为，后大众化阶段的关键词，应该是反思后的回归、改造和重建。在后大众化阶段发展的平台期，大学及大学管理者应沉静下来，对大学当前存在的问题深入探讨。在大学快速发展的时代，更应当重建大学发展理念和重申发展使命；在大学三大职能并驾齐驱并有利益倾斜的环境中，回归大学的教学本位思想并为基础人才培养的质量提供保障，同时，思考反省大学学术研究的本质和规律；大学在已成为社会责任的中心的环境中并承载着建设创新型国家的重要任务，社会服务职能如何进一步发挥；应用型本科院校升格的背景下，如何寻找它们发展瓶颈的应对措施，民办高等教育优胜劣汰趋势凸显，如何解决在市场发育很不成熟的条件下它们的生存问题；在大学内部微观管理层面，人们探究上述问题时发现大学发展的诸多问题与现代大学制度建设密切相关，精英教育阶段的发展模式和管理模式已不能适应现阶段的需求，如何建构现代大学制度以促进大学良性发展的问题是后大众化阶段高等教育不能回避的。

---

① 潘懋元、谢作栩：《试论从精英到大众高等教育的"过渡阶段"》，《高等教育研究》2001年第22期。

② 杨移贻：《后大众化阶段教育的审视》，《深圳大学学报》（人文社会科学版）2009年第5期。

三　我国高等教育后大众化阶段的特征

（一）我国高等教育后大众化阶段的总体特征

1. 高等教育以质的变化促进量的增长

我国高等教育发展的进程，在距离大众化数量增长最低限还很远的时候，就已经出现了若干马丁·特罗教授所列举的大众化阶段质的特征，甚至出现了某些普及化阶段的特征。高等教育的发展自精英阶段向大众化阶段过渡的同时，会把高等教育自身所具备的知识、技术与智力资源向大众推广并普及。高等教育在精英化阶段对于质的追求与量的限制，促使大学在向大众化阶段发展中获得更广阔的发展空间后能够抛弃数量上的制约，将其教学与科研方面的精神与理念推广于大众，达到"以质促量"的效果。

2. 政策制定对高等教育的影响

从政府高等教育政策演变来看，1999 年召开的第三次全国教育工作会议对高等教育的发展方针作出了重大决策，《中共中央国务院关于深化教育改革全面推进素质教育的决定》提出要扩大高等教育规模，实现积极稳步发展；在《面向 21 世纪教育振兴行动计划》的报告中，明确规定了我国高等教育毛入学率在 2010 年要达到 15% 的目标，在"十五"计划中这一目标又被提前到 2005 年。经过四年大规模扩招，2002 年即提前三年达到了 15% 的目标。以上事实说明政府政策直接导致了高等教育大众化阶段的到来，因而也可以推断系列政策的出台将会为高等教育后大众化阶段的出现与合理发展扫清障碍。

3. 大学管理体制变革的紧迫性

在当前社会发展阶段中，知识已成为市场资源，经济功能变得越来越重要，大学组织的结构性保护与传统性自由都越来越受到来自大学外部的压力和影响。在高等教育后大众化阶段，"教授群体尽管仍有自身的理性和价值中立，但也已经陷入致命的学术派系之争中，政府机构要求大学直接解决社会问题，学生要求大学尊重他们作为消费者的利益，而社会的产业组织则希望大学为其培养大量的管理精英和科技人才，以满足其应付全球化竞争的需要"①。大学走出了象牙塔，但教授学者仅仅依赖自身理性和价值中立，难以保持学术权力的限度。"大学原有的组织体制、精神内涵、学术范式、精

---

① 高桂娟：《论建立现代大学制度的时机与紧迫性》，《教育与现代化》2003 年第 2 期。

英教育倾向在多重目标主体的相互冲突之下已经被推到悬崖边上，学术生活也变得越来越缺少吸引力。"① 西方发达国家已经建立了成熟的大学管理体制，并正在原有基础上推陈出新，而我国大学制度化的进程还举步维艰，建立现代大学制度更是燃眉之急。改革开放以来，我国高等教育仍以政府行政约束为主导，经费来源、专业设置、招生计划等各种资源多受限制。这种资源配置方式导致大学缺乏竞争和激励机制，机构重叠、队伍臃肿、人浮于事、效益低下的局面长期难以解决，行政权力主宰大学的局面严重制约了大学的发展，大学管理体制变革迫在眉睫。

（二）我国高等教育后大众化阶段特征在职能方面的体现

1. 人才培养方面的进展与问题

（1）人才培养上的新进展

①数量变化。我国高等教育自 1999 年大规模扩招以来，在校人数及高等教育毛入学率连年增长，如表 1-1：

表 1-1   1998—2010 年我国大学在校人数与毛入学率发展进程表

年份	在校人数（万）	毛入学率（%）
1998	642.99	6.80
1999	742.42	10.5
2000	939.85	11.2
2001	1214	13.3
2002	151.62	15.3
2003	1900	17
2004	2000	19
2005	2300	21
2006	2500	22
2007	2700	23
2008	2907	23.3
2009	2979	24.2
2010	3105	26.5

注：该表根据 1998—2010 年全国教育事业发展统计公报编制。

---

① 高桂娟：《论建立现代大学制度的时机与紧迫性》，《教育与现代化》2003 年第 2 期。

通过表1-1可以看出，自1999年实施大扩招政策以来，我国高等教育毛入学率逐年上升，高等教育在校人数大幅度增加，我国自2002年高等教育毛入学率就超过了15%，从数量上看，我国高等教育进入大众化阶段，接受高等教育机会扩大，教育特权局面极大改善。

②目标变化。人才培养由注重培养"学术型"人才向注重培养"应用型"人才转变。"学术型人才以学术价值的追求为主，着重理论水平提高，适应社会对高科技专门人才的需求；职业型人才以职业价值的追求为主，着重掌握职业知识与技术，针对各行各业对专门人才的需求。"[1] 一般说，在精英高等教育阶段，注重培养学术型人才；而在大众化高等教育阶段，人才市场需要大量职业型应用型人才。因此，当前阶段学术型和职业型人才结构调整和质量提高是高等教育培养人才须解决的关键。

③培养方式多样化。高等教育质量随着培养目标由注重培养学术型人才向注重培养应用型人才的变化，教育模式由单一精英化教育向多样化的大众教育转变，同时高等教育大众化引起了高等教育结构的多样性，逐步形成了多层次、多样化、多形式、多渠道的高等教育结构网络。在形式上，形成了以普通高等教育为主，民办高等教育、网络教育、高等教育自学考试等多种形式为补充的高等教育体系。

④高等教育质量观多元化。在大众化阶段，以人才培养为核心的高等教育质量观逐渐超越其工具作用，并回归到以人为本的价值取向上。加上大学教学活动的自由性与自主性，每个参与教学的学者教授都有自身独有的培养方式与教学方法，使人才培养更能够适应学生多元化发展的需要，以及采取适宜社会发展的人才培养模式。当前我国的高等教育质量观开始转向主体多元性上来，更加注重人才培养的适宜性、适应性与适用性。高等教育人才培养的需求主体不同，也会使大学在教学活动中博弈学生、教师、学校、市场乃至国家之间的关系，大学的人才培养已不单单是满足其中的某一个方面，而是要综合考虑，寻求各方面需求与利益的平衡，建立高等教育人才培养的适宜质量观。在对大学教学质量进行评估考核的时候，也必须将大学自身人才培养的定位与特色，以及所具备的多元化特征考虑其中，使大学教学质量实施环节与质量保障环节相匹配。

———————————

① 潘懋元：《中国当前高等教育发展中的若干问题》，《大学教育科学》2004年第1期。

（2）人才培养方面的问题

①人才培养缺乏特色。随着高等教育大众化进程的加快及深入，高等教育的实施过程逐渐趋向"麦当劳化"①。大学过分强调数量增长却忽视了质量保证，人才培养上标准化湮没了高等教育多样性，忽视了学生的个性发展。高等教育的"麦当劳化"使高等教育大众化进程进入一种同质产品采取标准化工作程式的大规模生产状态，给高等教育的发展带来不利影响。

②大学定位趋同，贪大求全和盲目攀比心态及学校升格之风泛滥。职业技术院校升格为普通高等院校，单科性大学升格为综合性大学，纷纷争夺硕士点、博士点，将"建设成为世界一流大学"作为各大学的发展目标。大学层次体系不明，功能趋同且丧失特色。大学间攀比心趋胜，占地面积越来越多，所设专业名目繁杂，但是教学的质量却难以保证。各大学间的攀比只是停留在数量而非质量，必然会造成高等教育质量的下滑。

③应用型人才培养定位模糊，精英教育培养机构难以承担过多的高等教育大众化任务。这一类教育机构在培养理论型、学术型人才方面占有优势，理论基础宽厚，并在宽的基础上有所专，从而使之成为拔尖人才；大众化的高等教育则培养应用型和实用型、职业型技术人才，重职业技术技能，使之成为生产、管理、服务第一线的人才。但在后大众化阶段培养目标、教学内容、教学方法完全不同于精英教育，精英教育机构承担大众化教育任务并无优势，用精英教育人才培养模式来培养应用型和职业技术人才，很可能成为"压缩型的精英教育"，一方面精英教育机构并不能适应办大众化教育的需要，其仪器设备、实习基地并不适应应用型本科和高职高专的需求，特别是师资不适应教学要求。更重要的是，精英化研究型大学的教育思想在教学中会用理论型的教学模式来培养应用型人才，这事实上违背了教育教学规律；另一方面大众化高等教育冲击着精英教育，精英教育一旦承担高等教育大众化的任务，势必导致教育资源的分散，也会导致精英教育质量下降，难以保证国家与社会的需求。

④民办高校发展体制机制受到诸多限制。民办教育是我国高等教育大众化目标得以实现的重要条件之一，但是与公办大学相比，民办大学无论是数量和规模上都处于相对落后的状态。由于多元化的资金来源未得到完善，一些民办院校的运营处于艰难维持的状态，由于产权属性不清和学校

① 冒荣：《高等教育的大众化和"麦当劳化"》，《教育发展研究》2002 年第 1 期。

赢利与否性质不清，影响民办高校办学积极性；与公办大学的教师相比，民办学校师资严重匮乏，教师待遇难以保障，严重影响了教学质量；此外，政府机构对于民办教育缺乏足够的认识，还存在一定程度的偏见和歧视；民办教育的监管工作滞后，也使民办日益边缘化；民办教育机构盲目攀比，竞相升格，朝多科性、综合性、研究型大学方向发展的现象在现阶段依然普遍存在，这些问题的存在都急需建设现代大学制度以保障民办高校的有序发展。

2. 科学研究职能呈现市场化与社会化的趋势与问题

（1）科学研究职能的新发展

受知识经济和市场经济调节的影响，大学科学研究成为各个国家科学研究的中心阵地，为科学研究的发展作出了重要贡献。多年来的统计表明，近 20 年内数学、化学、天文学和地球科学四个学科领域的研究中 70% 以上有效的科学进展是由大学的科研学者取得的。

据统计，"在 2010 年度国家科学技术奖授奖项目中，全国高等学校获得国家自然科学奖二等奖 21 项，占总数的 70.0%；全国高等学校获得国家技术发明奖通用项目二等奖 25 项，占通用项目总数的 75.8%；全国高等学校获得国家科学技术进步奖通用项目 152 项，包括特等奖 1 项，一等奖 8 项，二等奖 143 项，占通用项目总数的 71.0%，其中大学为第一完成单位的 105 项，包括一等奖 2 项，二等奖 103 项，占项目总数的 49.1%（不包含国防专用项目）"。[①] 由此可见，大学的科研实力不断增强，对我国经济发展和科技进步的贡献越来越大。大学的科学研究既注重学术价值，也注重社会价值和经济价值，在从事基础性科学研究的同时注重科学技术的推广。随着高等教育后大众化阶段的到来，为培养应用型、职业型人才，学校与企业的合作及学校与政府的合作更加紧密，高等教育科研与市场靠拢，体现出了高等教育市场化与社会化的特征。

（2）科学研究存在的问题

我国高等教育在科学研究方面取得了众多可喜成绩，令人瞩目，同时也存在许多问题让人不容乐观。

①学术科研质量难以保证。学术工作浮躁现象已经显现并有扩大蔓延

---

① 教育部科技发展中心：《高等学校荣获 2010 年度国家科学技术奖情况》，www. edu. cn，2011 年 1 月 14 日。

的趋势，大学一味追求数量，忽视质量指标，盲目套用他人或他国研究结论，抄袭、剽窃等学术腐败现象成为学术界的普遍现象而饱受争议。同时，大学科研经费不足，且分配不平衡，导致各项科研活动难以进一步开展，加上科研项目经费预算不合理，不能保证科学研究的质量。

②重视短期科研，对长期科研投入不足。由于应用型研究的研究周期相对比较短，也容易得到当地社会的各种支持和帮助。而基础性研究的研究周期相对较长，而且难度较大，对当地经济发展的推动作用在短时间内不容易看出。当前国内各项科研政策与计划的制定都是以一定周期为限制标准，这就容易使科学研究受到时限的约束，不能自由开展。

③科学研究队伍亟待完善。目前，由于科学研究的学术评价机制僵化，导致科研定向错位，部分科研人员为了完成既定的科研数量目标，不顾质量要求而弄虚作假。科研队伍建设亟须完善，水平有待提高，高端科研人才严重不足，科研梯队配备不合理，科研人员缺乏团队合作精神，加上后备人才储备不足，青年教师队伍建设也出现了严重困难，以上诸多问题都体现了科学研究队伍的缺陷，以及需要进一步建设完善的地方。

3. 社会服务职能内涵更加丰富与现实问题

（1）社会服务职能的新发展

在庆祝清华大学建校 100 周年大会上，胡锦涛总书记强调指出，全面提高高等教育质量，必须大力服务经济社会发展，自觉参与推动战略性新兴产业加快发展，自觉参与推动区域协调发展，自觉参与推动学习型社会建设，为社会提供形式多样的教育服务。随着我国高等教育大众化的到来，高等教育社会服务职能也发生了一些变化。首先，服务内容更加广泛，既包括服务大众化的继续教育和终身教育，也包括对政府及企业的咨询服务；其次，大学的服务范围日益扩大，不但面向校内，而且面向校外及整个社会和国家，随着国际交流的增多，已经开始了为世界服务的活动；最后，服务途径多样化，大学在为社会服务中主要采取多种途径，诸如开展成人教育与技术教育，大学图书馆、实验室、教室等设施不同程度向社会开放，开展技术推广服务，建立科技园区，建立校企联合研究中心，创建工程研究中心等。

（2）社会服务的现实问题

①社会服务方向缺乏准确定位。很多大学把社会服务简单的等同于经济服务，只关注经济利益而忽视社会效益，盲目设公司办企业，造成社会

资源的严重浪费。单纯模仿其他高层次大学的社会服务模式而不考虑自身的特色与优缺点，难以利用自身优势使社会服务效益最大化。

②科研成果在社会服务中的转化率低。造成这种现象的原因一方面是当前大学仍多是以教学为主，科研活动在一般大学的工作中所占比例较低，加之大学科研往往忽视社会发展的需要，难以适应社会的发展变化并使之与社会相脱离。另一方面，大学科研人员中多数从事理论研究，从事实用技术研发的人员数量少，而且科研工作者为职称、为评奖、为争经费而进行科研，再加上研发资金严重不足，导致科研成果较少且转化率较低，同时也是制约大学社会服务经济效益和社会效益的重要因素。

③政府和企业对大学缺乏相应的引导监督与认知。政府部门对大学缺少有力的协调与监督，不善于利用政策导向、行政手段等多种途径引导大学进行社会服务。企业对大学也缺乏认知，校企之间缺乏沟通，企业对大学的社会服务能力还持有怀疑态度，众多企业对接纳大学科研成果的热情不高，再加上中小企业规模的限制，导致尽管有些企业对科学研究有一定需求，但由于经济条件的制约也难以满足。

4. 高等教育后大众化阶段大学职能的相互促进作用

（1）科学研究对教学活动的影响与促进

大学培养人才，主要通过教学活动来实现，发展科研，需要通过科学研究活动来实现。教学与科研这两种活动之间，相辅相成，互相促进，密切结合，存在着内在的联系。大学通过培养人才与发展科研两种职能的作用，一方面可以通过加强科学研究进而促进教学活动质量的提高，另一方面又可以向社会提供科学研究成果而履行社会服务职责。

当前，就大学出现"重科研，轻教学"的现象进行分析表明，科研收益大于教学收益是大学教师不愿多授课而愿意搞科研的主要原因。此外，有限的社会资源引发教学与科研如何合理分配的矛盾，教师有限的精力也难以保证教学与科研的并重。在高等教育后大众化阶段，既要重视人才培养，又不能忽视科学研究，两者相辅相成，还要做到教学与科研相结合，使科学研究发展的同时能够促进教学工作的进步。首先，人才培养是大学的首要任务。我国《高等教育法》明确要求高等教育的任务是培养具有创新精神和实践能力的高级专门人才，发展科学技术文化，促进社会主义现代化建设，教师应具有教育教学能力和科学研究能力。可以看出，教学的中心地位与大学的主要职能与从事的主要工作是一致的，教师应当在教学和科研中发挥重要作用。其次，教学与科研要协调发展，以科学研究促进教学活动的开展。大学科研包括以发现新知识为目的的专业科研和提高教学质量为目的的教育科研，因此教师的科研有别于科研院所的科研，大学教师的科研主要促进教学质量以及学科专业建设，进而满足社会需求，主要目的是为了提高人才培养质量。因此，教师的科研活动与水平要在教学实践中接受检验，并不断总结丰富，提高教学水平。最后，将科学研究成果融入教学中。教学规律的探索、教学手段的改革和教学方法的创新，离不开教学过程。科学研究的成果要在教学过程中得到应用和检验，才能不断地丰富和发展。科学研究活动要从教学中来，并在教学过程中获取各种数据、案例及论证材料，并在教学实践中验证其实用价值。

（2）社会服务对教学科研的作用

当前，高等教育提倡发挥大学的社会服务功能，是指把社会服务的理念渗透于教学科研之中，发挥大学的教学和科研的社会服务功能。大学是社会的重要组成部分，它之所以在当今社会起着越来越重要的作用，与知识经济时代对科学技术的依赖有着密切的关联。而大学在进行科学研究和科研人才培养方面有着其他社会机构无法比拟的优势。大学的教学和科研是其进行社会服务的前提和基础，是其社会服务得以不断开展的源泉。注重高等教育的社会服务职能，但不能因此而忽视高等教育应该承担的教学和科研责任，因为教学与科研本身就是高等教育社会服务的重要形式，也是其他社会服务项目得以展开的基础。

在高等教育增强社会服务职能，参与经济社会发展，构建学习型社会的过程中，大学与企业或者相当于企业的类似组织间的沟通与合作是重要的前提之一。校企之间的社会服务性合作，一方面可以使大学的科研更符合企业和社会的需要，使之更快地转变为实际生产力，更好地贡献于经济和社会发展。另一方面，高等教育机构也通过加强与企业合作，进而服务于社会，更好地了解企业和社会的实际需求，提高人才培养的适用性，同时也满足了学生就业的迫切需求。

（三）高等教育后大众化阶段大学制度特征

高等教育改革在一定程度上促使了高等教育以更快的脚步走向现代化。高等教育现代化是一个系统工程，主要以制度现代化为核心，因为制度是观念的具体化，同时又是观念向行动转化的中介和保障。我国高等教育经过十多年的跨越式发展，在制度建设方面逐步完善。然而，纵观当前的现代大学制度以及高校教育管理制度仍然存在诸多问题。高等教育后大众化阶段，大学制度该何去何从成为每一个关注高等教育的人关心的焦点。

1. 高等教育后大众化阶段大学制度建设问题

"制度是一个由共同产生行为规则的社会要素组成的体系。"[①] 在高等教育后大众化阶段，制度化的大学运行规则、大学理念和规范共同产生了高等教育系统内部协调统一的行为。良好的制度不仅是高校运行的一部分，而且能形成其长期发展的动力。制度对行为具有普遍的影响，这是因为个人在社会中生存，都在努力寻求对其行为的认知、合作、规范和信息指导。在高等教育系统中，制度对高等教育的任何组成部分都能产生重要的影响，大学制度是高等教育制度中的核心部分。进入高等教育后大众化阶段，大学制度建设的重要性尤为突出。

北京师范大学檀传宝教授把当前的制度缺失分为三种，分别是完全制度缺失、不完全制度缺失、隐形制度缺失。完全制度缺失是指完全没有某方面的制度，可以是某一方面大的制度的系统缺失，也可以是某个较小制度的缺失。不完全制度缺失是指虽然制定了某方面的制度，但是相关配套的制度没有跟上，或者存在有法不依的现象，造成制度的完整性无法实现。在我国各级教育系统都存在不完全制度的缺失，不是没有制度，而是缺乏与制度相配套的保障措施。隐形制度缺失是表面上某方面的制度十分"齐全"却毫无效果，实际上却是形同虚设。反观当前的高等教育系统，自上而下制定的制度、条例所涉及的范围以及所包容的内容应该说是比较齐全的，但是这些制度大部分束之高阁，教师或者学生甚少知道这些制度的存在，更别谈制度的执行。

当前人们对后大众化阶段的大学制度存在一些认识上的误区。王洪才教授认为主要存在以下四个误区：一是认为现代大学制度是一种"既有的"大学制度，主要是指清朝末年从西方引进的大学学制和由洪堡建立的德国柏林大学所确立的大学制度，即大学自治、教学与科研相结合的制度；二是认为现代大学制度只是一种现实的和相对的话语，是针对传统大学制度而言，也即传统计划经济体制下和市场经济体制下相对应的制度；三是认为大学制度可比照现代企业制度建立，实现所有权和经营权的分

---

①　艾维纳·格雷夫：《制度、历史和发展》，《制度经济学研究》第十一辑。

离；四是认为现代大学制度是促使大学走向市场化和产业化的，也即大学的营利化。

2. 高等教育后大众化阶段大学制度特征

科学管理要从科学的制度设计开始，而这不光是要有制度，核心更在于制度的有效执行。奥菲曾指出："一个运行良好的制度，可以使行动者从有目的和策略性的考虑中解放出来。"制度设计应该为人们提供行动指南，能够形成人的行为预期。后大众化阶段的高等教育在制度设计上要突出以下特征：

一是制度设计的科学性。科学进行制度配置才能把现有的制度安排进行优化组合，发挥制度的最大效用。

二是制度建设应与时俱进，与当前的意识形态建设和时代发展步伐相结合。国家政策的不断更新以及经济社会的迅猛发展都需要高等教育制度紧跟脚步，落后所要面临的必将是淘汰。在建设制度时，应在维护集体利益的同时尽量考虑到个人的利益要求，坚持以人为本，构建和谐社会。

三是在大学发展过程中，国家是制定大学制度的核心所在，国家要将大学制度纳入整个社会总体发展战略之中，进行全方位的考量。

第二节　后大众化阶段我国大学的使命

一　大学使命的演变

美国著名学者洛韦尔说过："大学的存在超过了任何形式的政府，任何传统、法律的变革和科学思想，因为它们满足了人们的永恒需要。在人类的种种创造中，没有像任何东西比大学更经受得住漫长的吞没一切时间历程的考验。"大学是人类创造知识和文明，传承文化的媒介，是人类进步的标志。如果说大学是一个组织，那个这个组织所赋予的使命是什么，应该是什么？这种沉重而艰巨的历史使命感是大学赖以生存和发展的动力。有位学者说过，想知道现在该做什么，就像回望过去，做了些什么才能更好地知道以后该做什么。那么，大学的使命在这几千年的沉淀中有着哪些的演变呢？

（一）中世纪大学的使命：知识传递

中世纪是世界上最早大学的发源地，在中世纪，它是一个文明的场所，培养了大量的智者，被人类文化史上誉为"智慧的花朵"的中世纪大学，主要的使命就是文化知识的传授，主要是为社会培育"有教养的人"，"高贵的人"，是以传授专业知识为主的场所（主要是文、法、神、医四科）。这个时候的知识大多数为宗教知识，大学是为统治者服务的，是为宗教目的培养人。

到了 10—11 世纪，由于社会经济的发展，为中世纪的复兴创造了条件，大学则是中世纪复兴不可避免的结果。由于经济的发展，各种机构不断增多，机构的存在有赖于那些有专业知识和特殊技能的人的存在。到了12 世纪，随着社会政治经济文化和社会的发展，逐渐发展起来的贸易商业与相关的机构，都需要大批的有知识有文化的人才。中世纪大学主要是承担了传递知识的使命，这是由当时的社会历史条件所决定的。首先归因于西欧社会生产力有了显著的发展，农业的发展又促进了手工业和纺织业的发展。其次，西欧各国城市增加很快并且城市也有了新的特点。生产力的发展使人们对于知识的渴求有所增加。最后，宗教的需要。当时的目的有二，一是教化人民，二是培养僧侣。当时的大学主要就是开设了神学专业，培育相关的人才。但是也只是一个传递作用，并没有自己的见解与创新，所以，充其量也就只能说是一个知识的传递。

（二）19 世界大学的使命：科学的研究与发展

洪堡在创办柏林大学时提出了传授高深知识是大学的基础，他认为这种高深的知识是要脱离社会的需要、超越社会现实的理念性知识，从而他提出了学术自由。教学与研究相结合的办校方针影响深远，直到今日仍是全世界办大学所尊崇的教育思想，同时还认为大学是社会的道德灵魂，主张大学不仅是一个机构还是一个研究中心。大学不仅承担了知识的传授而且要与社会紧密相连，满足社会的需要，不仅仅是传授，更多的是要求进行科学研究。柏林大学做到了，在这个时期，科学研究的飞速发展，柏林大学为进行科学研究提供了更多的空间。其他原因是，人口的迅速增加，工业革命的不断推进。工业革命又推动了城市的发展，工业革命引起了产业结构、就业结构及消费结构的变化。工业革命的爆发促进了人们对科学的渴求，经济的发展离不开技术的支撑，而科技又离不开人才和教育，大学顺理成章的担起了自己的使命——科学研究。

（三）20 世纪大学的使命：服务社会

这个时期的大学以美国威斯康星大学为代表，为社会服务是使命，该大学把英国住宿学院和德国研究型大学的优点结合在一起，文理学科，应用学科和创造性的学科一起发展。范·海斯提出："州立大学的生命力在于它和州的紧密关系中。州需要大学来服务，大学对本州负有特殊的责任。教育全州男女公民是州立大学的任务，州立大学还应促成对本州发展有密切关系的知识的迅速成长。州立大学教师应用其学识与专长为州作出贡献，并把知识普及全州人民。"① 大学的任务被定义为，培养学生成为有知识的公民，发展知识，服务于社会，追求学术自由的精神。其原因是，20 世纪初，美国成为工业化最强大的国家，提出了大学使命第三种观点，即大学应该为社会服务。这是继传授知识、科学研究的第三个使命。美国学者德莱赛尔指出："大学不仅从社会得到了支持和权威，而且必须以社会为导向，承担起社会责任，其教育项目必须适应社会需要。"在赠地学院运动中兴起了直接服务社会的大学理念。约翰·巴斯卡姆呼吁所有大学一齐行动起来，攻克国家存在的弊端，促进社会的改革和完善。他要求威斯康星大学通过加强与社区的有机联系，致力于社会进步的工作。令人鼓舞的推广项目、通俗的短期农业课程的开办、为解决一直困扰该州乳制品工业的具体问题而开展的内容更加广泛的研究项目，以及自然科学和社会科学培训项目的拓展，都只是那些刚刚启动的项目的一部分。"威斯康星州的人民决不允许他们的大学在学术空想中迷失方向。他们懂得大学应提供不同的东西和新的东西，提供可以满足其需求的东西，提供他们称之为实践的东西。他要求大学行政当局和教师反映人民的需要。在他的倡导下，威斯康星大学开始为政府提供专家咨询服务。"②

二　西方著名学者的大学使命观

谈论起大学的使命，最容易被人遗忘，而又最不应该忘记的一个人就是西班牙学者奥尔特加·加塞特（Jose Ortega Gasset）。他的演讲录《大学的使命》（*Mission of the University*）曾与纽曼的《大学的理想》（*The Idea of a University*）、弗莱克斯纳的《现代大学论：美英德大学研究》（*Universities：American，English，German*）以及赫钦斯的《美国高等教育》（*The*

---

① 王荣声：《19 世纪欧洲大陆工业革命的特点及其社会后果》，《晋阳学刊》1999 年第 1 期。

② 刘宝存：《威斯康星理念与大学的社会服务职能》，《理工高教研究》2003 年第 5 期。

Higher Learning in America）一起并称为世界高教史上的经典著作。20 世纪 60 年代在美国遭遇与我们目前所处的同样困境时，克拉克·克尔经过审慎的反思，认为"《大学的使命》比四十年前和它成套的几部经典著作更加针对 21 世纪的课程讲话，而且这是为 2000 年和以后写的一部经典著作"。

与其他国家学者的学术风格迥异的是，奥尔特加在 1930 年面对其他国家的高等教育模式，就极其自信地提出，西班牙不需要仿效别国的教育模式，因为"模仿将是毁灭性的"。他不接受英国保存大学非专业方面的模式，不接受过分强调科研的德国模式，而是要一个西班牙式的解决方法。奥尔特加认为，首先应该直接而明确地回答大学是什么？大学应该干什么？因为这与大学的改革直接相关。大学的功能应该包括文化传授、专业教学、科学研究和新科学家的培养四项职能。但是，现代大学几乎完全放弃了文化的教学或传播活动。他主张在大学开展文化教学，建立起符合时代要求的思想体系，并把它作为一项凌驾于一切之上的基本功能。因为这种"普通文化"传统在一定程度上切合任何时候、任何国家的高等教育系统。

简而言之，奥尔特加认为，作为一种高等教育机构，大学首先应该把普通人培养成有"文化修养"的人，使他们处于时代标准所要求的高度。所谓"文化修养"，是指人的精神；培养"基本文化修养"，就是应该向学生传授一些装饰性知识，从某种程度上说是培养学生的道德品质或理智。他认为，文化是每个时代固有的生命体系，是时代赖以生存的思想体系。并且，把"启蒙"的基本功能归还给大学，具有重要的历史意义。大学的任务在于向人类传授时代文化的全部内容，向人类清楚地展示个人生活必须得到阐明的宽广世界。他甚至认为，应该把"文化系"确立为大学乃至高等教育的核心。他进而指出，目前所谓"探索性研究"在大学占主导与支配地位，这种发展趋势带来的后果将是灾难性的；"唯科学主义"思想也一直在困扰着大学的发展。那么如何处理文化、专业与科学的关系呢？奥尔特加为大学规定了科学的附加功能。

纽曼于 19 世纪 50 年代在《大学的理想》一书里指出，"大学是传授普遍知识的地方"，大学教育应为自由教育而设。因而，大学教育是理智的，而非道德的；大学教育重在传播和推广知识而非增扩知识。在纽曼眼里，大学的存在既不是为了使人变得有学问（非研究性），也不是为了工作做准备（非专业性），更无法使人变得崇高神圣（非道德性），而是为了获得知识做准备（为知识而知识的理性），因而大学的真正使命是培养良好的社会公民并随之带来社会的和谐发展。如此说来，当教育的结果越是趋向建立一种普遍的哲学思想体系时，它就越接近于纽曼所宣称的自由教育所具有的理智美德。所以，普通教育的根本目标从来就是教育本身和受教育者这一状态，因而大学教育仍然应该绅绎出这种无时无地不相通的共同人性。正如斯图亚特·密尔所言，人首先是人，然后才是商人、企业主或专家。这依然是现代大学之根。

克拉克·克尔根据美国高等教育的现状还为现代大学增加了一个目的：帮助社会和大众从比较"实利主义的消费"转到比较"文化的消费形式"。因为实利主义的消费正在极其大量地消耗着本就十分稀缺的物质资源，文化消费就不会这样。另外，实利主义的消费不但难以实现自己的最终目标，还会带来"摆阔性的浪费"、"不快乐的经济"和"富裕的挫折"。文化消费则会带来多样化的享受，却又具有较少的竞争性和排他性；文化消费所要求的环境与资源成本低廉，却能获得较大的满足。因此，大学应该注意引导学生形成合乎人类可持续发展的"消费技能"，更加注意丰富课程文化，更加注意构建周边环境的文化内涵。①

不同的西方学者对于大学的使命有着不同的看法和观点，可以说是与国别有关，因为每个国家的体制不一样，不能一概而论，但是我们的教育的目的是共通的，那就是如何来更好地传授知识和追求真理，如何更好地训练学生，服务社会。如何更好地进行我们的教育事业，壮大我们国家的国力。对于西方学者提出的关于大学使命的观点，值得我们借鉴。

三　后大众化阶段我国大学的使命

后大众化阶段是一个过渡阶段，也可以理解为是一个高等教育从大众化到普及化过程中的过渡阶段，在这个阶段应该是反思、回归、改造、重新创造，那么后大众化阶段大学应该担当何种责任？精英阶段的高等教育有着质的保证，因而对量有着严格的限制，而后大众化阶段的特征以量促质，寻求在数量上的扩大进而促进其质的提高。众所周知，质量是高等教

---

① 张学文：《大众化背景下大学使命的重新审视》，http://www.bisu.edu.cn，2007年9月17日。

育的生命线，在量的增长前提下保证质的飞跃，这需要我们重新审视大学的使命。大学培养出高质量的创新型人才是保证质的前提，人才培养是纲，而创新型人才对于促进高等教育质的提高更有新的内涵；大学是研究高深学问的场所，自洪堡筹建柏林大学起，科学研究就成为现代大学的使命而延续至今，而随着大学科研与社会需求的紧密联系，其所赋予的使命与责任也有了新的变化；大学与社会的交流互动方式是以向社会输送所需人才、科研成果以及技术支持，在大学过多的倾向于社会需求之时，更应当对自身的精神与追求有更多的反思。大学的使命是大学的灵魂，孕育着大学存在的价值，指示着大学的发展方向，在高等教育后大众化阶段，大学的使命内涵更加丰富，意义更加深远。

（一）提高大学教学质量，加强创新型人才的培养

在后大众化阶段，大学开展人才培养，发展科学，服务社会等活动，但大学首先应恪守人才培养的本质，以教学为主要活动。大学因其基本使命乃人才培养而称之为大学，育人为本，知易行难。百年来的发展历程，培育青年人才是大学使命的第一要义。应把提高人才培养质量放在首位，以质量求生存，大学的一切工作应围绕提高人才培养质量展开。大学对社会承担的责任首先是学生为中心，教学质量不能保证，大学就不成其为大学。大学的专业建设、课程建设乃至教材建设，都要对学生负责，对教学负责。"以教学为本，以质量立校"应作为高校的办学理念，作为大学高举的旗帜、一以贯之的形象、孜孜以求的目标和精神。

古今中外，无论是政府、团体还是个人，凡举办教育者，无不把提高教育教学质量作为教书育人活动所追求的终极鹄的而置于学校教育教学活动的首位。无论大学功能如何扩展，也不管大学怎样改革，培养高层次、高质量、高水平的人才，始终是大学的根本任务。而社会衡量和评价一所大学优劣的基本标准，亦主要是看其所培养人才的数量和质量，以及人才的创造力与潜在的发展力。在后大众化阶段，学生人数众多大学规模大，高等教育已由大众化逐渐走向普及化，教师大计，教学为本；教学大计，育人为本。教师是大学培养人才的重要载体与承担者，应以教学为根本，努力提高自己的专业素养和教学水平，只有教学质量提高才能从根本上提高人才培养质量，大学为了实现培养人的目的而建立，它首先是一所教育机构，而不是一所研究机构，所以育人是其根本。因此，高校只有扎扎实实地突出教学中心地位、提高教学质量，做到精力投入到位、政策支持到

位、经费保证到位，通过树立质量观念、确定质量标准、严格质量检查、重视质量分析、实施质量控制、强化质量评估、优化教学过程各个环节的有效管理和有机协调，才能真正卓有成效地确保人才培养质量，进而以质量求生存、求发展、求效益、求创新。[①]

纽曼在《大学的理想》中提到，"一切知识科学、事实和原理、探索和发现、实验和思索的高级保护力量"[②]，即便到了现代，社会状况发生了急剧变化，其创造知识的基本旨趣和功能仍然无可动摇。不同层次的学校的使命也因学校层次的不同有着不同的区分，研究型大学的人才培养模式应以专业基本理论知识为基础，为学生以后学习研究打下深层的基础，而应用型的大学应为实用型人才为培养目的，更加注重的是实用技能的操作和学习。然而现在很多大学的趋同化，培养模式单一化，固守成规，这都将不利于人才的培养。在后大众化阶段，人才培养更多的是要培养特色个性的人才，以适合职业化，从学生自身的需求和个性出发，像工厂的产品一样进行大规模的批量生产肯定是行不通的，这将抹杀学生的潜能和天性，与人才培养目标是背道而驰的。大学在后大众化阶段更应当加大课程改革力度，更新教学内容与教学方法模式，在保证学生质量的同时，提高学生的创新型与创造力。大学不仅仅是为了培养社会所需要的人才，如果是单一的顺应社会的发展潮流，紧随社会需求的变化，那么大学将永远成为社会的附庸而丧失自己的精神与灵魂。大学的存在与发展固然离不开社会，但是在当前大学后大众化发展阶段中，破除人才培养模式与内容的固化与僵硬，对现代大学保证与提高学生质量，以及培养创新型与具有创造力的人才具有更深远的意义。

我国高等教育逐步进入后大众化阶段，高等教育的大发展使大学教育质量的保证和提高成为全社会关注的焦点，坚持以人为本、提高大学教学质量成为当务之急。以人为本、提高大学教学质量就是大学应以满足学生需要、促进学生发展为根本目标，采取有效措施，提高大学人才培养质量。大学教学质量的保证和提高是由师生特别是学生的积极性和教师不断

---

① 张学文：《大众化背景下大学使命的重新审视》，http：//www.bisu.edu.cn，2007 年 9 月 17 日。

② 伯顿·克拉克：《高等教育新论——多学科的研究》，王承绪译，浙江教育出版社 2001 年版，第 214—218 页。

探究教学体现出来的。在教学过程中只有坚持以人为本，尊重人、关心人、服务人，从学生实际出发，以学生为中心，根据学生的需要、兴趣、爱好、现有知识水平和能力、个性特点来调动学生学习的积极性，他们才会爱学、乐学，成为高质量的人才。就大学教育的选择性而言，随着教育买方市场的逐渐形成和大学间竞争的日益激烈，学生及其家长在进入大学教育服务市场时，就可以在众多的服务提供者中进行选择，这样，那些将学生利益放在首位、考虑学生的需求和实际、努力改善人才培养环境的大学就能被学生青睐，赢得学生的选择。这无疑会促使大学以人为本，提高教学质量。①

（二）明确学术研究职责，重塑科学研究的历史责任感

大学的本质与核心就是知识创新、探究学问，大学只有走在知识发展的前沿,，才能不断地创造新思想，引领社会进步和发展。大学对于社会的贡献可以体现为学术成就的多少，为社会创造了多少知识和财富，因此进行科学研究，提高学术造诣是后大众化阶段大学的另一使命。"大学者，研究高深学问者也。"即便到了现代，社会状况发生了急剧变化，其创造知识的基本旨趣和功能仍然无可动摇。大学的本质与核心就是知识创新、探究学问，大学只有走在知识发展的前沿，才能不断地创造新思想，引导社会进步和发展。大学是一个特殊的组织，不仅有着知识传播的功能，同时还承担着为社会提供先进和优秀的科学成果，在这个阶段，随着社会学科发展的压力和物质利益的驱动，使我们大学内部更多地把目光和注意力投向科学研究，表现为片面强调"以学科建设为龙头"，突出学科建设甚于改善学生学习和教学的环境与条件；一些大学的发展规划对"学科建设、人才强校、国际化、服务地方"都施以重笔浓墨，提出趋同化的创一流目标，唯独缺少对本科生的教育教学改革的具体规划和思路；另外，为了满足创收的需求，又以即兴的方式服务社会，干扰了正常的教育教学次序；一些教授不上讲台，不接触学生，忙于学科建设、争取项目做课题；个别大学教师在师德教风方面偏离了大学教书育人的基本方向；这些问题削弱了大学人才培养的基础性工作，使本科的教育教学工作出现了一定程度的边缘化现象。美国学者西尔斯（Edward Shils）认为，研究型大学在

---

① 韩延明：《以教学为本以质量立校——学习贯彻 4 号文件的体会与举措》，http：//wuxiza-zhi. cnki. net，2002 年。

21 世纪面临的主要威胁不是来自外部，"一流的大学在 21 世纪的生存将
取决于大学的内部条件，以及科学精神与学术使命"。从国内目前学术界
的状况来看，与二三十年前相比，我们的学术精神大大消解。李醒民先生
在讨论科学和科学家被异化时警示说："在不良的社会大环境和失范的学
术共同体的小环境的熏染下，学者们也会被世风流俗所裹挟，被污泥浊浪
所席卷；学者们也会被极权政治异化为学术官僚和政治痞子，也会被市场
经济异化为经济的机器，甚至堕落为经济动物；也会被泡沫的学术异化为
学术掮客或科学骗子；或被时尚文化异化为学术的玩偶或文化小丑。"[1]
学术大师陈寅恪先生说："我以为研究学术，最主要的是要有自主的意志
和独立的精神。"由此看出，真正做学术需要自由氛围，给予学术上更多
的宽容和理解，不应急功近利，追求名利，做学术必须耐得住寂寞，经得
起诱惑，不被社会上嘈杂的环境所影响，保持着一颗平和追求学术的心。
学术自由并不意味着可以真心违背社会和人类的道德良知。这是学者的社
会责任。

（三）理性应对社会需求，反思社会服务的边界

社会服务是在后大众化阶段大学走出象牙塔后应履行的义务，大学的
发展离不开社会，正如著名学者弗莱克斯纳 1968 年在牛津大学的演讲中
提到的，"大学必须经常给予社会一些东西，这些东西不是社会所想要
的，而是社会所需要的"。[2] 无论是人才培养还是科学研究都必须围绕着
社会所需要的东西上来，无论大学为何种层次什么类型，都应该有为社会
服务对社会贡献之理念。大学以主动参与变革社会、参与发展经济的积极
姿态，直接与外界交流，这样才能真正走出"象牙塔"。大学要借助社会
力量，以自身的社会服务和贡献与社会形成良性的互动，求得自身的可持
续发展。

大学社会服务职能从诞生到现在已经走过了 150 年的历史，在这漫长
的发展阶段中，大学为促进科技进步、社会发展和经济提高发挥过重要的
作用。大学走出象牙塔，既满足了公众接受高等教育的需求，也为社会的
发展与进步提供了丰富的技术支持，大学一时间成为社会发达程度的象征
和精神文化的核心。但随着大学与社会的联系越来越紧密，社会的发展在

---

[1] 姚利民：《以人为本提高大学教育质量》，http://www.gmw.cn，2005 年 2 月 8 日。

[2] 刘宝存：《威斯康星理念与大学的社会服务职能》，《理工高教研究》2003 年第 5 期。

现阶段愈加多元，社会公众的需求变化也愈加频繁，而大学在紧随社会需求变化过程中渐渐丧失了警惕，一味按照社会发展的需要提供相应的服务形式，使得大学的社会服务呈现出既有盲目与盲从的倾向，也有被社会浮躁和功利所同化的异向。大学社会服务职能的内涵在后大众化阶段确实需要不断发展充实并更加完善，但是面对社会不断变化的需求与诱惑，大学人需要保持理性，大学要与社会保持密切联系，但又需要保持适当的距离，过多地依赖，会失去大学应有的学术与科研独立的本质，大学在服务于社会的同时只有经常反思自身的服务定位，思考服务活动的限度，把握好社会服务的有限性，才能既保持自身的精神内涵与实质，又能满足社会需求，从而促进社会与经济的发展。

总而言之，后大众化阶段大学的使命包括人才培养和学术研究，对社会服务三大块，如果人才的培养和学术科研是大学的天职，那么社会服务则是新时期新阶段大学走出象牙塔后应尽的义务。大学的发展离不开社会，也即是说，无论是人才培养还是科学研究都必须围绕着社会所需要的东西上来，无论大学为何种层次什么类型，都应该有为社会服务对社会贡献之理念。从微观上说，强化学生的服务理念，并在其中培养服务精神。如果把所学的知识转化为技能，应用于实践，并且服务于社会，是人才培养的重点。大学以主动参与变革社会、参与发展经济的积极姿态，直接与外界交流，这样才能真正走出"象牙塔"。大学要借助社会力量，以自身的社会服务和贡献与社会形成良性的互动，求得自身的可持续发展。与此相适应，大学社会职能的内涵也需要不断发展和完善，大学在社会经济生活与国家发展中的重要地位也日益为人们所认识，社会要求大学承担起更大职责，发挥更多的职能。

第二章

大学本科人才培养质量

高等教育发展史告诉我们，大学承担着培养高级专门人才、发展科学技术文化、促进社会主义现代化建设的重大任务。在经历规模大发展的后大众化阶段时期，国家政策重点为质量建设，并提出发展目标是在高等教育规模世界第一的基础上，建设高等教育强国。高等教育强国理念的提出，是给高等教育发展提出的新方向和新目标。2010 年公布的《国家中长期教育改革和发展规划纲要 （2010—2020 年）》 （以下简称《纲要》）着重阐述了提高高等教育质量，注重高等学校内涵建设的关键指标。国家通过立法促进高等教育的质量提高，可见在高等教育后大众化阶段，全面提高高等教育质量和提高人才培养质量已上升到国家政策层面，提高质量是高等教育发展的核心任务，是建设高等教育强国的基本要求。《纲要》要求高等学校要牢固确立人才培养在高校工作中的中心地位，全面实施"高等学校本科教学质量与教学改革工程"。[1] 把教学作为教师考核的首要内容。对大学发展过程中的定位问题也有明确规定：高等教育发展要优化结构，办出特色，大学发展要合理定位，走适应于本地区、本区域发展的特色之路。《纲要》内容更进一步彰显了国家对高等教育内涵发展的高度重视。高等学校人才培养质量的提高，关键在于教学质量，核心在于重视教学、重视教师、重视教学改革及教学研究，要求大学进行教学学术研究，对教学、教材、课程建设等进行深入研究，提升其教学学术水平。教学研究也就成为大学教师教学和研究的组成部分。

大学作为发展科学、培养人才、服务社会的学术性组织，理应成为教授知识、传承知识、创新知识、追求学术的殿堂。而知识的传承与创新需

---

[1] 《国家中长期教育改革和发展规划纲要 （2010—2020 年）》，http：//www.gov.cn，2010 年 7 月 29 日。

要教学质量的提升、需要大学对教学进行研究，大学的定位不明确，攀大求全、盲目升格。扩招后，高校发展中存在着过分趋同的倾向，不考虑社会客观需要和学校办学基础，片面追求发展，盲目追求高层次、综合性、研究型。而一些研究型大学又存在着追求经济利益，利用学校声誉办专科、职业技术学院，盲目追求"大而全"，办成包罗万象、多层次、多形式并举的"太学"。这种情况不仅会使中国高等学校千校一面，服务职能互相重叠，且导致校际间恶性竞争，宝贵教育资源滥用、闲置和浪费，也会使高等教育脱离社会实际，人才市场供需失调，引发严重的社会问题。从理论和实践角度看，这种战略趋同现象的形成有两种路径：一种是"升级路径"，另一种是"大而全路径"。[①] 大学在追求高层次、综合性研究型的过程中，过于重视发展学科，而顾不上本科教学，过于重视实验室、研究基础建设，而忽视了精品课程建设、教材建设与教学改革，过于重视科学研究而忽视了教学研究。大学忽视教学、教学投入和教学研究等基础工作，致使教学质量下滑和人才培养质量下降。大学教学质量的提高，事关着我国大学的发展方向、高等教育的长远发展和高等教育强国使命。因此，针对不同层次、不同类型的大学我们应该对其所承担的主要职责有明确定位。研究型大学中心工作是进行科学研究，以科学研究为抓手来带动教学，提升大学整体实力；一般大学则应以教学为中心，对教学进行研究的同时兼顾科学研究工作，而一批新建的本科学院主要任务是教学，重点是提高教育教学质量以及人才培养质量。

第一节　大学本科人才培养质量观

对后大众化阶段大学本科教学和提高人才培养质量的思考和理解有以下几方面：

一　以生为本

教学和人才培养工作是大学的根基。以生为本是大学生存和发展的基本和核心指导思想。学生既是大学赖以绵延千年经久不衰的稳固组织之源，也是大学未来发展所须承载的首要职责和基本使命，还是大学教学过

---

①　王义遒：《我国高校的恰当定位为什么这么难》，《中国高教研究》2005年第3期。

程、教学变革和教学管理的依据所在。

（一）以生为本的内涵

1. 教育理念

何谓教育理念？"教育理念是教育主体在教育实践及教育思维活动中形成的对'教育应然'的理性认识和主观要求"①；"教育理念是人们对于教育现象（活动）的理性认识、理想追求及所形成的教育思想观念和哲学观点。它是教育主体在教育实践、思维活动、文化积淀和交流中所形成的教育价值取向与教育价值追求，是对教育'应然状态'的理性认识和观念整合，是一种具有相对稳定性、延续性和指向性的教育认识观念体系，具有民族性、国际性、导向性、前瞻性、规范性的特征"。② 综合以上观点，教育理念是人们对教育目标的深切向往、深度探索与勇于追求的思想认识与观念认识，它是一高度整合的思想体系。教育理念能够指引着教育发展，引领教育走向健康稳定的轨道，从而更好地推动教育的改革与发展。

2. 以生为本的教育理念内涵

在大学教育中必须坚持以学生为本的教育理念。以学生为本的教育理念简言之就是"生本理念"。学生是大学的主体，如果没有学生，大学里教师就没有必要存在，大学就不成为大学，也就丧失了其存在的根基。21世纪的教育必定是以人为本的教育。众所周知：百年大计，教育为本；教育大计，教师为本；学校教育，学生为本。是一个不言自明的道理。而党的十七大报告也明确提出科学发展观重要思想，其以发展为第一要义，以人为本为核心。以人为本是科学发展观的核心所在。那么什么是以学生为本的教育理念即生本理念呢？笔者认为：所谓生本理念主要是指在大学教育中，必须以学生为主体，强调大学生的可发展性，充分调动大学生的主动性、积极性、能动性，激发他们的创造性，培育他们的创新精神，以促进学生的全面、自由、和谐的发展。生本理念落实在大学发展过程中，就是以教学为本，以教师为本，在管理制度导向上，在资金使用导向上，在教学与科研、与学科建设的关系上，都应遵循教学第一，教师第一的思想，才能真正体现生本理念。

---

① 眭依凡：《大学校长的教育理念与治校》，人民教育出版社2001年版。

② 韩延明：《大学理念论纲》，人民教育出版社2003年版。

　　以生为本的教育理念落实在专业建设中，应研究课程、教学内容与教学方法以及研究教材。

　　（1）研究课程和教学内容。现代大学培养的学生应是复合型人才，也是现代高等教育的理念。复合型人才的培养就必然要求大学要将人文教育与科技教育融合在一起，将通识教育与专业教育相融合，以培养出全方位发展的人才。大学的教学是建立在专业教育基础之上的培养高级专门人才的活动。课堂是人才培养的主阵地，教学是人才培养的主渠道，课堂和教学活动的载体主要落实在课程设置上。如何科学设置课程和教学内容首先需要加大对课程的研究力度。应根据时代的发展、社会对专业人才知识结构的需要，聘请该领域的专家学者、优秀教师、在校学生、优秀校友和教学管理者共同参与研究，决定课程的门数、科目、课时及课程衔接。根据学生职业需求和师资条件，除了满足必要的学分选修课外，鼓励教师结合研究方向和研究领域开设出一批优质的选修课，尽量增加选修课程数量；开设一定数量的通识课程，并从制度上鼓励教师开出选修和公共通识课，从制度上要求学生选择必要的经典课程和研究的前沿课程，或跨专业选修课程，挖掘一批具有专业潜质的可造之才，便于学生知识的融合和交叉，提升学生的知识素养和文化素养。避免学生专业学习的功利化和浮躁。"课程研究的目的就是寻求有效的教育途径来提高高校的教育质量，最终促进学生的发展。"[1] 课程研究既是教师的权利也是教师应尽的职责，加大课程管理和研究的力度也能推动教师参与课程研究的积极性，同时也是改进教师教学能力、提升教学水平和促进教师专业成长的重要举措。其根本是以生本理念和通识教育理念为指导，促进教学质量、人才培养质量的提高。

　　（2）研究教学方法和教材。首先，倡导研究性教学等多样化教学方式。大学教师的教学方式、方法、手段应充分挖掘学生的潜能。改变传统的教授为主、学生为辅；教师主角、学生被动；教师提供固定知识和信息，学生接受和记忆的方式，实施开放式教学，案例教学，课堂辩论、情景模拟、实地调研，专题教学等形式各异的方式、方法、手段。培养学生不仅吸收知识，还会反思知识；学会思考问题、提出问题进而解决问题。其次是建立弹性教学制度。适当减少课时数，让学生有更多的时间进行自

---

① 严仲连、卢辉炬：《我国高校课程研究及其研究的特殊性》，《江苏高教》2009 年第 3 期

主性的学习，让学生充分利用图书馆数据库和馆藏资源以及利用好实验设备，以便更大的调动学生学习的主动性、能动性、积极性，这样学生才会学有所乐、乐有所学，进而学有所专学有所长。研究教材。教材有广义和狭义之分。狭义的教材是指教科书（即课本），广义上的教材则是指用于教学的各类信息载体（涵括文字教材，电化或音像教材等在内）。教材是前人知识经验和智慧的总结，是科学家、学者和教师代代相传的发明创造和科学真理，是科学研究和对真理探究形成的学术成果中的精华。教材是最重要的课程资源之一，也是培养学生知识积淀和知识储备的主要载体。因而大学教师不但要学会把握教材，充分发挥教材的作用，而且还要创造性地使用教材，研究教材，通过教材的学习，让学生掌握本专业领域最为基本最为重要最为先进的知识体系，从而完善学生的知识结构。

二　以教学为中心

进入了后大众化阶段高等教育，质量是大学今后发展的重点之一。从地方大学来看，教学中心工作需要处理好如下几个关系：内涵发展与硬件建设的关系、本科生教育与研究生教育的关系、教学与科学研究学科建设的关系、教学为本与社会服务的关系。大学作为培养人才、发展科学、服务社会的场所，其中人才培养从大学诞生之日起就是其根本任务，而人才培养也主要是通过大学的教学途径。因此大学也必须把教学作为中心任务来抓，教学也必然成为大学的中心工作。

（一）大学教学的特征

《中国大百科全书（教育卷）》中，教学是"教师的教和学生的学的共同活动。学生在教师有目的、有计划的指导下，积极、主动地掌握系统的文化科学基础知识和基本技能，发展能力，增强体质，并形成一定的思想品德"①。教学过程是教育者的教和受教育者的学的双边活动的过程。教学作为大学的中心工作，必有其特殊性所在。《教育辞典》中，教学是指"师生双方的协同活动。通过这种活动，教师有目的有计划地引导学生掌握人类长期实践积累起来的文化知识，发展智力和体力，培养道德品质和世界观，使他们成为社会所需要的人。学校是培养人的场所，教学则是学校实现教育目的、培养合格人才的主要途径。学校以教学为主，妥善安

---

① 《中国大百科全书（教育卷）》，中国大百科全书出版社 1985 年版。

排教学和其他各项教育工作活动，是建立稳定的教学秩序，全面提高教育质量的重要条件"。有学者认为"教学"是指教育目的规范下的、教师的教与学生的学共同组成的一种教育活动。在我国，教学是以知识的授受为基础的，通过教学，学生在老师的有计划、有步骤的积极引导下，主动地掌握系统的科学文化知识和技能，发展智力、体力，陶冶品德、美感，形成全面发展的个性。综上所述，教学是教师的教和学生的学所组成的一种人类特有的师生共同活动。在活动中，教师通过有目的、有计划、有组织的引导学生自觉主动学习和掌握人类文化知识和基本技能，促使学生全面发展个性品质的形成。

教学是学校教育的主要组成部分，是大学教学的基本职能，是传播人类普遍知识和人类文化的重要途径，也是学生专业成长个性成长的主要手段。

1. 大学教学的目标是培养高级专门人才

"大学的教学计划是针对专业培养目标而制定的，课程设置、教学活动也都是围绕着培养一定的专门人才的需要组织的，要求按照专业的方向，建立合理的知识结构和职能结构，使大学生能掌握专业知识和技能并过渡到社会独立工作，满足社会对各种各样专门人才的需求。"[①] 通过教学，使学生认识客观世界，达到促进学生全面发展的目的。大学的教学目标即是为社会培养各级各类的专门人才，输送高级专门人才为社会作贡献，为社会服务。

2. 大学教学内容的高深性

大学是传递普遍知识探索高深学问的学术组织。是通过教学过程传授已知和探索未知的统一。"每一个较大规模的现代社会，无论它的政治、经济或宗教制度是什么类型的，都需要建立一个机构来传递深奥的知识，分析、批判现存的知识，并探索新的学问领域。换言之，凡是需要人们进行理智分析、鉴别、阐述或关注的地方，那里就会有大学。"[②] 高等教育以高深学问为其存在的合法性基础，而大学的教学也正是对高深学问的教授、传递、传承并且创新。大学的教学内容势必具有其复杂性、系统性以及高深性，因而大学知识的教学具有其高深性。"大学之所以是一个具有

---

① 徐辉、季诚钧等：《大学教学概论》，浙江大学出版社 2004 年版。

② ［美］约翰·S. 布鲁贝克：《高等教育哲学》，王承绪等译，浙江教育出版社 2001 年版。

培养科学家的特殊使命的场所，是因为它可以提供许多不同领域的知识。它所提供的知识涵盖了极其广阔的领域，其中既有非专业性的额外知识，也有必要的专业知识，因为各个不同专业不仅在学术上是相互毗连的，而且在空间上也是相互毗连的。"① 可见大学所传承的知识教授的学问具有高深性。它的教学与研究是学科间高深知识的紧密融合与渗透，是高深知识的探究与追寻。

3. 大学教学与研究紧密联系在一起

大学职能的演变脉络经历了如下三个阶段：第一阶段，教学观。纽曼认为大学是传授普遍性知识的场所；大学的任务是提供博雅教育和智力训练；大学教育的目的是训练良好的社会成员，提升社会格调。纽曼认为大学的本质是传授普遍性知识，视教学为大学的唯一职能。第二阶段，洪堡的教学与科研相统一的职能观。大学既是传授知识的场所，又是研究高深学问的机构。洪堡提倡大学必须把教学与科研相融合在一起。第三阶段，社会服务的职能观。威斯康星大学校长范·海斯提出了著名的"威斯康星"理念。范·海斯主张教学、科研、服务都应该考虑到州的实际需要。大学应该考虑本州的经济发展，为社会服务。至此，大学的三大基本职能已形成，大学也就成为集教学、科研、服务为一体的机构。

从大学职能演变的历程我们可以看出，随着社会的发展变化，也随着大学的发展变化，大学知识的传授再也不是按照某一单一的职能进行，而是三种职能的紧密融合，从而使大学更加充满生机与活力。因为大学不再是独立于社会的"象牙塔"，大学逐渐由社会的边缘走向了社会的中心，大学必须与社会保持一定的联系。大学教学是教师教学与研究相结合的统一，只有与科研相结合才能够使知识更具有创造性与创新性，大学的教学也只有把自己的教学成果与科研成果转化为实践成果，服务于社会，才能使知识更加完备。大学始终将教学，即人才培养作为其中心工作来抓，并始终视教学为其中心活动，大学要想培养出更优秀的人才为社会服务，那么必须对教学进行研究。"现代大学教育理念要求对大学教师的教学投入、教学能力、教学成效等教学工作的评价应有一种新的视角，而不仅仅是对教师教学工作的量化评定，教师的教学能力以及在教学上的付出可得到与科研成就同样重要的评价，这样也会增强教师作为教育者积极参与教

---

① ［美］爱德华·希尔斯：《教师的道与德》，李思凡等译，北京大学出版社 2010 年版。

学研究和改革、提高学生学习质量的内部动力和要求，自觉加强教学学术研究，提高教学学术水平，最终促进大学教师专业的全面发展和高等教育质量的全面提升。"①

4. 学生指导上的独特性

"所谓独立性是指学生在教师的引导下，通过自己的独立思考，获得知识，并用所学知识去分析问题和解决问题。教师通过传授知识、教会学生学习，掌握学习方法。因此不能把学生学习的相对独立性理解为不要教师指导。"② 作为大学阶段学习的大学生，身心等各方面逐渐成熟，有自我学习知识的能力，也有较强的自我意识，只要在教师一定的引导下他们能够自己独立学习、独立思考。作为培养人才的基本途径的教学，它具有多样性。除了传统的课堂讲授之外，还有课堂讨论、社会实践、教育教学实习等，多元化的教学模式更能发挥大学生学习的独立性、积极性及主动性。独立自主性的学习也是社会对现当代大学生的必然要求。

（二）大学教学的价值取向

1. 关注大学教学自身

教学要素由教师的教、学生的学及教学条件组成。教师的教和学生的学构成了教学自身，教学自身以外的因素为教学条件。如教学仪器、教学设施、教学设备、教学大楼、实验室、图书馆等。"不论教学条件如何优越，倘若教师的教并未引发学生的学，教学自身的品质就不会得到提升，教学质量就不会有所提高。不论教学改革力度如何大，倘若不能着力于教学自身，让教师的教引发学生的学，甚至伤害教学自身，改革就只会事与愿违。"③ 大众化阶段的大学发展存在着一系列的现实问题：为了扩大招生规模，学校大力扩建新校区，增扩教学大楼，但使用率并不高；为了迎接上级领导的检查或者评估，一味地去改建实验室、翻新实验设备而不去考虑它的有效利用率等。马克思主义原理告诉我们内因是关键，外因是条件，事物的发展最终起决定作用的是事物的内因。教学条件的改善当然会对教学带来促进作用，但并不意味着教学条件好，教学自身就一定好。因

---

① 韩建华：《教学学术观念及其对大学教师专业发展的启示》，《江西社会科学》2009 年第 8 期。

② 李定仁：《试论高等学校教学过程的特点》，《高等教育研究》2001 年第 3 期。

③ 易元祥、陈金江：《大学教学生命意义的审视与建构》，《大学教育科学》2006 年第 1 期。

此为了提升大学的整体教学实力，大学教学必须关注大学教学自身，体现作为教学主体的师生的生命存在，遵从其生命意义。

2. 大学教学评价以发展性评价为根基

"教师评价是对教师工作现实的或潜在的价值作出判断的活动，它的目的是促进教师的专业发展与提高教学效能。"[1] 教育评价主要包括诊断性评价、终结性评价、发展性评价。应从以上三方面对大学教师进行评价。诊断性评价是对教师在进行教育教学活动之前或进行教育教学活动之中进行的评价。这种评价方式能了解教师对教育教学活动的掌握程度，作为一阶段性的评价，很难评价教师的发展过程；终结性评价，即对教师教育教学活动的结果的评价，它注重的是教师的教学与科研的最终结果，而忽视了教师发展的过程性、主体性、发展性的特点；发展性评价则是一种面向教师主体未来发展的评价方式。它以促进教师的专业发展为目的，注重教师全面发展和自主性发展，发展性评价具有全面性、发展性、主体性等特征。而发展性评价应成为现代教育评价所倡导的主流评价方式。发展性评价的目标即是通过评价来促进教育的改善、完满。通过发展性评价我们才能更好地去促进大学的教学目标，以更好的促进教育教学改革，提高高等教育质量。

3. 大学教学坚持学生本位

党的十七大报告明确提出科学发展观以发展为第一要义，以人为本为核心。高等教育科学发展即是要实现高等教育又好又快发展，必须统筹兼顾数量与质量的关系，必须做到以人为本。大学的教学改革同样也要坚持以人为本，这里的人不仅仅指学生群体，同时也包含教师群体。其一，教学改革必须吸取广大教师、专家、学者的意见，体现教学改革的民主性，更体现教学改革决策的科学化。让教学改革成果最终落实到课堂和教学实践。其二，教学改革在课程设置上，教学内容的选择上要符合学生的身心发展特征，适应学生的需要。让教学改革达致尽善尽美，从而达致人之幸福。

4. 明晰教师教学团队的基础性作用

毫无疑问，教师在教学中应处于主导地位，应发挥教学的主导作用。"在高等教育系统中，教师作为精神文明的开拓者，始终承担着传播文

---

① 陈玉琨：《教育评价学》，人民教育出版社 1999 年版。

化、繁荣学术、弘扬科学的光荣任务，起着开启民智、培育人才、承前启
后、继往开来的重大作用。他们为人类的文明、社会的进步、文化科学技
术的发展作出了杰出贡献；为扫除愚昧、改良风习、塑造青年一代建立了
不朽功勋。教师及其劳动在社会发展和文明进步中占据重要地位，起着重
要作用。"① 由此可见教师作用的重要性，尤其是作为大学教育人才培养、
科学研究、社会服务的主要承担者的大学教师，其作用具有基础性。

（1）大学教师是大学办学的主力军。真正意义上的大学诞生于中世
纪的欧洲，主要是以意大利的博洛尼亚大学，法国的巴黎大学，英国的牛
津大学、剑桥大学等一批杰出的大学为代表，当时的大学主要是由行会
（guild）的组织形式发展而来的。主要有教师行会、学生行会、师生行
会。教师行会主要是以教师为中心，由以教师为中心组成的高等教育机构
"教师大学"或"先生大学"，即是我们当代大学的雏形。自有大学教育
以来，大学便有教师。"大学及大学教育因有了教师而存在，他们是大学
办学的主体，尤其是治教的主体。"② 从某种意义上，我们也可以说大学
教师是大学办学的主力军，也是大学治教的主力军。因为有了富有高深知
识、高深学问的大学教师的存在，而使大学的文化、文明得到传承与发
展、创新。

（2）大学教师肩负着人才培养的重要使命。"对大学教师而言，他们
是高级专门人才的培养者。培养高级专门人才，这是大学教师最本质的工
作，是大学教育的基本规律和基本任务所决定的。"③ "教师是年轻一代的
培养者，是文化科学、意识形态的传递者，是未来社会人才的生产者。"④
只有在大学教师的正确的指引下，大学生才能够更好的学好文化、学好知
识、成就本领，造福社会。大学教师不仅承担着传授专业知识的任务与责
任，同时也承担着大学生思想教育职责。大学生思想在大学阶段是一个关
键的成型阶段，其良好的思想道德品格必须要有教师的正确引导。因此，
大学教师不仅要有精深的专业知识、精湛的专业技术、高深的理论体系，
还必须拥有良好的思想道德品格、思想道德情操去教育学生、熏陶学生、

---

① 薛天祥：《高等教育学》，广西师范大学出版社 2001 年版。

② 眭依凡：《大学校长的教育理念与治校》，人民教育出版社 2001 年版。

③ 同上。

④ ［美］詹姆斯·杜德斯达：《21 世纪的大学》，刘彤、屈书杰、刘向荣译，北京大学出版
社 2005 年版。

感化学生，使其树立正确的世界观、人生观、价值观，为社会培养德才兼备的人才。同时大学的人才培养工作也需要大学教师和学生之间搭建良好的平台，比如通过课内互动、课外导师制、实践教学课、课外各种活动指导、讲座的开展，构建和谐师生关系，达到师生互动。只有构建了良好的平台，教师才能够尽其所能指导学生，学生才能够尽其所能学好知识、掌握本领。

（3）大学教师是大学文化的守护者与传承者。"大学不仅是知识的加工厂，还是一个以传授经久不衰的价值观的复杂的机构；几个世纪以来一直以无数的方式服务于我们的社会文明；大学不仅是知识的守望者，也是价值观、传统和社会文化的守护神；大学不只在于教育和发现，也在于向现存秩序发起挑战并促其改革；它证实了基本的价值观、原理以及学识和理性的结合；大学除了荣耀过去，还服务于现实，创造着未来，而且所有这些都旨在于把知识转变为智慧。"大学教师通过知识和文化的教授，传递经久不衰的价值观；大学使命要求大学教师是社会文明的传播者、知识的守望者、社会文化的守护者。大学教师除了守护、守望价值观、社会文明、知识与社会文化，还要对社会的正确的价值观、社会文明、知识与社会文化进行传承与发展，只有做到了这些，大学的文化才会焕发生机，才会具有强有力的生命力去推动社会的发展与进步。大学教师作为大学文化的守护者与传承者，同时也是大学文化创新的主要力量，大学教师掌握着先进的科学技术，能够将之运用于实践并转化为现实的生产力，实现科技上的创新；大学教师掌握着高深系统的文化知识，能够对文化知识进行深入探究与发现，实现知识体系与思想体系上的创新。因此大学教师是大学文化的传承、发展与创新的主体性力量。

"凡是有大学生要教育培养的地方，都必须把高质量的教学工作作为基本的要求。"[①] 大学教师的角色要求其必须视高质量教学为基本职责。对于非研究型的地方大学，教学应是其中心工作。大学教师对教学进行研究应是其工作的重点领域。研究教学即教学学术，意味着大学教师传承、传播、创新知识的使命，教学学术，意味着大学教师能进行高质量的教学，出好的教学研究成果。

---

① ［美］欧内斯特·L. 博耶：《美国大学教育：经验、现状、问题与对策》，复旦大学出版社 1980 年版。

三　建构教学学术理念

"学术理念是从事学术活动的基本原则和方法，主要指建立在学术活动之上的完整的理论思维系统。它不以学科知识为中心，却又把它作为必不可少的内容纳入到系统中来，它以哲学世界观和方法论作为透视一切的前提，构成了学者独有的逻辑视阈和情感信号系统。学术理念是由哲学的世界观和方法论及其学科知识体系构成的，构成学者从事学术活动的基本条件。"① 结合上述定义，笔者认为学术理念即是关于大学学术的理性认识与实践升华，是对从事科学研究恪守的一种情操，是秉承着追求真理、探究真理、崇尚真理的精神进行科学研究，去探索学问的高深性、专门性及其前沿性，为人类社会服务的理想信念。学术理念是大学学术发展的根本，大学学术理念能够为大学教学、科研和社会服务起到指引与导向作用。大学作为现代科学的发源地，人类精神文明的殿堂，人才培养的重要场所，不仅应致力于知识的整合、选择、传承与创新，更应承担起培养素质全面和能力广泛的优秀人才。大学想要永葆其生命力，并且经久不衰、历久弥新，就必须拥有其特有的学术理念。学术理念的恪守能为大学的发展指明方向，从某种程度上说大学学术理念是大学教学和研究的指路灯或者风向标。

（一）教学与科研关系

1. 教学与科研关系理论

随着洪堡柏林大学的建立，大学的研究职能正式提出并在大学展开，大学的教学与研究逐渐融于一体，洪堡大学成为世界各国大学学习的示范和中心。教学与科研也成了近两个世纪以来大学的基本职能，并成就了世界一大批研究型大学，也由于科学研究对社会对人类的重大贡献而成为世界一流大学。在此种情形下，教学与科研二者孰轻孰重？二者关系错综复杂，学者们的研究，主要形成以下三种观点。

（1）正相关。教学可以促进科研，弥补科研中存在的问题与不足。科研同样也可以深化教学，发现教学问题、解决教学问题，提高教育教学质量。二者之间是相互作用、相互促进和相辅相成的。好的教学可以带来

---

① 段景智、刘宏民：《建构中国大学的现代学术理念》，《清华大学教育研究》2006 年第 4 期。

好的科研，因为教师积极主动的研究教学，必然会对教学产生新的观点、新的思维，并能将之深化，对教学所产生的新思维与方法能够转化于科研实践，增强教师对科研的敏感性，激发其科研灵感。同时，科研能够提高教学质量。在科研中，教师能够将科研所取得的研究成果运用到教学实践中，也能够扩充教学内容，还能够让学生掌握更丰富的教学理念、教学思想，从而提高教学质量。总之，二者之间是呈正相关的关系。

（2）负相关。教学工作会给科研工作带来负面影响，同样，科研工作也会妨碍教学工作的正常开展。二者之间是相互排斥、相互冲突的，它们是一种负相关关系。首先，如果教师把过多的时间和精力放在教学上，则没有多少时间和精力放在科研上，势必会影响教师的科研工作量与科研进展；反之亦然。其次，教学与科研二者对教师的个性品格要求不同，甚至是相反。科研在大多数情况下，是一项"静悄悄""寂寞"的工作，教师、学者更喜欢独处。而教学则是教与学双边互动关系很强的活动，教师更喜欢与学生共同学习、共同交流和探讨，教师在教学中喜欢群处。最后，二者在评价上存在显著的差别。教学是一项长期性的工作，其实效性难以在短时期内生成，对其教学质量的评价存在困难。而科研一般来说比较容易得到衡量与评价，它的成果可以通过科研论文的等级、影响因子，科研论著的出版等进行考察。同时高校对教师的评价虽有教学评价但权重小，更重于科研的评价与考核。因为科研能够为学校带来更大的学术声望与知名度。从而导致了大学教师把教学当成了"副业"，科研也就成为教师们的"主业"。教学与科研二者之间显然相互排斥与冲突。

（3）零相关。教学和科研是两种不同性质的工作。教学和科研相互独立，互不干扰。教学不影响科研，科研也不影响教学。二者之间几乎趋于零相关关系。一方面，二者的着眼点不同。教学主要是致力于知识的传播与传授，科研主要是致力于发现知识、创造知识。另一方面，二者所承担的机构不一样。教学主要是由高等院校承担，而科研除高等学校之外，还可以由科学研究所（院）等机构予以承担。

2. 科研对教学的促进作用

教学与科研的关系是教师发展过程中的两大难题，虽然教学与科研二者之间虽非自然的完全匹配关系，但可通过制度引导激励，促进教师研究教学，从事教学学术。从这个角度来说，学术研究不仅不妨碍教学，反而会促进教学，有利于教学的开展，成为促进教育教学质量提高的重要途径。

　　首先，科学研究能够促进教师教学水平、教学研究能力的提升。教师参加科学研究活动，能够了解学科、专业发展的最新进展，能够把握学科更新动态，掌握学科、专业知识，从而将最新、最好的学科知识融入教学中，使自己的教学知识及时更新。教师通过科研，将科研成果融入教学中，提高自己科研能力的同时也会使自己的教学能力得到提升。教师在制度引导下会更主动地去研究教学、研究教材，教师也会结合自己的科研成果编写出适合于本校本课程特色的教材，从而使学生更易于接受知识、发展知识、完善知识。

　　其次，科学研究能够促进学生进行研究性学习。当代大学教育理念不仅要求学生学习书本知识，而且还要求将书本知识运用于指导实践，将所学知识转化为实践成果。因此，这就必然要求大学生具备研究性学习的能力。大学教师可以通过科研来带动学生进行研究性学习。通过课题研究，让学生能够掌握进行课题研究的方法、技巧，知道如何选题、选择研究方法；通过项目研究，能够让学生主动进入项目的开发、设计过程中，培养其研究能力和创新能力。教师在研究过程中，教会学生科研技巧与方法，促进其自主性的进入研究状态，培养其进行研究性学习的能力。

　　最后，科学研究能够促进教学质量的提升。教学质量的提升是一个循序渐进的过程，研究也是一个循序渐进的过程。通过研究不断提出问题、发现问题、解决问题，在这一过程中，能够不断整合并优化教育教学资源，提升教育教学质量。将科研融合于教学，同时将教学反思运用于研究中，使二者融为一体，促进大学教育教学质量的整体提升。

　　综合以上分析，笔者认为教学与科研二者是辩证统一、相互依存、相互促进的。正如美国著名高等教育学者伯顿·克拉克所言："科研与教学能够整合，而且彼此都有好处。科研本身能够是一个效率很高和非常有力的教学形式。如果科研也成为一种学习模式，它就能成为密切融合教学和学习的整合工具。"①

（二）教学学术理念

1. 研究性教学与教学学术概念辨析

　　研究性教学是教师在教学活动过程中运用科学的教育教学研究方法、

　　①　［美］伯顿·克拉克：《探究的场所——现代大学的科研和研究生教育》，王承绪译，浙江教育出版社 2001 年版。

方式、途径激发学生学习的积极性、主动性，促进学生进行研究性学习，培养学生学习的兴趣和探究问题的能力的教学研究方法，要求教师对课前、课堂等教学环节进行研究，以使课堂教学达致预期效果，实现课堂教学目标。教学学术要求对教学进行研究，对教学理论进行更新，将其成果付诸同行交流与评价，并将之反馈于教学实践。两者目的都在于通过研究教学，改善教学，提高教学质量。从以上对概念的使用分析，前者主要针对教学的具体环节，后者是指教学理论研究、教学实践和教学管理等教学系统整体的研究。相对而言，教学学术是包括研究性教学在内的大概念，研究性教学则是指教学学术的具体表现，是具体概念。也有学者使用学术性教学概念，侧重于处理教学活动与学习活动的关系，即处理教师教与学生学的关系，让学生成为学术的主体。三个概念都包括"教学研究"的基本指向。

2. 大学教学学术理念的功用

（1）促进大学教学学术发展。大学教学学术理念能够为大学教学科研起指引与导向作用。人才培养是大学的基本职能，也是其根本任务。而教学则是它的主要途径。大学必须以学生为本、以教师为主导，把好教育教学质量关，培养出更多合格的人才。合理的教学学术理念能够指导大学教师教什么、怎样教。

（2）提高教学中心地位的认识。"教学学术理论的提出对于大学教师发展具有十分重大的意义。教学学术理论既可以为大学教师重新认识教学提供理论支撑，又可以为促进大学教师专业发展奠定良好的基础。"[1] 教学学术理念的构建能够深化大学教师对教学的认识，改变传统教学纯粹从教学视角的"义务观"和"任务观"，建构教学学术观，从而改变不能或不愿付出时间和精力的现象、树立大学教师教学学术观，就能视教学为学术，反思教学研究教学，从而更新教学理念，改进教学方法、方式以及手段，促进大学教师对教学理论的丰富，更好的指导教学，丰富教育教学理论，促进大学教师有效教学和教师专业成长。

（3）促进大学教师专业发展。"教师专业发展是指教师个体的专业知识、专业技能、专业情意、专业自主、专业价值观、专业发展意识等方面

---

[1]　王建华：《大学教师发展——教学学术的维度》，《现代大学教育》2007 年第 2 期。

由低到高，逐渐符合教师专业人员标准的过程。"① 教师的专业发展主要是教师由新手到专家型教师的发展提升过程。教学学术理念的构建亦能够促进教师的专业发展。教学学术的提出能够培养大学教师的专业自主、专业技能以及专业信念；能够促使教师对教学勤奋钻研，深入发掘并且深化创新专业知识，提高教师对专业教学、学习、研究的积极性和主动性。教学学术理念的建构能够培养大学教师的专业信念，其专业信念主要表现在大学教师不仅对本专业的热爱、执著，同时也能够进行跨学科的研究，来拓展专业知识面，拓展专业知识的深度与广度，深化大学教师的教师教育理念，巩固其专业信念。教学学术理念的提出还能够提高大学教师的教学技能。教学技能不仅表现在教师的教学手法、策略上，同时表现在其对课程与教学的把握和研究能力上，对教学效果的反思、对教学差异的反思，进行创造性教学，教学成果具有创新性或创造性。

3. 大学教师教学学术理念

（1）教学观。教学观，即教师对教学的观念、观点与看法，对教学系统的认识，以及如何教学与教什么的理性认识。"大学教师的教学，是传递具有专门性的高深性的学问的过程，也是自己在此中学习的过程，是进一步研究和探讨的过程，是在传递、学习、研究之中心灵发生某种变化的过程，也是教师与学生交往的过程，与新知、旧知交往的过程，教与学交融的过程。"② 大学教师的教学也属于学术，其教学水平亦属于学术水平。因为大学教师的教学是对高深知识、高深学问的传授，而要对高深性学问的传授就必须对其进行深入的探究。特别是作为以本科教育为主，同时辅之以研究生教育的地方大学，教师更应该审视教学，树立理性的教学观，把教学视作学术工作来抓，不能够把教学视为纯粹的任务。优质的教学可以深化教学理论，同样可以促进学术水平的提升，优质的教学能够促进学术工作，优质的教学能够培养出优秀的理论性、应用性人才。

（2）知识观。大学由社会的边缘走向了社会的中心，大学成为社会发展的动力站，也成为人类精神的瞭望塔。同样，知识也由社会的边缘走向了社会的中心，知识也成为了大学的基底。大学是传播、传承、发展、创新知识的学术性组织，知识也就成为了大学教师的共同要素。知识也是

---

① 宋广文、魏淑华：《论教师专业发展》，《教育研究》2005 年第 7 期。

② 张楚廷：《高等教育学导论》，人民教育出版社 2010 年版。

大学教师生存的"法宝"。知识贯穿于大学的始终，知识也伴随着大学职能的发展而发展着。大学的最首要职能教学，也就是我们所说的知识的传授、传承、传播与创新；科学研究，即知识的创造性与创新性，而服务社会则是知识应用于实践或者实际，将知识的成果转化为现实的生产力，使之造福于社会、造福于人类。因此，知识贯穿于大学的自始至终。

作为大学教师而言，必须具有良好的知识观。所谓知识观主要是指人们对知识的看法与认识，包括对知识的性质，知识的功能，知识的作用等的总的看法与观点。那么，大学教师需要具备什么样的知识观？首先，人文知识观。人文知识所涉及的是对人性的看法，人文知识归根结底反映的是一种人本哲学。大学教师具备人文知识观才能更好地在教学中以人为本，体现教学的人性观。其次，价值理性知识观。大学教师要去探究大学知识的应然价值及其实然价值，对大学知识的价值有一更好的理性认识与理性判断，这样能够更好的探究知识、研究知识，指导教学，使知识融于教学，教学融于知识，使大学教师的教学学术观更为稳固。

（3）教学实践观。是指大学教师将自己的教学或教学研究成果付诸教学实践，使之更好的完善理论之不足，并用之于更好的指导实践。如将教学或教学研究成果予以公开发表出版与同行分享，撰写成教学专著或教材等都属于教学实践的具体体现。

第二节　大学本科人才培养质量问题

依据前文提出的以生为本、以教学为中心和建构教学学术理念为大学本科教学和人才培养理念，当前大学在后大众化阶段发展经过国家政策推动，内涵发展通过高等教育质量工程的实施，在五年后，教学的中心地位得到重视，产生了效果。但从实践层面看，怎样以质的变化带动量的发展，怎样落实以生为本、落实教学的中心地位？怎样提高教师整体的教学水平和教学效果？教师应怎样处理教学与学术研究的关系，并将研究成果运用于教学？教学学术无论从学术研究还是教学理论应用于实践都还未受到应有的重视，地方大学由于定位和发展方向的偏颇，问题更为凸显，在本节中，将从地方大学教学学术的视角来探讨大学本科教学及人才培养质量问题。

一　大学定位问题

大学作为发展科学、培养人才、服务社会的学术组织，理应成为教授知识、传承知识、创新知识、追求学术的殿堂。而知识的传承与创新需要教学质量的提升，需要大学对教学进行研究，这一点对于主要从事教学为主的地方大学而言，显得尤为重要。大学在后大众化阶段，研究型综合大学在国家需要和社会期待下，早已提出创建成世界一流大学作为大学定位，一时间"世界一流"、"世界知名"、"世界高水平""国内高水平""国内一流"、"省内一流"，"化约"，"北约"，中国的"常春藤"，等等，不绝于耳。大学定位存在着攀高、趋同和模糊现象。诚然，综合国力提升创新型国家建设等，需要我国大学建设成世界一流大学，能出一批成果，培养大批人才，能满足社会经济发展和国家科技进步的需要，这是大学发展的目标和结果，而不是政治口号。而大学从"上"的知名大学到"下"的省属大学盲目跟风，不管社会客观需要和学校实际条件，追求综合性、研究型；学院升格为大学，专科升格为本科，面目雷同、服务职能互相重叠而导致校际间恶性竞争，使高等教育脱离社会实际，人才市场供需失调，引发严重的社会问题。前不久教育部在高等学校设置意见中明文规定严控学院升大学，农字头、林字头、师范等大学不改非农非林和非师范；中职高职不合并，等等，在政策层面及时刹了车。但在内涵发展质量提高的政策要求下，大学开始了新一轮的恶性竞争，不顾区域经济建设和社会发展需要，又没有学科专业基础，不断上新学科和新专业，把有限的经费投入到建设大项目大实验室和"挖人"上，致使教学条件得不到改善，不能满足正常教学，教师课时费短斤少两。在这种强化"发展"追求政绩的风气影响下，地方大学定位无论是自愿还是无奈都提出了攀高目标，视学科建设重于专业建设，视研究生教学重于本科教学，重视学科建设而忽视精品课程建设、教材建设与教学改革，过于重视"纯"科学研究而轻视了教学研究。地方大学忽视教学研究的中心工作，致使教学质量的下滑，从而必然导致人才培养质量的下降。大学教学质量的提高，事关着我国高等教育的长远发展。因此，针对不同层次、不同类型的大学我们应该对其所承担的主要职责或任务有一明确的定位，即对于研究型大学来说，其中心工作是进行科学研究，以科学研究为抓手促进教学，提升大学整体实力；对于教学研究型大学而言则应以教学为中心，对教学进行研究的同时兼顾科学研究工作，而教学型大学的主要任务是教学，对教学进行研究，对教材、课程、学科进行研究，提升地方大学教学学术水平，提高教育教学质量以及人才培养质量。地方大学主要是由一大批教学型大学和若干所教学研究型大学所组成，因而地方大学坚持以教学为中心，将其主要任务落实到教学上来，理应成为地方大学求生存、求发展的命脉。

正是基于地方大学教学、人才培养的重要性之所在，笔者以地方大学教学学术理念及其实践问题为切入点，对提升教学质量的关键——教学学术问题进行研讨。通过对地方大学的定位问题的提出、地方大学教学学术存在的问题，分析问题的原因所在，寻找推进大学教学学术发展的路径，从而为地方大学本科人才培养质量提供参考和指导。

二　地方大学教学学术存在的问题

本书为分析大学教学学术存在的问题及其原因，寻找解决路径，提高教师的教学学术水平，提升大学教学质量，笔者对江西的三所地方大学选取文、理、医各一个学院进行了问卷调查，共发放了 180 份问卷，回收了 160 份，回收率 88.89%，有效问卷 144 份，有效率 80%。本书根据研究目的和研究问题，在比较和实证基础之上展开调查研究、分析问题。在研究的过程中，笔者遵循理论与实践相结合的方法。其一，问卷采取封闭式与开放式相结合的调查研究法。对地方大学教师参与教学研究、教学改革、课程建设、教研室建设、教学团队建设等方面进行问卷设计调查，以期了解大学教师教学学术的情况。其二，对学院院长和教学副院长分别进行了访谈，同时对学校的相关职能部门（科研处和教务处、设备处等）进行访谈，以期了解学校职能部门对大学教学学术的管理状况。通过问卷调查和访谈，从中发现存在的问题，并提出解决问题的思路。

（一）重"纯"科学研究

纯科学研究即是对纯粹知识的追求，对知识的创造，对真理的探索与追求，是为知识而知识，为学术而学术的一种科学研究。本书所指称的"纯"科学研究不包括教改课题、教改论文、精品课程等领域的涉及与教学相关的研究。从某大学科研处访谈得知，教师的科研成果认定中，奖励中并不包括教学学术成果的认定，工作量和奖励都不包括教学学术成果。且教学及教学学术工作量不足可以用"纯"科研成果来弥补，但教学及教学学术成果不能补"纯"科研工作量之不足。从人事处访谈得知，教师科研工作量计算和考核、职称晋升和岗位聘任中根据职级的不同，有相应纯科研成果任务，统计依据是由科研处提供，对教学工作量有明确要求，但并未明确要求教学学术成果作为教师考核晋升依据。这就意味着教师科研工作量计算、个人岗位聘任和职务晋升等决定教师职业生涯和专业发展的重大事项，都对教师纯科研成果有明确要求，而对教学学术成果没有要求。访谈还得知，学校在"十二五"和未来长远规划中，并未计划把教学学术管理纳入到科研和人事管理当中。对教学学术研究重视不够将长期存在。在对教务处访谈中了解到，学校基本按照上面的政策要求来做，没有教学学术成果的评价和奖励制度，对质量工程项目申报虽有组织，但项目立项比例偏小，结项要求低，表现为重立项，轻结项，其学院申报积极性和完成效果都不尽如人意。在一项调查"已立项正在建设的教学团队目标实现程度如何？"中，选择"基本没有实现"的占49.37%和"不清楚"的占21.97%。

（二）轻教学学术

1. 教学学术活动不活跃

自2005年国家实施高等教育质量工程建设以来，为落实教育部和省级的质量工程中的精品课程、教学团队、教学名师和教学成果奖等几大教学质量工程建设五年来，各大学应有相应配套政策和措施，相应的也应诞生一批教学学术成果。但从政策执行和重视程度来看，通过调查中发现，项目申报本应在大学质量工程建设的活动中，但在"所在的院系是否有组织申报成功的教学团队和精品课程、名师、教学成果奖、教学竞赛等活动"一项中，选择"偶尔有"和"不清楚"的占46.76%；反映了学院对教学学术的重视程度有待于进一步提高。从教师参与积极性来看，"申报项目数量"选择"较少"和"仅有一两项"的比例占70.95%；从项目申报质量和效果来看，"申报成功项目所占比例"选择"比例偏低"的占73.62%和"不清楚"的占23.71%；从一个角度反映出教师对教学学术的重视程度及平时的研究程度不足。在学院的教学学术成果占全院研究成果比例一项中，选择"少量"和"基本没有"的比例高达63.08%，将教学研究成果付诸教学实践一项中选择"少量"和"基本没有"的比例高达76.25%；说明学院基层教学学术活动的效果不佳，国家质量工程在学院实施效果有待于提高。

2. 正式组织失灵和非正式组织失效

学院的教研室（系）是进行教学研究的场所，是教学和科研相结合的基层组织，也是教师进行教学学术的基地。对大学教师的发展，对促进大学教学质量起着举足轻重的作用。但当前教师怎么认识教研室的核心作用？在调查中得知，在教研室核心职能选项中，只有 28.87% 的教师选择了"教研室主要是探讨教学学术的平台"，50.32% 的教师选择了"教学管理的行政组织"。现实中有没有定期开展教学活动？选择"不会定期开展"和"不开展"和"不清楚"的比例高达 81.3%，只有 18.7% 的老师选择所在的院系（所、中心、教研室）会定期开展教学学术活动。在"立项项目是否有开展建设活动？"一项中，选择"偶尔"的占 61.11%，选择"基本没有"的占 15.97%。在"教研室或系主任承担角色"选项中，选择"排课、订教材、教学事务通知等行政管理"和"不清楚"的占 69.18%。在"教研室活动制度"选项中，选择"基本没有教学学术活动制度"，和"不清楚"的占 70.72%

作为教研室补充的教学团队，是教学学术的引领性组织，对现有立项和建设中的教学团队，同样可以担负起教学内容和教学方法的改革、课程和专业建设的教学学术任务。围绕教学团队教学学术活动机制，通过对立项的教学团队对以下几个问题进行了调查：组织目标有没有？有没有开展过教学活动？有没有组织一支队伍？有没有管理制度？目标实现程度如何？选择"不清楚"的占 70.20%，选择"基本没开展活动"和"不清楚"的有 68.23%；选择"基本没有组织教师队伍"和"不清楚"的占 69.7%；选择"基本没有管理制度"和"不清楚"的占 68.9%；选择"基本没有实现团队目标"和"不清楚"的占 71.34%。可见，教学团队立项后更多只是"项目"概念，并没有产生实效，教学学术组织的功能没有体现。

（三）教师对教学学术不重视

教学学术活动主体是教师，教师的学术兴趣和学术积极性直接影响到教学学术活动的开展和效果。通过调查发现，有 50% 的教师表示不主要做教学研究；有 27.78% 的教师认为只要学校有要求就做教学研究；有 11.11% 的教师没有兴趣花较多的时间做教学研究。调查还发现，有 56.94% 的教师认为在其所有的科研论文或科研成果中，教学研究论文、教改课题、教材编写等教学学术成果所占比例大概是在 10% 以下，而有 23.61% 的老师则认为在 30% 以下，有 9.1% 的老师则认为在 50% 以下，仅有 10.42% 的老师认为在 50% 以上。调查中同样显示，有 56.25% 的教师基本不会将教学研究成果付诸教学实践，而只有 20.83% 的教师会将一些或者一部分教学研究成果付诸教学实践。从这组数据对比中我们获悉，大学教师的教学学术成果偏少，如果按照"纯"科研的数量作为参照，教学学术成果几乎可以忽略不计。以上数据说明大部分教师从事教学学术的兴趣、积极性和效果有待于提高。

三　地方大学教学学术存在问题的原因

分析地方大学教学学术存在问题的原因，主要有以下一些方面：

（一）教学及教学学术本位缺失

作为非研究型的地方大学，"应该坚持以教学为中心，以科研促进教学，从而促进教学与科研协调发展，并通过制定相应的制度和配套措施将教学与科研的结合作为学校发展的方向。因此构建以研究为基础的教学是教学型高校应确立的目标，应该坚持教学与科研并重、教学与科研相统一，科研始终是为教学服务的理念"①。理应坚守其教学职责，恪守其教学使命，将教学作为中心工作来抓，并且辅之以科研，使得教学和科研二者在非研究型大学得到紧密有效的结合。但在当前，大学在内涵建设和教学质量工程建设已实施多年的现实背景下，偏重"纯"科学研究，轻教学及教学学术的现状并没有大的改观，究其原因，主要是大学定位偏差，把"纯"科学研究放在突出的位置盲目向研究型大学看齐。盲目攀比研究型大学，大学发展方向和目标模糊，忽视了教学及教学学术本位。

（二）大学内部管理导向偏差

大学在管理与评价导向上存在较为严重的偏差。注重纯科学研究，忽视教学学术的重要地位，会影响大学教师对教学的热情，影响大学教师进行教学学术的积极性，也势必会影响到教学学术水平提高。在"不愿意花时间做教学研究"原因调查选项中"职务晋升和岗位聘任科研成果占主体，没有要求教学学术研究"占 32.64%，在"组织申报成功的教学团队和精品课程、名师、教学成果奖、教学竞赛等活动项目偏少的原因"选项中选"组织不够"和"积极性不高"的占 56.46%。

（三）教师教学学术意识薄弱

在调查中发现，大部分教师的年龄是处于中青年阶段，占教师总数

---

① 李海云：《教学型高校师资队伍建设中教学与科研的关系探析》，《河南社会科学》2010年第 9 期。

65.0%，学历层次多数是研究生及以上，有硕士以上学位的教师占
62.36%，副教授及以下职称的占 42.50%，因此大部分教师处于职业发展
上升阶段。他们的学术背景和所受的学术训练使其更易关注纯学术研究，而
容易忽视教学学术或对此不感兴趣。在不愿意花时间做教学研究的原因项
中，选择"对教学研究的兴趣不是很大，不能体现科研水平，学术影响力
不够"的占 36.11%；选择"如果要进行教学研究将会花费自己很多时间，
顾不过来"的占 32.64%；选择"教学只要能够完成学校的工作量即可，因
而没有必要进行教学研究"占 31.25%。总而言之，教师为个人学术成长，
为科研工作量考核和职务晋升及评聘等都易专注于见效快的纯学术的科学研
究，而忽略了教学和教学学术本位，背离了地方大学的本真。

第三节　大学本科人才培养质量保障

在后大众化阶段，大学发展定位决定了地方大学的使命应以教为中
心，具体来说包括以下几方面：

一　回归教学本位

地方大学回归教学本位，第一，要营造良好的教学学术环境，就是要
求学校及相关职能部门从上到下形成尊重教学学术、研究教学学术的氛围
和环境，让教师积极并乐于教学研究，充分调动教师教学学术的主动性和
积极性，自觉加大教学学术力度，让教师成为教学学术的行动者、研究
者，使教师不再将教学及教学学术当作"副业"，而是当作教师的"志
业"。第二，加强教学学术的组织和协调工作。在"怎样提高教学学术项
目申报积极性"一项中，选择"学校学院应重视组织和协调"占
61.85%。因此，学校应建立有利于调动教师从事教学学术的管理制度，
加大对教学研究的经费投入力度，为教学研究项目设立专项经费，经费管
理要科学，教师有经费的自由处置权，因而有足够的经费进行教学研究，
完成教学研究工作。同时学校和学院可以双管齐下，搞好教学基地建设，
提高教材和课程建设质量。第三，加强教学学术队伍的建设。学校、学院
及相关职能部门，可以重点培养一批教学及教学研究能力强的教师作为本
学科、本教研室、本教学团队的负责人，选聘一批优秀的带头人管理好、
带动好本队伍的教学研究工作，同时加大对带头人的管理和培训工作，使

教学研究工作表现更优秀、更出色。着眼于大学教师的专业发展和专业成长，教师培训是促进教师教学学术成长的主要途径，对于中青年教师而言尤为重要。加大对教师的培训可以是职前，也可以是职中和职后。加大对教师的培训不仅仅局限于在本国范围内进行培训，同时还可以创造条件为教师到国外进行研修与培训。因为教育尤其是高等教育已经越来越国际化了，高等教育国际化就要求教师具有高等教育的国际理念，教师要接受别国先进的教育教学理念，借鉴他国先进的高等教育理念，用于本国的教育教学实践与创新，从而提升大学教师的教学学术研究能力和素养，提高大学教育教学质量。第四，教师自身需要有教学研究意识，并付诸教学实践。教师自身只有意识到了教学研究的作用、价值和意义所在，才会将教学研究付诸教学实践，才能真正投身于教学研究，从而去解决教学研究中的问题，让教学研究更具有可行性、合理性。第五，要塑造良好的大学组织文化。大学组织文化主要由大学物质文化、大学精神文化和大学制度文化三部分构成，大学教师在大学组织文化中承担着教学与科研的任务和担当着培养人才的重要使命。大学教师以教学为其首要天职，教学研究亦是其本职工作。因此大学要塑造良好的物质文化来保障大学教师安于教学研究，要塑造良好的制度文化来激励大学教师勤于教学研究，要塑造良好的精神文化来促进教师乐于教学研究。

二　职能部门：用制度激励教学学术

"学术评价制度是指对学术人或学术机构的学术成果、学术项目、学术影响等进行价值判断和评价的方法、原则、程序等规则的总称。"[①] 学术评价制度是调动大学教师积极性的重要手段，也是大学教师专业化发展和完善大学教师师资队伍管理的重要途径。调查中，"怎样提高教学研究积极性"一项中，选择"工作量认定教学学术成果与'纯'科研成果并重"占 78.75%。"教学学术成果应与职务晋升和岗位聘任紧密挂钩"的占 74.77%；选择应"加大激励机制"占 75%。大学对教师的学术评价主要是对教师的教学、科研成果的评价，评价内容主要包括专著、论文、专利、课题等。作为非研究型的地方大学，对大学教师的考核应该是对教师

---

① 曾凤玲：《试论高校教师聘任制度改革对学术评价的新要求》，《高教探索》2009 年第 5 期。

的教学业绩和科研业绩进行综合考核，并且适度向教学业绩倾斜。教学成果评价是学术评价的重要内容，也是学术评价不可或缺的一方面，它主要包括对教师所承担的教学任务的评价以及教学研究成果的评价两大内容。因此学术评价制度在某种程度上也应是教学学术激励制度，其目的是促进教师树立全新的教育理念，让教师在思想素质、文化素质、业务素质、能力素质等各种素质上得到提升与发展。具体到教学层面，就是基于大学教师的教学能力，包括教师选择教学资料的能力，理解把握教材的能力，选择和运用教学方法的能力，对知识教学的反思能力，等等，是教师进行教学研究能力的必备，也是提升大学教师教学学术水平主要路径，促使教师成为实践反思型教师，成为教学研究型教师。在制度建设上，依据学校教学中心地位的办学定位，职能部门应重新建构地方大学学术评价制度。给教学学术以必要的地位，加大对教学学术研究认定的力度。通过调查得知，有 72.64%的教师认为教学及教学研究工作量不足可以用科研来弥补，但教学研究不能补"纯"科研工作量之不足；74.25%的教师认为其不愿意做教学研究的原因是学校在教师岗位聘任职务评聘时没有要求教学学术研究，可见学校在对教师进行评价时把砝码偏重在"纯"科学研究上，"当今的大学教师评价系统中，学术评价和教学评价分离成为两个平行的子系统，不仅是名称的对立，也暗含内涵和行为的对立。在潜意识中告诉教师教学非学术，教学的学术性被遮蔽，在一定程度上刺激并固化了教学是技术活动这种传统大学教学观"。[①] 说明大部分教师不愿意做教学研究与学校评价体系偏差有很大关系。有 74.77%的教师认为教学研究与职务评聘晋升紧密挂钩可以提高大家对教学研究的积极性；有 72.22%的教师认为加大对教学研究工作量的认定可以提高大家对教学研究的积极性。教学评价是一种价值判断，有利于大学教师的教学品质与教学学术水平的提升。高等学校教学评价是教育评价的重要组成部分，而高等学校教学评价也是高校学术评价的重要内容之一。因为高等学校学术评价应包括教学学术成果及成果水平评估等内容。要改善教学学术地位边缘的状况，应从以下几方面予以强化教学学术研究。其一，学校岗位聘任时加大对教学学术研究的工作量计算。其二，教学研究与职务评聘紧密挂钩。其三，教学学术研究成果与"纯"科学研究成果并重。学校只有加大对教学学

---

① 宋燕：《我国大学教学评价制度的反思与重构》，《现代教育管理》2010 年第 8 期。

术研究认定的力度，才会提高教师对教学研究的主动性和积极性。

三　学院层面：教学学术活动"常态化"

学院作为基层教学学术组织，在落实教学学术地位提升过程中应发挥核心作用。应利用教研室和教学团队等正式或非正式组织作为活动的平台，使教学学术活动落到实处。

（一）教研室活动正常化

"教研室在高校中既是一种教学组织，也是一种研究组织和教师组织，对于提高教学质量、实现专门人才培养目标具有重要的意义。"① 教研室是大学进行教学活动、教学管理、教学研究活动的基本单位，它是高等学校按照学科、专业以及课程而设置的教学研究组织。教研室作为学院的正式组织，即是人们基于共同的追求，为了完成共同的目标而依据一定的要求、规则与准则而组织起来的集合体。教研室是教学和科研相结合的基层教学学术机构，是教师进行教学学术的场所。针对大学教研室如同虚设组织失灵的现状，有必要重建教研室，使教研室活动正常化，推进大学教师教学学术发展。

1. 提高对教研室重要性的认识

教研室是教师进行教学学术研究的基地和平台，它事关高等学校的课程建设以及专业建设，也事关高等学校的师资队伍建设，教研室的建设对高等学校教育教学质量的提升至关重要，也对高等学校的人才培养意义重大。因此必须提高对教研室重要性的认识，加强高等学校的教研室建设。在加强教研室建设中，必须明确教研室的任务与职责，如制定教学大纲、教学内容，选定教材、编撰优秀教材；教学课题申报与评审工作，对教学改革和教学研究课题和科研课题进行论证、交流，以保证课题的有效性、合理性；强化教学学术，开展教学研究；同行之间进行教学交流、专题分享；听课评课、课堂观摩和教学竞赛等活动；开发精品课程、形成教学团队、培养教学名师等形成具有本院系特色的学科与课程，提高教育教学质量，提升整体教学及教学学术实力。强化师资队伍建设。加强教师的职前、职中、职后培训，提高教师队伍的整体素质，以利于更好的培养人才。

---

① 刘小强、何齐宗：《重建教研室：教学组织改革视野下的高校教学质量建设策略》，《高等教育研究》2010 年第 10 期。

2. 制定教研室活动制度

教研室制度建设是提高教研室工作水平与质量的重要保证。教研室制度建设应根据学科特点、课程特点、学科目标、课程目标，以及师资队伍状况等进行。教研室制度建设主要从以下几方面着手：①制定教研室教研活动制度。使教研室活动有章可循、按章办事；教研室教学研究制度。引导教师开展教学研究，撰写教学研究论文，教学研究与教师的科研工作紧密配套，提升大学教师的教学研究的积极性、主动性。听课评课制度。教研室要定期组织教师间的听课与评课、开展教学竞赛、观摩课堂教学等活动，来提高教师上好课的兴趣与热情，加大教师对教学课堂、教学研究的力度。②教研室岗位责任制度。选拔或选聘有高度责任心的教师且必须是在本学科、本学术领域有一定的学术研究成果与造诣的学科（术）带头人担任主任，将本教研室教学学术活动落实到位。③教研室奖励评估制度。对在教学、教学研究以及科研领域有突出贡献或取得相关成就的教师进行奖励。④学院对教研室进行监督、激励和评估。学院要对教研室定期进行检查、评估，对教研室建设过程中存在的问题予以整改、整顿，以督促教研室又好又快的发展。同时学院也要对教研室加大经费投入，以维持教研室的正常运行。

3. 建立激励和监督机制

"教研室是高校基层教学与学术研究组织，是教学与科研相结合的学科型教学研究机构，在高校应处于主导性的基础地位，发挥提升教师教育教学素养与专业能力、形成教师专业归属感和培养合作精神，进一步推动高校教育教学研究与改革的重要功能。"① 教研室主要是承担着教学改革和教学研究的职能，发挥着发展教学学术、提高教学质量的功能。因此，学院需要有激励和监督机制来促进教研室功能的发挥。通过明确教研室的使命和职能之所在，检查建立教研室规章制度落实，教学活动的有效开展，条件是否到位，发现存在的问题及今后的改进等，使教研室的管理有序合理。

（二）教学团队活动由虚变实

"所谓教学团队就是以一些知识技能互补而又相互协作、共同承担责任的教师为主体，以教学改革项目为推动，以专业建设、课程建设为重

---

① 熊岚：《高校教研室功能的回归与重建》，《现代教育管理》2010 年第 6 期。

点，以提高教师教学水平、提高教育质量为目标而组成的一种创新型的教学组织形式。"① 教学团队作为教研室的补充，是教学学术的引领性学术组织，它不是一级行政组织机构，而是一种教学研究自治型组织。它能够弥补教研室在教学研究、教学改革、学科和课程建设等方面的不足和缺陷。

教学团队具有如下主要特征：共同的目标，即基于提高教学质量、提升教学学术水平的共同目标；教学团队成员间的分工协作，即成员之间各司其职，并且通力合作；团队结构的优化组合，即团队成员间的学历、年龄、职称结构具有梯度性，以达到最优化组合。

建设教学团队的必要性主要体现在：教学团队有利于提高教学质量，提升教学研究水平。教学团队能够促进成员之间紧密合作、相互取长补短，并且资源共享、优势互补，进而从整体上提升本科教学培养质量。教学团队能够促进青年教师的专业成长和教师的专业发展。教学团队因成员间不同的学历结构、学科背景聚合在一起，从而便于学科间的综合化和课程建设。打造教学团队更能彰显学术权力。大学作为一矩正的扁平化结构的学术组织，存在两种权力，即学术权力和行政权力，这两种权力在高校中却难以得到制衡，教师的学术权力则能在教学团队和教研室学术组织中得到更好的彰显。

针对当前大学教学团队重立项、轻实效的状况，应充分利用教学团队组织，把团队的活动由虚变实。

1. 培养教学团队带头人

教学团队带头人是整个团队的核心，是确保团队开展活动的重要骨干。教学团队带头人必须符合相应的基本条件：首先，团队带头人必须是在本学科领域有一定的学术造诣，在本团队的专业、学科具有一定的影响力，甚至在其他相关或专业有相当影响力；其次，团队带头人具有较强的教学研究意识和教学改革意识。只有带头人以主人翁的姿态潜心教学与教学研究、教学改革研究，才会带动其他成员积极投入教学研究和教学改革研究活动中去；最后，团队带头人必须有良好的组织能力、领导能力与协调能力，以带动成员间的相互合作、共同进步，达到本团队的最优化效果。

---

① 方成智：《高校教师教学团队建设的探讨》，《中国成人教育》2010 年第 24 期。

2. 确定教学团队目标和任务

教学团队要有远景发展规划和近景发展规划，要明确本团队的远景目标和近景目标，将长期目标和近期目标紧密融合在一起，使本团队的目标能够得到有效的实现。团队建设要以教学改革建设、课程建设、学科建设、专业建设为着手点，全方位的进行教学研究和教学改革研究，提高教学质量，提升教学研究水平，以期本团队的教学学术水平更上一个台阶。教学团队的任务是促进成员间的分工协作能力，提高教育教学质量，促进教师，尤其是青年教师的知识成长和专业发展。

3. 打造团队队伍

师资队伍是教学团队的重要力量，也是教学团队建设的关键所在。要培育出一批学历层次、年龄结构、职称结构相当的队伍，本团队教师的学历层次、年龄结构、职称结构要达到一最优化组合。加强团队教师的学历教育，强化团队教师的职前、职中与职后培训力度，使教师知识、学科、专业得到更新、发展和完善，促进本团队的教学学术水平的提升。

4. 建立取得实效机制

学校、学院应加大经费投入，给予团队建设的物质保障，营造良好的制度环境。学校、学院及相关职能部门要为团队建设搭建良好的发展平台。各职能部门要加强团队与团队之间的交流与合作，让团队之间资源共享、取长补短，达到学科与学科、专业与专业、课程与课程之间的交叉与融合。教学团队作为教研室的补充的非行政机构，在管理过程中，更应彰显教师的学术权力，作为管理人员不应有官本位意识，不可用浓厚的行政色彩来管理团队。团队的教学改革和教学研究事务由本团队教师来决定、分工协作，只有教师学术权力的彰显，才能带来教育教学质量的提高。

四　教师个体：专业发展引领教师教学学术

（一）地方大学教师专业发展理念

教师是大学教学学术地位提升的关键与核心。大学教师专业发展就是教师由一个新手到专家型教师的转变历程，它也是一个漫长的发展过程。作为教学型大学或者教学研究型大学的地方大学，在教师专业发展过程中应具备什么样的理念呢？

1. 教师本位理念

所谓教师本位理念，主要是指在大学办学发展过程中以教师为本，尊重教师的需要，包括教师的情感、归属、尊重和自我实现的需要，使得教师有归属感，期望感、尊重感。教师本位的教师专业发展理念，必须实现教师的价值，其价值主要体现在自我人生价值与人格价值。教师自我人生价值的实现包括个人价值与社会价值的统一，而人格价值的体现主要体现其生命的价值意义，即其人格的完满、个性的尊重与生命的人本化等。

2. 有效教学理念

"有效教学"理念发端于西方 20 世纪上半叶的"教学科学化运动"，它是基于提高课堂教学的效率和教师工作效益而提出的一种新的教学理念。"大学有效教学就是指以最小的教学投入，成功地促进大学生的学习与进步、实现预期教学目标，满足教学需求的教学。"[1] 大学有效教学的目标是教师高效益的教学与学生优良的学习效果，它着眼于学生的积极进步和全面发展，尊重学生的情绪和情感体验，注重效率、效益与质量的有机统一。那么作为有效教学的教的主导教师应该怎样才能够做到有效教学？首先，研究教材。教材是教师上课的主要媒介，教师对教材的研究，不仅可以把握教法、教学设计，还可以深入了解教材各个知识点的体系，知识的关联性及其境域性。教师对教材的研究，包括对教材的性质，教材的内容，教材的体系的研究，也包括对学生的研究，主要是研究学生在学习教材过程中遇到的重点、难点。其次，研究课堂教学。课堂教学中，教师作为主导，需要教学激情去感染、激发学生学习的热情，教师要充分运用多媒体的有效作用，把握好课堂教学，在有效的单位时间内促进学生的学习效果，提高学生学习知识的能力。学生在课堂中作为主体，应该充分发挥自我主动性与积极性，有效的学习知识点。最后，进行研究性教学。"把研究性教学理念引入本科教育实质上是对大学本质属性的一种回归，也是对以教师为中心的知识传承型教学方式的一种变革。"[2] 研究性教学是提升大学教育质量的路径选择，研究性教学亦能够提升大学教学水平。作为教学研究型的地方大学，更要引入研究性教学机制。研究性教学是集研究性、教学性、学术

---

[1] 姚利民：《大学教师教学概论》，湖南大学出版社 2008 年版。

[2] 行龙：《引入研究性教学理念，着力提高本科教学质量》，《中国高等教育》2007 年第 22 期。

性于一体的教学机制。引入研究性教学机制，教师不再是单纯的教书匠，他能够将教学视为一种学术，从而使教师乐于教学，积极主动去进行教学、研究教学，从而促进教学的效果、效率、效益、质量的有机统一。

3. 发展性教师评价理念

"发展性教师评价制度是依据一定的发展目标和发展价值观，主评与被评配对，制定双方认可的发展目标，由主评和被评共同承担实现发展目标的职责，动用评价面谈和发展性评价技术方法，对被评的素质发展、工作职责和工作绩效进行价值判断，被评在发展性教育评价活动中，不断认识自我、发展自我、完善自我，不断实现发展目标的过程。"① 教师评价制度一般包括两大类别，一类是规范性教师评价，它所面向的是教师的过去，也就是对教师过去的成就进行奖惩，所以我们通常也把教师的规范性评价称之为终结性评价；另一类是发展性教师评价制度，它所关注的是教师的未来，面向教师的未来发展，注重教师发展的过程。发展性教师评价也是现在我们的高等教育所倡导的理念。因为它以教师专业发展为目标，以综合素质、全面发展为评价内容，以教师的个性差异、层级差异为指标，评价注重关注自我与过程的发展，故而它是一种形成性评价方式。发展性教师评价是教师专业化发展的必然要求，发展性教师评价是教师自主发展的保障，也是教师进行教学研究的保证。发展性教师评价能够让教师更专注于教学研究。热衷于教学学术水平提升工作。

（二）地方大学教师专业发展理念的功用

1. 增强教师的归属感与身份认同感

任何人在任何一个单位，只有以其为本位，方可增强其在本单位的归属感与身份认同感。大学教师也不例外。一所大学必须把教师的发展作为本位，方可提升大学的生命力。教师本位理念的强化能够增强其归属感与身份认同感。教师本位观理念也是当代大学所追求的教育价值观。只有教师的地位得到了认可，教师才会以教学为中心、以学生为本。

2. 坚定教师的专业信念

教师坚定的专业信念是教师专业发展的精神来源。教师只有树立良好的专业信念，才能够热爱本专业，热爱本专业的教学，同时以专业的归属

① 蒋建州：《发展性教育评价制度的理论与实践研究》，湖南师范大学出版社 2000 年版。

感为自身的精神家园，去探究专业。教师坚定的专业信念能够促进教师共同体的繁荣与发展，当教师具备了坚定的教育信念、专业信念，才能够促进不同专业间的交流，从而深化学术共同体，促进教师共同体的繁荣与发展。教师坚定的专业信念能够促使教师专业的自主发展。教师专业发展也是为了实现自主发展，教师专业自主发展能够促进教师对专业的认同感，带动教师对专业的主动性、积极性与自主性，从而实现教师对专业在保守基础之上的超越。

3. 提升教师专业水平

有效教学促进教师去总结教学、深化教学、反思教学。有效教学一定意义上说是一种研究性教学，因而也可以作为教学学术的路径选择。教师在研究性教学过程中不仅能够从中发现教学问题，寻求解决教学困境的策略，也能够激发教师不断深化教学，挖掘教学本质，从而在教学上能够上一个台阶，同时还能够促进教师在教学中以生为本，建立良好的师生教学环境，提升教学效率。

（三）构建教师专业发展模式

1. 校本教育模式

"校本教育模式是指以增强教学实践体验，提高教育教学技巧，丰富教学实践知识为目的，以大学教师任职学校为基地，依托学校的现有资源，发挥教学团队的作用，促进教师专业发展的教育模式。"[①] 校本教育模式就是大学要立足于本校，充分利用本校教学资源，积极开展教学研究，为本校教师提供好的教育教学资源，充分提升本校的教学学术水平。

校本教育的主体是教师，教师也是校本教育制度的主体。校本教育的有效实施需要教师的积极参与、主动探究、反思教育教学并总结教育教学经验。教师在校本教育中必须主动积极探索教学中出现的问题和实践过程中的难题，并寻求好的方法予以解决，促进教学学术水平的提升。

其一，学校、学院及其相关职能部门要加大对校本教育的支持力度。学院要制定校本教育的规章制度、活动计划。定期开展校本教研活动，进行校本课题研讨或分享会议，让教师把握教学研究的成果，并掌握教研动态。教师之间共同学习教学研究经验，从中得出好的教学研究方法。学校

---

① 时伟：《大学教师专业发展模式探析——基于大学教学学术性的视角》，《教育研究》2008 年第 7 期。

的各种学术活动中应包括定期聘请专家、学者以及教学名师举行学术报告和开设专题讲座，解答教师在教学研究过程中遇到的难题，并辅导、引领如何做教学研究，从而引领教师掌握学科发展的动向，把握教学改革的发展趋势，诊断和剖析教学中的不足，使教师明确自身专业发展的方向。同时，学校应定期开展全校性的公开课教学、教学观摩、课题申报辅导等。

其二，作为校本教育主体的教师，应不断加强教师自身的综合素质。教师要不断更新自身的教育理念，掌握先进的教育教学理念，并付诸教育教学实践。教师也要注重完善自身认知能力和知识结构，培养自身的创新能力，具备教育科学的研究素养。同时教师个人要充分发挥自己的教学研究专长，形成属于自己的教学研究风格和教学研究特色，并且还须拓宽科学文化视野，夯实教育理论功底，不断提高教育科研能力，提升教育科研水平。

其三，校与校的校本教育模式可以共同构建校际教育模式。通过校际教育模式的构建，可以让教师实现教育教学资源共享与优势互补，促进校本教育的效果达到最优化。校际教育模式，可以实现不同学科之间的交叉与融合，使学科间的联系更加紧密。校际教育模式的形成，可以让教学改革、教学研究更加趋于成熟、完备。从而促进教师教学研究质量的提高和教师教学学术水平的提升。

2. 学位教育模式

学位教育模式，即教师的学历学位提升教育，教师通过研读研究生教育的相关课程，以提升其学历学位层次，优化教师的知识结构，提升其教学与科研水平的一种教育模式。调查中得知，地方大学本科学历的中青年教师占 32.15%，他们需要接受学科规训。学校要积极鼓励没有系统接受过研究生教育的中青年教师接受学位教育。教师在接受研究生教育的过程中经过系统的学科训练和学科规训，掌握系统的教学研究方法和科学研究方法，从而具备驾驭教学研究和科学研究的能力。

首先，教师在学术职业发展过程中，自己也需要有接受继续教育、学位教育的意识，并将之付诸实践。其次，学校、学院及相关职能部门需要在政策上予以引导没有达到学位要求的中青年教师接受学位教育，提升学位层次。学校还须对接受学位教育的中青年教师提供鼓励政策，给予经济上的资助和补助。让中青年教师在深造过程中能潜心追求学问，教师在一定时间内严格按照要求接受教育、进行学科规训，掌握系统科学的教育教学研究方法和科学研究方法，让自己具备从事教研的能力和水准。教师完成学业归来，应有相应配套政策留住他们安心工作，以待遇、事业和感情留人。使学校的整体教学水平和科学研究水平上台阶。

3. 社区教育模式

社区教育模式即教师将教育教学、教学研究、科学研究与社区紧密结合，教师将理论、实验等相关成果与社区实践结合在一起，从而发现其教育教学、教学研究和科学研究中的不足之处，并及时予以改进和完善。

社区教育模式主要是凭借其地域优势和区位优势，共同学习、相互探讨、研究和学习，实现地方大学的教育互补。社区教育模式的途径或渠道是多样化的，我们可以从以下几种形式中创建社区教育模式。

首先，构建教师专业共同体。"教师专业共同体是建立在教师专业化浪潮的基础之上，以学校为基地，以教育实践为载体，以共同学习、研讨为形式，在团体情境中通过相互沟通与交流最终实现整体成长的提高性组织。"[①] 教师专业共同体的构建主要是在本地区、本区域、本校范围内，不但可以构建本校的教师专业共同体，也可以构建跨校、辐射本社区的教师专业共同体，它的目的不仅在于发挥教师个人在专业共同体中的主体作用，实现教师个人才能，也在于共用体成员之间共同探讨、学习、交流经验，促进教师专业发展，同时提升其教学研究素养，提高教学学术水平。在教师专业共同体中，要充分发挥共同体学科间的优势，实现学科优势互补。教师专业共同体的构建，能够更好的实现教师专业自主发展。

其次，搭建社区网络教育平台。大学可以发挥网络资源优势，创建社区教育网站，发布教学与教学研究信息和科研信息，教师可以在教育网站中分享信息，教师之间也可以就共同关注的教学与教学研究和科研信息共同进行交流、分享心得，相互促进、共同发展。社区教育网站还可以设置专门的教学研究板块，把优质的教学研究课题放置在这个板块中，让教师学习借鉴，学会如何做教学研究，同时还可以聘请教学名师进行在线交流与指导教师尤其是青年教师的教学与教学研究和科研。

最后，创建社区教育实践基地。建立社区教育实践基地，是为了更好地让教师将自己的教学与教学研究成果转化为实践，验证其不足之处，找出不足，发现教学与教学研究过程中的问题，分析其原因，解决好难题，

---

① 牛利华：《教师专业共同体：教师发展的新模式》，《教育发展研究》2007 年第 12 期。

为更进一步的研究作铺垫。社区教育实践基地的建立能让教学理论与实践的融合达到完满。

（四）专业发展促进教学学术理念的形成及其实现

"真正好的教学不能降低到技术层面，真正好的教学来自于教师的自身认同和自身完整。……当优秀教师把他们和学生与学科结合在一起编织生活时，那么他们的心灵就是织布机，针线在这里牵引，力在这里绷紧，线梭子在这里转动，从而生活的方方面面被精密地编织伸展。毫不奇怪，教学牵动着教师的心，打开教师的心，甚至伤了教师的心——越热爱教学的老师，可能就越伤心！教学的勇气就在于有勇气保持心灵的开放，即使力不从心仍然能够坚持，那样，教师、学生和学科才能被编织到学习和生活所需要的共同体结构中。"① 教学活动维系着人才培养的质量，也维系着高等教育的质量，质量的高低有赖于教学理念的先进与否，故而高质量的教育教学必然要有先进的教学理念相伴随，反思性教学是现代教学理念的必然追求，同时也是教师教学学术理念的核心。反思性教学是基于教师与学生的共同发展，其主要目标是提升教师与学生各自的反思能力，即发展教师对教学的反思、学生对学习的反思能力，以利于师生共同发展。传统的教学将教师的教学与研究分离开来，认为教师的任务是教学而不是研究，研究是专家、学者的事，与教师没有瓜葛。教学与研究的严重脱离，不管是从应然状态还是实然状态显然是有碍于教师发展的。因而从一定意义上讲教师的反思性教学是教学学术的题中之义。那么大学教师应如何进行反思性教学，从而促进教学学术的实现呢？

首先，教师自我进行教学研究。每位教师要以教学理论为指导，不断对教学进行研究，总结教学经验，指导教学实践，并且用来丰富教育教学理论，从而形成完备的教学理论体系，为学生的成才提供一个良好的教学环境，也为人才培养创设良好平台。教师自身富有教学研究兴趣与教学研究意识，是教师进行教学研究的首要条件。

其次，教师间进行专题分享。教师在所在的院系（所、中心）开展教学研究活动中，把成果与同行一起交流、分享。在专题分享过程中发现教学研究中的不足之处，加以改进并完善。教师将自己的研究成果与同行进行分享、交流、评价。使教师知悉教学前沿，把握教学动态，掌握教学

① ［美］帕克·帕默尔：《教学勇气——漫步教师心灵》，华东师范大学出版社2005年版。

信息，从而更好地将教学成果付诸教学实践，提升教师的教学学术水平。

再次，观摩课堂教学、开展教学竞赛。观摩课堂教学主要是年轻的教师观摩教学名师的教学，从中获取课堂教学经验和智慧，丰富自己的教学理论，提升教学效果与教学水平。同时教师所在的院系（所、中心）应聘请教学名师进行专题教学与课堂教学和观摩，让教师掌握先进的教育教学管理理念，为教师教学实践搭建平台。教师间进行教学竞赛，能够提高大家教学的热情与激情，也能够促进教师进行教学研究的积极性与主动性。

最后，开展项目研究。包括教改课题的研究、教材的研究、精品课程研究等。教师应加大项目研究的力度，并将研究成果以及课题研究成果予以公开发表，以便同行进行分享，并运用到教学实践，让学生享受教学学术成果。

教学质量是大学的永恒主题，提高本科教育教学质量、提升人才培养质量是大学义不容辞的责任。大学作为发展科学、培养人才、服务社会的学术性组织，理应成为教授知识、传承知识、创新知识、追求学术的殿堂。知识的传承与创新需要通过研究教学研究知识实现。优质的教学需要通过教学学术实现。把知识的扩展与传播即教学同样视作一种学术活动，对大学的教学进行研究、探索，与同行、专家进行交流、评价教与学的学术研究成果，才能促进教学、科研、服务三者间的协调与和谐发展，才能更好地培养人才、服务社会。

第 三 章

大学研究生教育质量

后大众化阶段是高等教育经过急剧扩张后的平台期，在这个特殊阶段多种原本被发展所掩盖的矛盾会在这一时期显露出来，大学发展带来了新的挑战：宏观来看，大学组织的服务对象、目标及制度均发生了变化，大学组织面临的内外部竞争更加激烈；微观来看，包括研究生培养在内的人才培养质量是新时期新阶段大学的核心任务。

第一节　研究生学位价值

在后大众化阶段，科学学位研究生教育质量需要解决的是学术创新问题，而专业学位研究生教育质量重点则是与社会各岗位的需求相适应。当然，我们探讨研究生教育质量，基本内涵是探讨研究生培养的学术水平，反映研究生教育水平的标志是研究生学位。所以有必要首先讨论研究生学位价值。

一　学位及价值概念

学位是"授予个人的一种终身称号。表明称号获得者曾受教育的水平，或已达到的学力水平。由国家授权的或根据某种公认的办法认可的高等学校、科学研究机构或其他学术机构授予，或由国家的有关考试、审定机构授予"。[①] 是"学者个体通过教育活动追求学术的成果形式与社会通过管理活动对其评价认可形式的统一体"。[②] "学位不仅代表着他在知识等

---

① 《教育大辞典》增订合编本（下卷），上海教育出版社1998年版。
② 康翠萍：《学位论》，人民教育出版社2004年版，第65页。

级中的地位，而且反映出他自身的学术能力。"①

现代国家的学位一般可分为学士、硕士、博士三个等级。学士学位是学位体系中的初级学位，由国务院授权的高校授予大学本科毕业生群体，要求能够较好地掌握专业学科的基础理论、专门知识和基本技能，并具有从事科学研究工作或担负专门技术工作的初步能力；硕士学位是第二级学位，要求申请者须是高等学校和科学研究机构的研究生，或具有研究生同等学力人员，能够掌握专业学科坚实的基础理论和系统专门知识，具有从事科学研究工作或独立担负专门技术工作能力。博士学位是学位体系中最高一级的学位，要求申请者必须是高等学校和科研机构的博士学位研究生，或具有博士学位研究生毕业同等学力者，在专业学科上掌握了坚实宽广的基础理论和系统深入的专门知识，具有独立从事科学研究工作的能力，在科学或专门技术上作出创造性的成果。

价值是揭示外部世界对满足人的需要的意义关系的范畴，是指具有特定属性的客体对于主体需要的意义。从哲学的角度来说，价值首先是一个关系范畴，它所诠释的是一种人与物之间的需要与满足的对应关系，即事物，也就是客体能够满足人，也就是主体的一定需要。马克思认为，价值的基本含义，就是指客体对主体需要的满足，它所反映的是主客体之间的一种价值关系。也就是说，事物所具有的价值属性是在主体与客体的价值关系之中产生的，它反映的是主客体之间的一种特殊关系，而这种特殊关系正是主客体之间的一种实践关系和实际需要关系。其中，前者的需要是价值存在的前提，没有主体的需要，价值无从谈起；后者自身的属性则是构成价值的客观基础，决定着客体能否满足主体的需要，是否对人有用。

二　学位价值内涵

学位价值体现的是学位对个体需要和社会发展的满足和适应的程度。当学位能够较好满足社会需要和个体发展的需求时，那么对于社会和个体来说，这一学位便是有价值的。相反，假如不能满足社会需要和个体发展的要求，这就说明这一学位的设置以及学位教育的实施有待改进。

学位价值是指学位在满足对其主体，包括学生、社会、高校等方面的要求和需求时所产生的价值。具体的主体、客体、确定的主体目的与主客

---

① 教育部人事司：《高等教育学》，高等教育出版社2007年版，第95页。

体相互作用方式这四要素构成了价值关系整体，是价值产生的基础。而学位价值作为普遍价值中的一种具体的表现形式，它表现为学位的客体属性对个人和社会的存在和发展的满足和适应程度。可见，学位的价值反映的是学位的客体属性与学位的主体需要在实践基础之上所建立起来的一种特定的、内在的效应关系，这一"特定的内在的效应关系"则是指作为客体的学位与作为主体的人的需要之间的一种特定关系。由此可见，这种学位的价值"实际上是在学位与个体和社会的价值关系中产生的"。有怎样的价值关系，就会产生怎样的价值结果，从而也就相应会出现怎样的学位价值表现形式。

学位的主体需要、客体性质、主客体之间关系以及学位价值实现途径是学位价值的四个组成部分，也是学位价值内涵的关键所在。

（一）学位主体需要

学位的主体，是指"学位申请和授予活动的承担者"①。但这里所强调的学位主体不单是学者个体，还包括承担培养任务的高校乃至整个社会。

1. 学者个体

学者个体作为学位的申请主体，通过一系列的学习、研究而符合一定的学术标准，从而达到一定的学术水平。他们是学位最基本，也是最首要的主体因素，对学位的产生和学位教育的实施起着重要的作用。申请主体拥有对某一学位培养教育的需求和渴望，这一学位对他们来说才存在价值，而这些价值也才能在之后的培养过程中得以实现。这些需求和渴望也成为学位产生的基础之一。但尽管如此，它们更多的是代表个体对学位的追求和需求，带有一定的动机。不同的学者个体在不同的专业领域，其需求和动机必然会有所不同，但总的来说，这一群体的需求可以划分为以下几类：一是为了进一步提升自身的学术水平，期望在某一专业领域能够有所成就，实现更高的学术目标；二是期望通过获得更高的学位，实现在工作岗位中地位得以提升；三是希望能够在经济收入方面获得更多的利益。以教育管理方向教育硕士为例，这一学位的设置旨在为中小学的管理者和专业教师搭建一个接受高层次教育的平台，为他们能够进一步提升自身综合素质提供机会，从而加强中小学教师队伍建设，促进基础教育领域稳步

---

① 康翠萍：《学位论》，人民教育出版社 2004 年版，第 115 页。

发展。但事实上，攻读这一专业学位的学员中，真正希望通过这一学位的教育提高自身研究能力、提高实践能力的学员并不占多数，更多的学员更倾向于希望通过攻读这一学位，能够在岗位评定、职称评定或是工资方面获得更高待遇。这就说明，学生的价值观念贯穿于学位教育培养的整个过程之中，并始终影响着学位教育的质量与其价值的实现。

　　2. 高校和科研机构

　　在学位主体中，包括高校及其他科研机构在内的高等教育机构被视为学位的授予主体，"具有法定的学位授予权，在学位的产生中处于中间环节"。① 作为国家和社会的代表，高校以为国家和社会服务为目的，一定程度上体现了国家和社会的要求和需求。因此，高校对学位培养方案的制定及实施过程中能否较好地满足国家和社会的需求，也是学位价值能够得以体现的关键因素之一。而正是因为高校作为国家和社会的代表，在培养人才的过程中往往容易受政治、经济以及国家的功利价值的影响，在学位的设置以及人才的培养过程中容易出现忽视学位本身的特点以及学生的特点和需求的现象。不同类型的高校和科研机构对学位的需求有所不同，但概括起来，可划分为以下几个类别：一是为国家和社会培养更多的优质人才；二是发展学位规模，提高学位水平的需要；三是扩大经济收入的途径。以教育硕士专业学位为例，1996年，我国国家教育委员会正式批准16所师范大学成为首批招收和授予教育硕士专业学位的试点单位。1999年，又批准13所试点院校招收和授予教育硕士专业学位。在教育硕士专业学位发展的这几年来，各高校都肩负着为国家和社会培养高层次应用型专门人才以及促进中小学教师队伍建设的使命与责任，为教育硕士专业学位的发展作出了重要贡献。但必须指出的是，部分高校对教育硕士专业学位的认识缺乏科学性，对教育硕士群体培养目标的制定不科学，对其培养任务的实施过程中也存在着明显的功利性。这种现象对教育硕士专业学位的发展是十分不利的，也无法准确科学地体现这一学位的价值所在。因此，高校和科研机构等这类高等教育机构在学位价值的实现过程中起着十分重要的引导作用。

　　3. 国家和社会

　　国家和社会对人才质量的要求和需求贯穿于整个学位授予过程当中，

---

　　① 康翠萍：《学位论》，人民教育出版社2004年版，第116页。

"是学位生成和产生的决定性因素，也是评判学位有无价值、有多大价值的最终因素"①。学位的价值不仅仅在于它是个体和团体学术水平的有效证明，更重要的是，它能够体现国家和社会对通过学位而培养优质人才的需求。而国家和社会对学位的需求也主要表现在通过学位来培养更多的高素质人才，推动学科和学术发展，从而促进社会的发展和进步。以教育硕士专业学位为例，国家和社会的需求体现为社会和基础教育发展对教育硕士专业学位发展的要求和需求。社会和基础教育事业发展要求中小学校的管理者和教师群体不仅需具备较强的管理或教学能力，还需有一定的实践研究能力和实践反思能力，强调教师的专业化发展。而教育硕士专业学位则正是为适应我国基础教育事业发展与改革对高素质教师的需求而设置的。"培养教育硕士是加速我国的教师专业化进程、满足从事基础教育的管理者和教师提高自身职业素质需要的重要途径，也是承担教师教育任务的高等院校为基础教育服务、为广大中小学管理者和教师服务的重要方面。"② 可见，国家和社会的要求和需求为学位工作指明了方向，为学位价值能够更好实现提供了政策支持。

（二）学位客体属性

就学位的主体而言，学位的客体实际上可以理解为学位本身，即学位所具有的属性。学位之所以能够满足不同的学位主体对学位的价值需求，正是因其所具备的不同属性而产生的。总的来说，学位具有三个方面的属性，即学术属性、教育属性和管理属性。"学位最终体现的是学术，但它又必须以教育为基础，通过管理这一条件或形式来促进学位所指向内容提升和发展。"③ 因此，学位的学术属性是指学位具有构建系统知识结构、传授科学研究方法和提升科学研究能力等方面的属性。而学员只有通过接受教育这一途径才能够系统提升自身的学术水平，由此我们可以得出，学位的教育属性就是指学位具有传授学习的方法与途径以及提高学员整体素质等方面的属性。但无论是学位的学术属性还是其教育属性，都需通过管理加以规范和评价。因此，学位的管理属性可以理解为学位具有规范、评

---

① 康翠萍：《学位论》，人民教育出版社 2004 年版，第 117 页。
② 全国教育硕士专业学位教育指导委员会：《关于加强教育硕士的培养与管理工作的意见》，2004 年。
③ 康翠萍：《学位论》，人民教育出版社 2004 年版，第 119 页。

价和研究学习行为和科研行为等方面的属性。这三个属性是任何学位都具备的基本属性，是学位的"本体属性"。

　　而根据学位的三个本体属性，学位可相应表现为学位的学术价值、教育价值和管理价值这三种学位的本体价值。学位的学术价值是指学位在满足主体学术性需求时所产生的价值，具体可表现为学位具有提升主体学术能力和水平的价值；学位的教育价值是指学位在满足主体教育需求时所产生的价值，这种价值可表现为学位具有提升学生整体素质、推动教育稳步发展的价值；学位的管理价值则是指学位在满足主体管理性需求时而产生的价值，例如学位具备检验教育效果与质量以及人才选拔的作用，这些都可归结为学位具有管理价值。

　　（三）主体需要与客体属性之间的关系

　　学位的主体需要与客体属性之间的关系，是指学位的客体属性在满足学位主体的需求时所产生的关系。当学位的客体属性能够满足学位主体的需求时，学位对其主体而言便是有价值的。相反，倘若学位的客体属性无法满足学位主体的需求时，学位对其主体而言便是无价值的。当然，判断某一学位是否有价值，不能以单一主体对其的判断为标准。不同的学位主体对待价值的标准不同，评价结果自然也会有所不同。因此，判断主体所选择的学位价值是否合理，要以社会比较公认的价值判断作为评价的标准，从而能够对学位价值作出更为合理的评价。

　　（四）学位主体需要与客体属性关系的实现途径

　　实践活动是连接学位主体需要和学位客体属性两者之间的桥梁，只有通过实践活动才能将二者紧密联系起来。"在实现学位价值的实践活动中，学位主体对学位的需要以对象化的实践活动为基础产生学位并使之具有某种属性。"[①] 只有通过一定的实践活动，才能充分展现学位客体所具备的属性，从而能够满足学位主体的需要。由此可见，学位的价值是通过学位主体的实践活动才得以实现的。也就是说，只有充分开展学者个体不断的学习和研究活动、高校的培养活动以及国家和社会的评价活动等实践活动，才能更好地显现学位的客体属性，满足学位主体的需求，从而充分体现学位的价值所在。

---

① 康翠萍：《学位论》，人民教育出版社 2004 年版，第 123 页。

三　专业学位与科学学位区别

专业学位是指有专门职业要求的研究生教育学位，区别于侧重理论和研究的学术型学位，主要培养有特定职业背景的高级专门人才。专业学位与科学学位同属于硕士博士学位，在学位层次上没有不同，其区别主要体现在：

（一）培养目标的不同

培养目标是各级各类学校根据学校的性质、任务以及社会的要求和需求而对培养对象提出的具体要求。以教育硕士为例，在培养目标上，学术型硕士学位以培养各学科的教学与科研人员为主，侧重理论研究的培养。而专业学位则主要培养面向基础教育领域教学和管理工作所需要的高层次复合型、应用型人才，侧重实践能力的培养。该学位的获得者应具有良好的职业道德素养，既要掌握某学科系统的基础理论和专业知识，又要懂得现代教育基本理论和学科教学或教育管理的理论及方法，并具备能够运用所学理论和方法解决学科教学或教育管理实践中存在的实际问题的能力。以教育学硕士和教育硕士为例。教育学硕士学位属于学术型硕士学位，主要负责培养"教育学科（包括教育学原理、教育史、课程与教学论、教育经济与管理、比较教育学等）的科研人才以及具有科研能力的高等学校教师和管理人才"。[①] 而教育硕士专业学位则主要为基础教育事业的发展培养从事管理工作和教育教学工作的高层次应用型专门人才。因此，从培养目标来看，前者强调对科研能力的培养，而后者则更加注重理论与实践相结合能力以及教学反思能力的培养。

（二）培养对象不同

培养对象上，学术型硕士学位主要面向大学优秀的本科应届毕业生，而专业型学位主要是面向已具有大学本科学历或同等学力、具有丰富实践经验的在职人员，少数专业的培养对象也逐渐从应届本科毕业生中挑选。例如教育学硕士学位的招生对象主要是具有一定的教育基础理论知识，且对教育发展与改革感兴趣的各专业本科应届毕业生，对他们的工作经历并不作刚性要求。但教育管理方向教育硕士专业学位则不同，其培养对象就

---

① 吴家国：《教育硕士专业学位的性质、特点和意义》，《学位与研究生教育》2001 年第 11 期。

是具有丰富管理或教学经验、热爱本职工作、业务水平较高的中小学优秀教育管理人员或专任教师。其招生一般采取推荐与考试相结合的形式，报考者必须持有所在单位及地市人事和教育主管部门证明或推荐信。因此，从学位教育的培养对象来看，前者更倾向于学员需具备扎实的理论基础，而后者则对学员所具备的管理或教育教学经验以及研究实践问题的能力提出了明确要求。

（三）课程结构不同

学术型学位研究生教育关键在于通过传授系统而完整的学科知识，实现对本学科领域知识的创新与发展，因此课程设置以学科知识体系为框架进行构建，即公共基础课、专业基础课、专业课以及选修课，四者按照一定比例组合成有层次、相关联的课程体系。课程体系以促进研究生学科知识结构纵向层面上的累积，达到从基础知识向专业知识渐进式发展的效果，对于科学研究的创新具有不可替代的效果。

而专业学位的课程设置则不同。根据《教育部关于做好全日制硕士专业学位研究生培养工作若干意见》文件精神，专业学位的课程设置应"以实际应用为导向，以职业需求为目标，以综合素养和应用知识与能力的提高为核心。其教学内容更加强调理论性与应用性课程的有机结合，突出案例分析和实践研究，并注重培养和提高学生研究实践问题的意识和能力"。[①] 早在 2002 年下发的《关于加强和改进专业学位教育工作的若干意见》中就已强调，专业学位的"课程设计要体现基础性、实践性、选择性及先进性，教学内容要求知识面宽、反映最新学术成果和科技动态、紧密联系实际需要，着重培养学生的思维能力、逻辑推理能力和操作能力以及观察问题和创造性解决问题的能力"。[②] 因此，课程设置和结构原则早已是共识并应落实在实践层面。专业学位的课程结构需构建能够同时跨越多个专业的课程体系，以优化学生的智能结构。既要开设学科类基础理论课程，又要开设方法论等方面的课程，重在加强学科教学或学科基础理论和专业知识的学习，以提高他们解决实际问题的能力。

（四）教学方式不同

在教学方式上，学术型学位主要采用课程学习与培养学术研究能力的

---

① 教育部：《教育部关于做好全日制硕士专业学位研究生培养工作若干意见》，2009 年。

② 国务院学位委员会、教育部：《关于加强和改进专业学位教育工作的若干意见》，2002 年。

方式，并强调在课程教学中对学生科研能力的培养。而专业硕士则不同，其学位课程的教学方式的特点主要有三：一是专业学位的教学主要以课程学习为主，强调理论与实践相联系。通过系统理论基础知识的学习，加强他们对理论知识的理解与运用，从而提高他们理论与实践相结合的能力。二是注重案例教学的使用。案例教学，无论是案例研究还是案例分析，都以"问题"为中心，强调问题的分析与解决。在案例教学中，学员角色和责任都有所变化，他不再是一个传统教学过程中的"旁观者"，而是一个积极的"参与者"。"师生共同参与，从而有效地提高学生分析问题、解决问题，并在案例分析中提高理论应用的能力，加深对教育理论实质的理解把握。"① 三是鼓励学生自主学习，同时加强实践环节，合理安排教育实践活动。强调专业硕士"从实践中来，到实践中去"的教育原则，即通过学习，能够解决过去管理或教学实践中所存在的疑惑，并将所学习的基础理论知识重新运用于实践活动之中，从而能够将其更好地融入实践当中。其目的是在加强基础理论和专业知识学习的同时，提高发展、分析与解决实际问题的能力。因此，专业学位教育的教学安排上既有培养规格的统一要求，又能针对不同学科人员的特点，有助于分类指导教学行为的实施。

（五）学位论文标准不同

学术型硕士的学位论文要求能够运用专业理论知识对某一专业领域的理论及实践问题进行阐述和分析，专业性、理论性较强。而专业硕士的学位论文则要求论文应紧密联系实践，并来源于实践中的基本问题，强调选题对某一领域改革与发展的实践意义，强调运用所学理论解决实践问题的能力与水平。除此之外，专业硕士学位论文的形式也呈现多样性。2010年，教育部印发的第六期题为《学位与研究生教育重点改革工作深入推进》简报中介绍了提高研究生教育质量的具体举措，并对专业硕士学位综合改革试点的有关情况作了详细阐述。简报中强调，教育部批准了北京大学等64所高校，在法律硕士等15个专业硕士学位类别开展综合改革试点工作，参加专业硕士学位综合改革试点的高校，学生可以用工程报告或工作总结代替毕业论文，不再将 SCI 或 EI 等发表论文作为专业学位的评定

① 叶引姣：《我国教育硕士专业学位教育研究》，浙江师范大学博士学位论文，2006 年，第49 页。

指标。此前，教育部在《关于做好全日制硕士专业学位研究生培养工作的若干意见》中也提出："学位论文形式可以多种多样，可采用调研报告、应用基础研究、规划设计、产品开发、案例分析、项目管理、文学艺术作品等形式。"① 管理上对专业学位论文撰写标准的提出，正是专业学位的特殊性"应然"体现，当然也反映当前专业学位人才培养过程中"理论化"培养单位"趋利化"的倾向。因此，与学术型硕士的学位论文标准相比，专业硕士的学位论文更加注重所学理论与实践问题联系的紧密程度以及实践问题研究的实际意义。

（六）导师组成结构不同

导师队伍是高校硕士研究生培养质量优劣的重要影响因素。学术型硕士多由一名或两名资深的专业教授对一名或多名学生的科研能力进行培养，并由此促进其科学研究水平的提高。但专业硕士的导师队伍，无论是组成结构和导师任务都有所不同。为提高专业硕士的培养质量，多采用"导师组"的导师结构，即是由以学校教授指导为主的导师结构改为由教授和企业、行业骨干相结合的双导师制。校内导师负责学员基本理论知识的建构，提升其研究实践的能力，而校外的导师则负责技术和实践问题解决的指导，并及时传达本领域热点和实践运用问题。校内和校外导师在培养专业硕士的同时，应共同承担起学员职业道德教育的职责，强调学员的基本职业素养。与此同时，导师组应积极参与学员学位论文的指导过程，对学位论文撰写的标准达成共识，使专业硕士的学位论文既能够把握领域发展动向，抓住热点关键问题，又能够将所学的理论知识运用于实践活动，从而进一步提高学员理论与实践相结合以及实践反思的能力。

通过上述分析，探讨研究生教育质量，需要根据两种学位的不同，采用不同的培养模式，实现不同的培养目标。

第二节　专业学位研究生培养适应性问题

一　研究背景

专业学位（professional degree）研究生教育在我国发展极为迅速，目

---

① 国务院学位委员会、教育部：《关于加强和改进专业学位教育工作的若干意见》，2002 年。

前我国设置专业学位已达 19 种。同时，教育部决定从今年开始，除 6 个目前不适宜应届毕业生就读的专业外，其余 13 个专业学位将面向应届毕业生招生，实行全日制培养。截至 2008 年上半年，我国专业学位研究生教育已累计招生 86.5 万人。目前我国参与专业学位教育的院校总数为 431 个，占我国博硕士学位授权单位总数的 60%。专业学位作为具有职业背景的一种学位，为培养特定职业高层次专门人才而设置，因职业要求社会需要不同，其培养特色各不相同，大学怎样提高人才培养适应性需要重点思考。本节将以教育硕士教育管理方向为例，讨论专业学位硕士培养的适应问题。在现代科技与社会的快速发展的背景下，专业学位针对社会特定职业领域的需要，为培养具有较强的专业能力和职业素养、能够创造性地从事实际工作的高层次应用型专门人才而设置，具有相对独立的教育模式，具有特定的职业指向性，是职业性与学术性的高度统一。专业学位是现代社会发展的产物，社会现代化的程度越高，对专业学位人才的需求也就越大。目前，专业学位已是现代高等教育学位体系中的重要组成部分。随着社会生产力的进一步发展，社会分工日趋精细，职业实践越来越复杂，专业学位在丰富人才培养类型，促进知识经济产业成长，提升社会现代化水平等方面都发挥了独特的作用。

"教育硕士专业学位是具有特定教育职业背景的专业性学位，主要培养面向基础教育教学和管理工作需要的高层次人才。教育硕士与现行的教育学硕士在学位上处于同一层次，但规格不同，各有侧重。"[①] 教育硕士是以特定教师职业为背景的专业学位，是根据我国基础教育现状的需要和 21 世纪教育发展目标，为进一步提高教师队伍的专业化水平，提高中小学教师的学位层次而设置的，主要是为了适应我国基础教育事业发展与改革对高素质教师的需求，促进教师职业的专业化。我国于 1997 年正式设置和试办教育硕士专业学位，发展至今已有 15 年的时间，教育硕士专业学位发展十分迅速，如图 3-1 所示，15 年中，攻读教育硕士专业学位的管理者和教师不断增加，这说明中小学校以及管理者、教师都越来越重视一线人员的整体素质问题，希望能够通过教育硕士专业学位这一平台学习系统的理论基础知识，提升研究实践问题的能力，进一步提高管理者和教

---

① 国务院学位委员会办公室、国家教委研究生工作办公室：《关于开展教育硕士专业学位试点工作的通知》，1997 年。

师群体的整体素质，促进中小学师资队伍的建设，从而促进基础教育的稳定发展。但近几年来，教育硕士的质量问题一直是人们所关注的话题。如何提高教育硕士群体的质量、如何在教育硕士专业学位教育的培养过程中体现这一学位设置的价值，都是当下需要研究并解决的问题。高质量的教育硕士专业人才不仅能够凸显高校特色化的人才培养模式，最主要的是能够促进中小学教师队伍建设的发展。

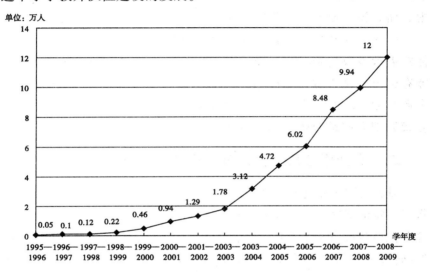

图 3 - 1 1995—2009 年各学年度全国硕士专业学位授予人数

但十多年发展过程中变化也是明显的，以教育硕士教育管理方向为例，首先，报考生源发生了变化。起初方向的设置是为基础教育管理者准备的，但近年来，越来越多的教师群体占了相当一部分，使得教育管理方向培养对象的结构呈现学校管理者、教育行政人员和教师群体三个类型的特征。其次，我国教师教育标准即将出台，这也向从事基础教育工作的管理者和教师群体提出了新的要求。因此，教育管理方向教育硕士的培养应从这两个方面出发，强调学生的需求和社会的要求，注重生源的变化，从而更好地实施教育硕士专业学位的培养工作。

教育硕士专业学位的培养与发展是目前我国教师教育发展中的重要问题，无论是从理论上还是实践上都表现出许多问题，在其整个培养过程中受传统科学学位教育学硕士的培养观念和方法的过多影响，导致没有突出教育硕士专业学位的特点。培养方案中没有强调教育硕士专业学位的特点以及需求，因而在课程设置、教学方式、学位论文撰写、学术活动的参与等方面都存在着雷同问题。学位的价值反映的是"学位的客体属性与学位的主体需要在实践基础上统一起来的一种特定的内在的效应关系"。其具体表现形式是学位的客体属性对人和社会的存在和发展的满足和适应。运用学位价值理论对教育管理方向的整个培养过程加以分析和研究，其具体表现形式是学位的客体属性对人和社会的存在和发展的满足和适应。原有的培养理念更多地是出于高校现有条件的角度考虑，而忽视专业学位自身的特点、优势、需求以及社会对教育硕士的要求。因而要想从根本上提高教育硕士的质量，就必须从整个教育硕士群体的需求以及整个社会对教育硕士群体的要求这一角度来考虑。这样才能有助于从真正意义上提高教育硕士的质量，从而适应、满足社会对教育硕士的要求和需求。从大学培养来看，有利于设计更为科学、合理的教育管理方向教育硕士培养方案。

二　专业学位研究生培养的适应性调查

以教育硕士专业学位为例。教育硕士专业学位发展的这 15 年来，取得了一定的成绩，为中小学培养了大批高层次应用型人才。然而，不少培养单位通过教育硕士评估组评估合格之后，依然存在许多问题。而由于生源结构的变化和教师教育标准的即将出台，各培养单位仍需思考这样两个问题：一是合格评估之后，怎样才能使培养工作的各个环节更适应社会发展的要求和学生的需求；二是如何才能提高高校自身的培养能力，从而培养高质量的教育硕士。

本书选取教育管理方向进行调查，将研究思路、方法、数据来源、理论假设、实施过程及调查结论以分节的方式说明，并根据调查的结果分析教育管理方向培养过程中所存在的问题。

（一）调查的目的、范围及方法

1. 现状调查的基本思路与方法

（1）基本思路

以教育管理方向教育硕士为调查对象，以其整个培养过程与国家、社会和学生的适应性的契合程度着手，对其生源结构、培养目标、课程设置、教学方式、导师队伍建设和论文撰写等方面进行实证调查，分析获得的数据，发现在教育管理方向教育硕士的整个培养过程中所存在的问题，并在此基础上有针对性地提出相关对策与建议。

（2）研究方法

本书根据研究目的与研究问题，在实证的基础上开展研究，因此，在研究过程中遵循理论与实践相结合的方法论。采用封闭式与开放式相结合的问卷调查法，对教育管理方向教育硕士培养过程中的课程设置问题、教学方式问题、师资队伍建设问题以及论文撰写等多方面的情况逐一进行调查，从而提出在其培养过程中所存在的不足之处，并运用 SPSS 分析软件对所得数据进行分析，最终得出结论。

2. 现状调查的研究假设和研究程序

（1）研究依据

依据研究思路和创新理论的指导，根据相关问题假设设计调查问卷。

根据学位价值理论，教育硕士专业学位具有其特殊性，只有不断提高专业硕士学位培养过程与社会和学生的适应性，才能促进专业硕士学位的稳步发展，在学位价值理论支持下，有以下问题假设：

①培养过程忽视了对象来源发生了变化。

②对专业硕士学位价值的认识存在误区。

③对培养目标认识模糊。

④课程结构、课程内容存在问题。

⑤教学方式的不科学。

⑥导师队伍设置不合理。

⑦论文撰写的标准不科学。

⑧缺乏必要的学术活动。

（2）研究程序

①确定调查对象、基本思路和基本方法，提出调查的问题假设。

②确定选择现状调查样本的依据，科学合理地选择现状调查的样本，并对样本的可行性进行分析。

③对收集到某师范大学教育管理方向教育硕士的培养方案等资料，进行分析。依据假设设计调查问卷，并对调查对象进行问卷调查，证明调查问卷的可行性。

④通过对问卷调查所反馈的数据与信息进行分析，发现教育硕士教育管理方向培养适应性存在的问题。并以此作为寻找相关研究策略的依据。

3. 现状调查的样本分析

本书选择了某师范大学 2007—2010 年攻读教育管理方向教育硕士专

业学位的数据资料。对于选择这一时间段的学员为样本的相关依据是：首先，某师范大学 2006 年通过了教育部教育硕士评估专家组对其的合格评估，但 2006 年之后的这 4 年中，查找出来的问题是否仍然存在，是否存在适应性的问题，是否需关注培养质量的问题，这都是亟待探讨和解决的问题。因此，对评估之后招考的教育管理方向教育硕士进行问卷调查，更能说明研究的有效性。其次，教育管理方向教育硕士专业学位的生源结构近几年也发生了改变，因此学生的需求和培养要求也相应发生了变化。因而选择 2007—2010 年教育管理方向教育硕士为调查对象，查找学生的需求和要求在学位培养过程中一直未能解决的问题。

（二）教育管理方向教育硕士培养适应性的现状调查

依据上述的研究思路和研究假设，针对整个培养过程的情况，对某师范大学教育硕士的教育管理方向进行问卷调查。调查数据如下：

1. 报考生源的结构

随着教育管理方向教育硕士的不断发展，其报考生源的结构已发生了明显的变化。如图 3 - 2：

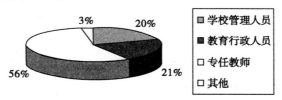

图 3 - 2　报考生源结构

据调查，目前教育管理方向教育硕士报考生源的结构主要由三个类型的群体组成：学校管理人员、教育行政人员和教师群体。图中比例显示专任教师占总生源的 56%，而学校管理人员和教育行政人员所占的比例分别为 20% 和 21%。可见，教师群体是目前教育管理方向教育硕士学生中的主要组成部分。这就要求培养者在这一专业学位的培养过程中需重视主要部分的需求和要求，并将其与学校管理人员和教育行政人员的培养措施有所区分，从而适应学员对学位培养的需求与要求。

2. 报考教育硕士动机调查

报考动机是影响教育硕士的整个培养过程并最终影响教育质量的重要因素之一。

由图 3 - 3 我们可以看出，为提高自身总体知识水平而报考教育硕士的学员所占比重最大，其次是为提高管理或教学能力的学员，所占比例26%。影响报考目的的因素有很多，而其中一个重要原因便是其岗位对管理人群或是教师群体的要求。通过调查我们发现，38%的学生认为他们需要具备系统的专业知识和教育理论知识，22%认为需具备丰富的教学或管理经验，而36%的学员认为需具备研究教学或解决实践问题的能力。可见，除了自身对知识和能力的要求之外，岗位对学员的要求也是影响其报考目的的重要因素之一，并影响整个培养过程。

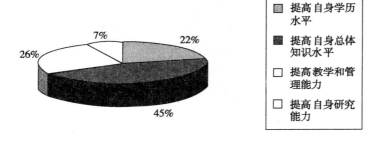

图 3 - 3　2007—2010 级教育管理方向教育硕士报考目的分类

3. 岗位的要求

岗位要求是指任职相关岗位需具备的基本条件、基本素质和基本能力。岗位对任职人员的要求激发了他们对高层次教育的需求，因此在研究生教育的培养过程中不容忽视。

如图 3 - 4 所示，38%的学员认为任职的岗位要求他们能够更新专业知识和教育理论知识，能够较好地将前沿教育理念与知识理论运用于实践管理或教学活动中。22%的学员认为岗位要求他们需具备丰富的教学或管理经验。而36%的学员则认为需具备研究教学或解决实践问题的能力，即能够发现教育教学过程中所存在的问题，并能够运用所学知识将其解决。根据对调查数据的分析我们可以发现，当今基础教育的管理岗位和教师岗位不仅需要他们具备丰富的相关工作经验，而且更看重他们知识的储备量以及实践研究能力。为高校教育硕士培养改革提供了"标准"。

4. 期望值的实现

期望值是指人们对可能实现的目标主观上的一种估计。而对于教育硕士群体的期望值来说，更多的是表现为教育硕士整个培养过程及其培养质量是否能够满足这一群体报考目的，是否能够满足工作岗位要求。如图 3 -5所示。

图 3 - 4　　岗位的要求

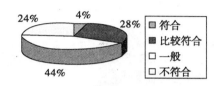

图 3 - 5　　培养过程与期望值的契合度

　　图 3 - 6 显示，现行教育硕士培养并不能很好地符合学生的期望值，主要体现在课程结构不合理，课程内容陈旧、范围狭窄，教学方式不科学以及导师配置不合理这四个方面。可见，培养环节与学员的期望值和要求仍存在着一定的距离，培养方案的实施情况并不能较好地满足学生提高知识和能力的需求。培养过程中最需要解决的问题调查结果显示，20.5% 的学员认为课程的整体结构是最需要解决的问题；30.8% 则认为知识陈旧、范围狭窄是培养过程中存在的首要问题；认为教学方法的使用问题有待解决的学员占总人数的 19.5%；认为导师配备存在严重问题的学员占18.3%。而选择其他问题，例如论文撰写的标准问题、管理环节的问题等相关问题的学员占 10.9%。由此可见，上述的一系列问题都是教育硕士培养过程中所存在的问题，也是今后亟待解决的重要问题。

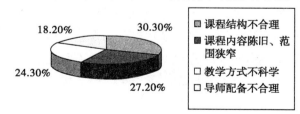

图 3 - 6　　与期望值不符的主要表现

5. 课程设置满意度调查

课程设置所包含的内容是针对学生对整个课程设置环节的满意度问

题，主要从以下三个方面进行调查：

（1）开设科目对学员需求的满足度

开设科目对学员需求的满足涉及学生对课程设置中科目设置的总体评价。从图3-7我们可以看出，大多数学员对于目前所开设的科目不满意，认为不能较好地满足学员提升知识和能力水平的需要。大多数学员认为所开设的课程并不能较好地满足他们在学科专业知识方面的需求，而22.3%的学员认为教育理论课程开设过少，缺乏系统的理论学习。如图3-8所示。

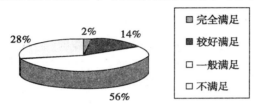

图3-7　所设科目对学员需求的满足情况

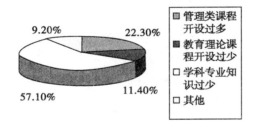

图3-8　原因分析

对于他们最希望学到的专业知识，图3-9显示，14%的学员希望学习教育理论知识，46%的学员希望学习系统的学科相关专业知识，而38%的学员希望能够学习教育教学研究方法。从调查数据我们可以看出，学员希望通过教育硕士专业学位这一平台学习更为系统的专业知识和科学的教育教学研究方法，并希望能够与实践活动相结合，将其广泛运用于实践教育教学活动之中。例如在课程设置中，不仅强调设置管理类课程，更应结合生源结构的变化及需求设置不同类型的管理类课程，并增加研究方法类课程，从而更好满足学员需求。而选择的原因主要体现在，53.1%的人认为这是岗位的需要，也是自身知识更新的需要，2%的人认为这是管理工作的需要，而38.8%的人认为是研究实践问题的需要。

（2）公共课与专业课比例满意度

公共课是指任何专业或部分同类专业的考生都必须学习的共同课程。

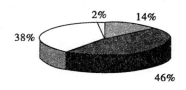

图 3 - 9　希望学到的专业知识

而专业课则是指根据培养目标所开设的专业知识和专门技能的课程。公共课与专业课的设置作为教育硕士课程安排中的重要组成部分，应从学生的整体特点出发，在保证系统的学科知识结构的前提下，应更多强调教育管理方向的特点和需求，从而使开设的每一门课程能够最大程度上满足学生的特定需求。而就目前的情况来看，教育管理方向对于公共课与专业课比例的满意度也不尽如人意。课程开设，过多考虑课程结构以及授课条件，忽略了学生的特点及其需求。以江西师范大学为例，目前开设的课程当中，公共课占 12 个学分，占总学分的 30%，而专业课占 16 个学分，约占总学分的 44.4%。图 3 - 10 的数据显示，57.7% 的学员选择了不合适。只有 6.3% 的学员选择了合适。可见大多数学员并不满意。而图 3 - 11 则显示了不满意的原因，51% 的学员认为安排的选修课过少，不利于他们针对自身专业基础、知识结构和学术兴趣选择有助于促进自身能力提高的科目；认为专业必修课偏少的学员占总人数的 29.2%，偏少的专业必修课使得学生无法系统地学习相关专业知识，不利于其理论知识水平的提升。

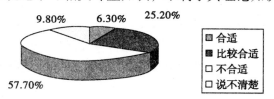

图 3 - 10　公共课与专业课比例满意度

（3）必修课与选修课比例满意度

必修课是指高等学校学习某一专业的学生必须修习的课程。选修课则主要是指在高等学校中学习某一专业的学生可以有选择地修习的课程。必修课与选修课的比例问题是目前研究教育硕士课程设置中的重要的也是困难的问题。在整个课程设置系统当中，必修课的作用在于能够传授学科基础理论知识，而选修课则使得学生能够依据自身的兴趣、条件和需求选择

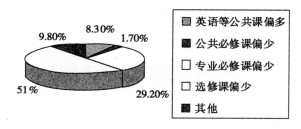

图3-11　不满意的理由

课程。而目前的必修课与选修课的比例并不理想。以某师范大学教育管理方向教育硕士为例，目前所开设的必修课占22个学分，约占总学分的61.1%，而选修课只需修满6个学分，约占总学分的16.7%。必修课与选修课所占的比例相差过大，选修课设置的科目范围过窄，且所占学分较少，因而无法满足学生对课程灵活度的需求。据调查，如图3-12，高达55.6%的学员认为必修课与选修课的比例并不合适，认为比例合适的仅占2%。不利于学员依据条件和兴趣选择所需课程，认为应加大选修课的比重，能够在课程科目的选择上给予他们更多的选择空间。

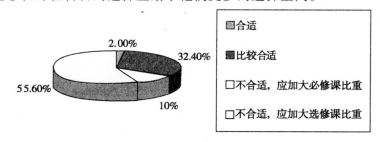

图3-12　必修课与选修课比例满意度

（4）最需要学习的科目

按调查结果所占百分比的高低排序（图3-13），学员认为最需要学习的科目依次为前沿教育知识、教育研究方法和学科前沿知识。高达44%的学员认为学习前沿教育知识，有助于他们将所学先进的教育教学理念用于今后的实践活动当中。24%的学员认为教育研究方法类课程是他们目前最需要学习的课程。了解和掌握教育研究方法能够提高其学术研究能力，有利于其实践反思活动的开展。而系统的学科知识本身就是大多数学员所缺乏的，因此，通过学习系统的学科前沿知识能够提升其专业知识的储备，使他们能够将其合理运用于今后的工作岗位之中。

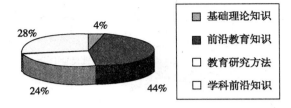

图 3 – 13　最需要学习的科目

6. 教学方式的选择调查

教育硕士主要通过课程习得相关基础理论知识，因此，除了课程的设置以外，其教学方式也是培养教育硕士过程中关键因素之一。常用的教学方式有课堂教学法、案例分析法等。而对于教育硕士的教学方式上的选择，则应更突出这一群体的特点。教育硕士群体具备丰富的实践经验，因此，在选择教学方式时，应将其实践经验与理论基础紧密联系起来。仍以江西师范大学为例，据调查，在其教学方式的选择上（图 3 – 14），47.2% 的学员认为课堂教学中偏重课堂讲授的方法，仅有 20.3% 的学员认为课程教学中运用了案例分析与专题讨论等研讨方式。由此图可见，目前课堂授课过程中，课堂讲授的教学方式仍是教学的主要方式。采用如此单一的教学方式，势必导致学员所学的理论基础知识与其所积累的相关实践经验相脱节，不利于学生理论与实践相结合能力的培养。

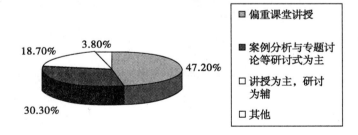

图 3 – 14　教学方式的选择

与此同时，本书就教学方式使用满意度作了相关调查。如图 3 – 15 所示，44% 的学员对当前教学方式不满意。45.5% 的学员不满意的原因，认为课堂讲授式教学方式不利于实践教学的开展，无法将理论与实践紧密地联系起来，在今后的实践管理与教学中无法灵活运用所学的理论知识；又如图 3 – 16 所示，27.2% 的学员认为教学方式不利于培养研究性学习能力，教育管理方向研究的主题多来源于他们的实践经验，而单一的教学方式不利于其理论的运用，从而影响其研究能力的提升。

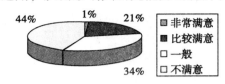

图 3 – 15　教学方式满意度调查

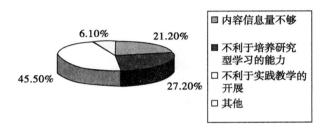

图 3 – 16　不满意的原因调查

被问及最令他们满意的教学方式时，学员多表示传统的课堂讲授的方式已无法满足他们理论与实践相结合的需求，在教学过程中更倾向于使用专题讨论、案例教学以及实践调研的方式展开教学讨论，从而能够进一步培养学员的实践能力。

7. 师资队伍的建设调查

（1）师资队伍的整体情况调查

"师资队伍是教育之本。"[1] "导师是教育硕士培养工作的主要组织者和实施者，其思想和道德素质、学术水平、创新意识和创新能力、指导能力和工作作风，直接影响着教育硕士的教学质量和教育硕士研究生的未来成长。"[2] 因此，师资队伍的建设直接关系着教育硕士培养质量。加强教育硕士导师队伍建设，建立一支人员精干、素质优良、结构合理、专兼结合、特色鲜明、相对稳定的导师队伍，对提高教育硕士培养质量具有十分重要的意义。但从调查结果（图 3 – 17）我们可以看出，学生对目前的师资队伍的整体水平并不是很满意，高达 53％的学员认为师资队伍水平欠

---

　　① 梁其建：《教育硕士专业学位师资队伍应具备的整体结构》，《华中师范大学学报》（人文社科版）2003 年第 3 期。

　　② 时花玲：《问题与对策：教育硕士研究生导师队伍建设》，《教育理论与实践》2010 年第 1 期。

佳。针对其欠佳的原因进行进一步调查发现，并非师资队伍教育教学能力欠佳，而是由于对教育硕士群体的不熟悉，不能很好地把握其特殊性，无法认识其特点并展开教育教学活动。从调查结果（图3－18）我们发现，"对学生需求的不了解"是目前的首要问题；其次是教育教学和指导方法与实践相脱节。从本质上来说，缺乏对教育硕士群体特点和基础教育事业改革和发展要求的关注和研究。

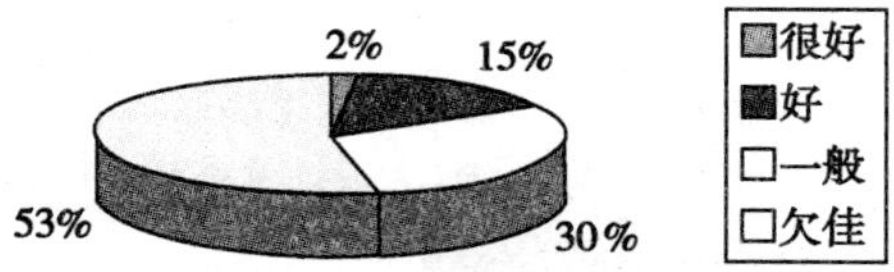

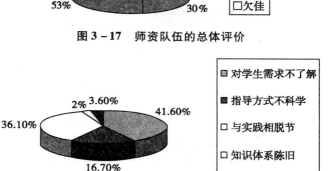

图3－17　师资队伍的总体评价

图3－18　欠佳的原因调查

（2）实践型导师配备调查

导师配备在教育硕士的培养过程中起着至关重要的指导和管理的作用。提倡实行"双导师制"的培养模式，即成立导师组，为每位教育管理方向的教育硕士配备两名导师，一名校内导师负责日常的培养工作，包括理论指导、论文撰写等；一名校外导师则重点负责教育硕士的实践教学工作，帮助学员理论与实践相结合能力的提升，并指导论文的撰写。校外导师由在基础教育领域具有高级职称、丰富实践经验的专家型教师或优秀的中小学教育管理工作者担任。但根据调查，实践型导师的配备情况却很不理想。图3－19的数据显示，高达70%的学员指出并没有配备实践型导师。可见，就目前的情况来看，配备实践型导师更多地仅是停留在政策制定当中，并没有真正将其落到实处。从个别访谈时了解到，有的学员有实践型导师，但据了解，已配备的实践型导师，并非学校制度安排，而是导师个人依学员要求或调研考察时的偶然行为。

图 3 – 19 实践型导师配备情况调查

8. 学位论文撰写调查

学位论文是指为了获得所修学位，按要求学位申请者所撰写的论文。根据教育硕士群体的特殊性，其学位论文的撰写虽不要求其较强的理论阐述和分析，但必须与其实践经验相结合，从以往的实践经验中发现问题，再结合所学理论解决问题。因此，教育硕士的学位论文应注重用所学的专业基础理论解决中等教育实践中遭遇到的问题。早在全国教育硕士专业学位教育指导委员会颁布的［1999］07 号文件《关于教育硕士专业学位论文标准的规定》中就强调，教育硕士学位论文的选题"应是对我国基础教育事业发展、改革与管理有一定价值的题目"①，论文的形式"可以是基础教育学科教学或管理的专题研究；可以是高质量的调查研究报告；也可以是基础教育学科教学或管理的实验报告、典型诊断报告"②。当前关于教育硕士培养方案修订指导意见反复强调这一点，已将上述意见作为硬性要求写进了指导性培养方案中。这些规定很明确，教育硕士专业学位的论文形式多样化，就是要求论文本身须做到理论与实践相结合。但根据调查（图 3 – 20），将近一半的学员认为导师在指导他们学位论文时偏向学术性指导，22% 的学员认为导师只要求他们按时完成论文，并没有一定的论文标准，而 14.7% 的学员认为导师疏于对学位论文的指导，仅有 14.7% 的学员认为其导师能够根据他们自身的特点，以论文的实践性为标准指导其学位论文的撰写。

学员认为，最适合教育硕士撰写的学位论文内容应倾向于学术与实践相结合或是课堂反思、研究报告等题材的主题，这种训练对其未来工作才具有较好的指导性。过于学术性的学位论文内容无法突出教育硕士群体"实践性"的特点，也无法有效培养其实践能力和学术研究能力。

---

① 全国教育硕士专业学位教育指导委员会：《关于教育硕士专业学位论文标准的规定》，1999 年。

② 同上。

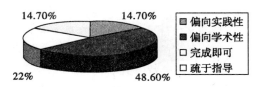

图 3 - 20　指导论文标准

9. 学术活动的参与情况调查

教育管理方向的培养方案中虽然对其学术研究能力没有作过多的要求，但是分析问题或是撰写学位论文，这都是学术研究能力的重要体现。因此，参与学术活动对于教育硕士来说，也是必不可少的。但如图 3 - 21 所示，教育管理方向教育硕士参与学术活动的机会很少，而高达 52% 的学员竟表示没有参与过学术活动。这一现象的存在有碍提升学生理论与实践相结合的能力，不利于教育管理方向教育硕士整体质量的提高。针对这一现象，随即对参加学术活动不多的原因展开了进一步的调查。结果显示（图 3 - 22），有 55.1% 的学员认为缺乏针对教育硕士这一特殊群体专门组织的学术活动，12.2% 的学员表示所参加过的学术活动主题和内容过于理论化，与自身的需求不符，而 22.5% 的学员由于时间等其他条件的局限而缺乏参加学术活动的机会。可见，教育管理方向教育硕士的学术活动应具有一定的针对性，应针对目前基础教育领域的热点话题展开探讨。

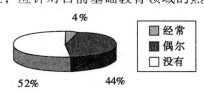

图 3 - 21　参与学术活动情况

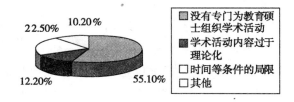

图 3 - 22　参加机会不多的原因

（三）我国教育硕士培养问题分析

近几年来，专业学位的培养方案正随着时代的进步而逐步完善。然而，在高速发展的同时，仍然存在着诸多问题。通过调查发现，我国教育硕士教育管理方向培养过程中仍存在着以下几个方面的问题：

1. 对专业学位价值认识的误区

对专业学位价值的认识，关系着学生对学位的态度，也关系着高校对此学位的重视程度。专业学位教育的发展，不仅有利于学位体系的不断发展，更有利于整个教育体系的稳步发展，而对高校自身的发展也是显而易见的。因此，正确的价值认识是促进专业学位发展，提高专业硕士整体质量的前提与基础。但目前部分高校对专业学位价值的认识出现偏差，对专业学位的培养工作重视不够。近几年来，随着教育硕士规模的不断扩大，部分高校因培养条件局限，缩减培养成本，力求实现效益最大化。这样的做法不仅不利于我国学位规模的发展，也无法保证专业硕士的整体质量。事实上，专业学位教育是针对特定的人群，根据其特点而进行的专业性教育，主要培养面向某一特定领域的高层次专门人才。因此，各高校应正确认识专业学位的设置与发展，并加大培养力度，培养高质量高层次的应用型人才。

2. 对培养目标认识模糊

培养目标是"各级各类学校各个学科根据国家的教育方针和自己学校的实际情况，对培养对象提出的特定要求"①，并具有多元性的特点，在各级各类学校的教育培养活动中具有"协调"的作用。课程设置是指一定学校选定的各类各种课程的设立和安排。培养目标是课程设置的依据，而课程设置则是其培养目标的具体体现，必须符合培养目标的要求。教育硕士专业学位研究生教育应培养既能从事基础领域理论研究，又能运用教育科学理论解决教育实践中的问题的高素质复合型人才。因而，就培养目标而言，部分高校认识上还存在以下问题：

（1）对生源缺乏基本的认识与了解

近几年来，随着对教育管理方向发展的不断深化和发展，教育管理方向的生源已发生了重大的变化。根据前面的调查结果显示，其培养对象不仅仅是基础教育领域的教育管理人员和行政人员，绝大多数是身处教学一线的专业教师。但是在现行教育管理方向教育硕士的整个培养过程中，不少高校都忽视了其生源的变化。就课程结构和内容而言，都没有对生源需求和要求的不同加以区分，都灌输以同样的管理类课程。例如，针对教育

---

① 薛天祥：《高等教育学》，广西师范大学出版社 2001 年版。

行政人员，他们需要的是对学校管理类知识的了解与掌握；针对教师群体，他们更多的是对课堂管理、教学管理和学生管理这类管理类知识的整体把握；而对于学校管理人员来说，部分管理人员同时兼有教学的任务，因此，要求他们对学校管理类知识和课堂教学管理与学生管理知识都需要全面了解。

（2）培养目标认识偏差

培养目标认识的偏差主要体现在两个方面：一方面，高校作为教育硕士专业学位的培养单位，却对其生源结构变化敏感度不高，导致所界定的培养目标出现偏差，无法适应社会需要和学员需求，显现出一定的滞后性。另一方面，出于效益最大化的考虑以及办学条件的限制，缺乏对教育硕士实践能力和学术能力的培养，阻碍了学员实践能力和学术能力共同发展。

3. 课程结构设置偏差

教育硕士主要是通过课程的学习来完成其培养过程的。因此，教育硕士专业学位教育的课程设置的科学与否，不仅关系着能否顺利实现教育硕士的培养目标，同时也关系着能否充分体现教育硕士专业的学位特征，从而提升教育硕士专业学位教育的质量和效益。而现行的教育管理方向教育硕士的课程结构设置呈现失衡的状态，无法根据生源的变化调整课程的结构，不利于学生根据工作岗位的需要和现有的基础形成自己的岗位核心素质，发展自己的个性。以江西师范大学的教育硕士教育管理方向的课程结构为例，课程分为学位基础课、专业必修课和专业选修课。学位基础课程共12个学分，约占总学分的33.3%，专业必修课共10个学分，约占总学分的27.8%，专业选修课共6个学分，约占总学分的16.7%。详细课程结构安排如表3-1所示。

根据表3-1我们可以发现，课程结构有以下两个方面的问题：

（1）课程结构单一

从表3-1的调查结果显示，教育管理方向生源结构发生了变化。虽然同是攻读教育管理方向教育硕士专业学位，但学校管理人员、教育行政人员和教师群体对这一学位的要求与需求各不相同。这就要求在开设课程科目时，应注重培养对象的不同特点和需求。而事实证明，现开设的课程仍多以学校管理的管理类知识为主，缺乏对有教学任务的学校管理人员和专业教师需求的考虑，以至于84%的学员认为目前所开设的科目无法较好满足他们的需求和要求。

表 3 - 1　　　教育管理方向教育硕士课程设置和教学计划表（截取）

课程类别	课程名称	学分	总学时	学期
学位基础课	政治理论（含教师职业道德）	2	36	一
	外语（含专业外语）	2	72	一、二
	教育学原理	2	36	一
	课程与教学论	2	36	一
	中小学教育研究方法	2	36	二
	青少年心理发展与教育	2	36	一
专业必修课	教育行政与案例分析	3	54	一
	学校管理专题	3	54	二
	教育法规	3	36	二
	教育测量与评价	3	36	二
专业选修课	学校管理学	2	36	一
	现代教育技术应用	2	36	一
	中小学心理健康教育	2	36	二
	基础教育改革研究	2	36	二
	中外教育简史	2	36	二
	教育管理理论研究	1	18	二
	德育理论与实践	1	18	二
	班级与课堂管理实务	1	18	一
	国外中小学教育	1	18	二
	管理决策理论与技术	1	18	二
	教育预测与规划	1	18	二
	教育哲学	1	18	一
实践教学	微格教学	1	18	三
	教育见习	1	18	三、四
	教育实习	4	半年	四、五
	教育调查	1	18	四、五
	课例分析	1	18	四、五

（2）公共课与专业课、必修课与选修课比例不合理

从调查结果以及表 3 - 1 显示，由于学员的特殊性，他们实际在校学习的时间十分有限，因此，许多学员们表示，有些课程没有必要开设那么多课时，例如政治、英语。以江西师范大学教育管理方向教育硕士专业学

位的课程设置计划为例，公共课英语开设两学期，所占课时比重较大。研究生教育"能比较熟练地阅读本专业的外文资料"要求具备一定的外语水平是毫无异议的，但在课程教学的实施中，并没有突出英语课程的实用性。学生花费大量时间用于英语课程学习，目的就是为了能够通过考试。以考试为目的的学习对人才的培养有百害而无一利。关于政治课程的开设，多数学员认为，常规的思想政治教育虽然有必要，但是如果能依据国家对教师职业道德要求开设课程，则会更加有效。因此，多数学员认为英语、政治在今后的实践管理与教学中使用的机会很少，没有必要耗费宝贵的在校专业学习时间开设如此大比例的实践意义专业意义都不大的课程。应大幅减少课时数并重新安排授课内容，从而使学生能够合理高效地安排学习进程，更好地满足他们的学习需求。

与此同时我们发现，绝大多数学员认为必修课与选修课课时结构不合理。55.6%的学员认为现开设的选修课比例过小，应该适当加大选修课的比重，从而使学员能够依据自身的实际情况选择所需课程。而对于选修课所开设的课程内容来看，更偏向于管理类课程。由于现在教育管理方向生源发生了变化，许多专业教师也选择报考教育管理方向的教育硕士，因此，对于专业教师出身的学员来说，他们并不需要过多的管理类知识，相反，他们需要能够促进其专业知识学习的课程。而就目前的状况来看，选修课课程安排就显得十分的不合理了。

4. 教学内容与教学方式不合理

（1）教学内容安排不当

目前教育管理方向的教学内容仍存在着以下两个方面的问题：

首先，知识陈旧、范围狭窄，无法反映更新的前沿知识进展。为了确保学科知识的系统性，高校在开设课程科目时过于注重对理论知识的阐述，而忽视了教育硕士群体对前沿知识的需求。调查结果显示，多数学员认为目前所学的知识过于陈旧，内容上没有反映出国内外最新的理论和发展，希望在教育硕士的培养过程中接触更多的前沿知识。知识陈旧、范围狭窄不利于教育硕士群体在学习过程中构建完整的专业知识体系，而前沿知识的匮乏则使得学生缺乏对现代教育理念和教学思想的了解。由此可见，教学内容所体现的知识的多元性还不够。

其次，过于理论化，缺乏实践性课程。专业硕士一般都具有丰富的实践经验，因此，设置课程内容时，应突出内容的实用性与实践性，能够结合系统的理论知识，从而达到提高专业硕士理论与实践相结合能力的目的。但事实上，教育硕士群体目前所学习的课程都过于理论化，不仅在课堂教学中缺乏与实践教育教学相联系，同时也难以运用于今后的实践教育教学活动中，缺乏实用性。所学习的理论知识对今后的实践研究和实践教学指导性不强，这便失去了攻读教育硕士专业学位的本质意义。除此之外，实践性课程的缺失也是重要问题之一。虽然教育硕士具备丰富的实践经验，但经过系统的理论知识学习，急需通过实践活动的方式运用并验证理论知识的合理性和有效性，而缺乏必要的实践性课程则影响学员将理论与实践相结合的机会，不利于其实践能力和学术研究能力的提升。因此，过于理论化且缺乏实践性的课程是教学内容选择上的一大弊病。

（2）教学方式的不合理

教育硕士专业学位研究生教学方式是提升与优化教育硕士研究生素质与能力的关键环节。我国教育硕士在培养过程中，不同程度存在着沿用或套用教育学硕士培养的一些做法。特别是在教学方式上没有体现出专业学位的特色，归纳起来有以下几个方面：

①课堂教学学术化倾向，忽视教学能力的培养，出现与教育学硕士教学方式趋同。教育硕士专业学位获得者应具有复合型的知识结构和能力结构，既掌握某门学科的基础理论和系统的专门知识，又要掌握教育基础理论、学科教育或教育管理的理论和方法，运用所学理论和方法解决中小学教学和管理中实际问题的能力。而实际上这种能力培养的课程思想并未在课堂教学过程中得到全面落实。许多教师在教学方式上仍以讲授为主，灌输各种理论，出现了与教育学硕士"同样学习内容，同堂上课、同样标准考试"的"三同局面"。走上了片面追求学术重视理论教学的道路。

②教育硕士专业学位研究生教学方式特色不鲜明，"案例教学"没有真正实施，教学缺乏针对性。调查显示，学员最喜欢的教学方式依次为案例教学占43%，专题讲座讨论23%，专题讲座18%。教育硕士大都是有工作经验的成人学生，他们学习具有主动自觉性，他们的学习兴趣不是受教学内容本身的驱动，而更多是看中所学的知识对他们工作所起的作用。但在实际工作中，这种理论和实践相结合的"案例教学"并未真正成形。原因是多方面的，教育硕士评估内容不够详细；目前也缺少权威性案例教学的教材；不够注重案例的收集与整理，缺乏丰富的、鲜活的来自实践的、有一定代表性的案例材料库；教学方式选择权是学校的教学自主权之

一，学员的脱产学习或集中学习的时间较短，多数时间用于教育理论的学习上，"案例教学"无法充分发挥其价值；一些教师即使使用了·"案例教学"也仅仅是经验和随意，或者仅限于表面的尝试和探索。此外，因教师科研任务重、学院其他工作多，也没有充裕的时间精力改革现在教学方式，墨守成规，习惯于现有的教学方式，缺乏独立思维和标新立异的创造型思维方式与思维习惯的探索，这样从教学两方都停留在一般授课方式上。在开放式问卷中被调查者反映，有些教师授课是在没有深入了解学生实际情况下进行的，致使教学缺乏针对性。

5. 导师队伍配置单一

（1）导师队伍多由指导学术型学位的导师组成。我国教育硕士专业学位发展时间不长，指导教师大多是由担任学术性学位的教育学硕士生指导教师兼任。部分导师和授课教师习惯于以学术性硕士的培养规格培养教育硕士，他们注重相关学科专业知识体系的建构和学术研究能力的提升，对运用理论解决实际问题能力的培养不够重视。部分教师对基础教育关注较少，对新课程改革研究不足，在指导教育硕士解决基础教育实际问题时，感到力不从心。

（2）实践型导师配备不足。从调查结果我们可以看出，虽然教育管理方向教育硕士的培养方案上都注明要实行"双导师制"，但事实上，很多高校并没有为教育硕士配备实践型导师。我国目前学科硕士学位的导师队伍，基本都是由各个高校自己的教师组成的，对于教育硕士专业学位的人才培养来说，如是的师资队伍结构显得单一。实践型导师在教育硕士整个培养过程中起着关键性的作用，他们不仅能够向教育硕士群体提供更多管理和教学实践方面的相关信息，还可以指导学生对实践活动进行反思，有利于实践教学的开展，从而培养整个教育硕士群体理论与实践相结合的能力。而在教育硕士培养过程中缺乏实践型导师的指导与帮助，势必会导致理论与实践相结合能力的缺失。

6. 缺乏学位论文撰写的标准

学位论文是检验研究生质量的一个关键环节，是综合能力的最终体现，而教育硕士学位论文撰写的标准问题也是备受关注的一个问题。从论文的选题，到文献的整理，再到论文的正式撰写，学位论文撰写的各个环节都应体现特点。但就目前的现状来看，缺乏学位论文撰写的标准，主要表现在以下几个方面。第一，缺乏专业要求标准。部分学员无法运用所学的专业理论知识与实践活动相结合，从而造成理论与实践相脱节现象的发生。第二，缺乏论文写作基本要求。以论文选题为例。科学合理的选题是学位论文撰写重要的一步，也是学位论文写作的开始。论文的选题科学与否直接关系到论文质量的优劣。教育硕士专业学位论文应突出其"专业"二字，也就是说，应与自身的实践经验结合起来，并突出选题对于问题解决的意义所在。但部分教育硕士学位论文的选题偏理论化，有的甚至与学术型硕士的论文无异。这就失去了其论文写作的本质意义。第三，缺乏对实践的关注。教育硕士专业学位的学位论文应突出"实践性"，而这也正是当前教育硕士学位论文所缺乏的。第四，论文形式单一化。也是学位论文撰写中的弊病之一。专业学位不同于学术型学位，课堂教学反思、研究报告、教学设计等形式多元化更符合专业学位培养质量要求和特色。

7. 学术活动的贫乏

虽然教育管理方向教育硕士的培养方案中对学生的学术能力及其学术活动的参与没有作过多的要求，但结合实践的学术活动更贴近教育硕士的学术兴趣，更符合教学及管理实践。与教育学硕士等学术型硕士相比，教育硕士并不要求研究理论性的问题，而是以其实践教学活动的开展为基础，对特定领域开展实践研究。因此，培养教育硕士的研究能力也是培养过程中十分重要的一个环节。而作为促进研究能力提高的一个重要因素，学术活动在培养过程中所起的作用也是显而易见的。但从调查结果发现，只有极少数的教育硕士有参与学术活动的经历，即使有，也常与学术型硕士一起，关注的热点不同，研究的兴趣不同，难以调动他们参与的积极性，因此，学术活动的缺乏是培养过程中的问题。应引起学院和学校的重视。

导致学术活动缺失的原因有很多，其中一重要原因便是实践基地的缺乏。实践基地的作用不仅在于能够为学生提供更多的实践机会，也能够为多种形式学术活动的开展提供平台。但从目前的情况来看，多数培养单位处于条件限制和节省办学资金的考虑，缺乏建设实践基地的积极性。这样不仅不利于学生实践能力的培养，也不利于实践反思活动的开展，易造成学生理论与实践相脱节的不利局面。

第三节 提高专业学位研究生培养适应性的思考

（一）我国教师教育标准的制定

通过美国优秀教师标准的制定我们可以看出，教师标准的制定不仅能够规范教师在管理或教育教学实践活动中的行为，而且也为高校培养教育硕士、促进教师队伍建设指明了方向。目前，教育部也正在酝酿出台教师教育标准，这项标准主要是针对从事教育教学工作的中小学教师提出的。新的教师专业标准和课程标准要求教师不单单是"教书匠"的角色，而应在教学过程中多尊重孩子的学习权，与学生平等地对话；教师必须要研究教育对象，杜绝"目中无人"的教育方式；要改变过去偏重书本知识，死记硬背，接受式的学习方式；教师控制的封闭式的、僵化的、教条式的单一教学方式。标准的出台将确立"儿童为本"、"实践取向"和"终身学习"三大原则。"儿童为本"原则强调管理者与教师应在管理与教学过程中顺应学生的身心发展规律，合理规划管理活动及教学活动；"实践取向"原则强调实践活动的重要性，要求管理者和教师能够对过去的实践活动积极进行反思，从中得到更多的启发与帮助；而"终身学习"原则要求教育工作者要通过各种学习活动提升整体素质。三条原则的确立，在更新教育理念提升教师队伍整体质量的同时，有利于教师整体教育水平的提高，也有利于推进基础教育的改革。因此，标准的制定无论是对学位教育的发展还是对各阶段教育的发展，都有着长远的意义。首先，提高了教师入职标准，提升教师总体能力和水平。教师教育标准主要涵盖了教师标准、教师教育标准、课程标准及其评价标准四个方面，对教师入职的标准及教师职后教育都有具体要求，能够强化教师的整体素质与能力，为基础教育教师队伍建设提出了政策性要求，也为其发展指明了方向。其次，对教育硕士专业学位培养提出了更详尽的要求。由于我国专业学位起步较晚，虽然近几年发展迅速，取得了不少成果，但终归理念和条件等方面不足，难以取得更显著的效果。而教师教育标准的出台则能够为教育硕士的培养指明改进的方向，从而使培养体系中的课程设置、教学方式、导师队伍建设以及学位论文的撰写等各方面都有了基准。

（二）完善教育硕士培养的思考——以教育管理方向为例

我国教育硕士专业学位的设置能够满足社会发展和基础教育改革对管理者和教师在素质和能力上需求，为教师提供一个接受高层次教育、提高自身素质和能力机会，也为我国教师专业化提供了平台。针对当前教育管理方向教育硕士专业学位教育的实际情况，以学生的特点及需求为基准，以体现教育硕士专业学位的价值为目的，探寻真正适合我国教育管理方向教育硕士的培养体系，从而促进教育硕士专业学位的稳定发展。

1. 形成教育管理方向教育硕士专业学位的特色理念

根据国务院学位委员会制定的教育硕士专业学位参考性方案及教学大纲等文件精神，制定有针对性的、周密的培养方案，进一步细化学科教学教育硕士的教育目标。这种面向基础教育教学的高层次人才，应该是以学科教学为职业背景的既有理论（包括教育理论、专业理论）知识，又有实践（包括教育、教学实践）能力，且能应用所学理论解决问题、进行基础教育研究的骨干教师，提高他们的业务水平，从而提高基础教育的水平。因此，提高教育管理方向教育硕士教育的质量，前提就必须端正对教育管理方向教育硕士学位的认识，科学客观地看待其价值所在。承担培养职责的各高校应摈弃趋利的态度，根据相关政策规定，加强对教育硕士专业学位的培养工作，特别是对其实践能力的培养，使之能够更加符合社会和基础教育事业对管理者和教师群体的要求和需求。而就目前的发展状况而言，实践及其研究能力的培养是培养教育硕士的普遍要求。因此，应采取相应措施保证对教育硕士实践及其研究能力的培养，从而提高其整体质量。与此同时，应端正各高校对教育硕士培养"与学术无关"的错误观念。专业学位的培养应强调学生的实践及其实践反思能力，促使他们发现实践教育教学过程中的问题，从而结合学习的相关知识，探讨解决的方法与途径。因而，专业学位的培养应着重强调学术能力与实践能力"双重能力"的共同发展。

2. 清晰地认识教育管理方向教育硕士培养目标的变化

教育管理方向培养方案中，培养目标设定为"培养具有现代教育观念、具备较高理论素养与实践能力、高水平的中小学基础教育管理人员"。问卷调查结果反映目前攻读教育管理方向的人员中，基础教育中的教师群体占绝大多数。为适应培养对象结构的变化，有针对性的培养人才，应重新修订培养目标，形成教育管理方向教育硕士的"双目标化"。一方面，要根据学校管理人员和教育行政人员的需求，培养具有现代教育管理理念、能够将管理理论知识与管理实践活动相结合的高水平的基础教育管理人员；另一方面，应根据肩负部分教学任务的学校管理人员和教师群体的需求，强化其课堂教学管理能力和学生管理能力的培养，力求将其培养成为研究型骨干教师，从而使其更加符合教师教育标准的有关规定。因此，各高校应加强对学生结构的了解，适时调整培养方案，使之更符合社会和学生的要求。

3. 加强教育管理方向教育硕士培养工作中的环节

（1）优化理论课程设计

由于教育硕士群体主要是通过课程学习相关理论知识，因此，科学合理的课程结构则显得尤为重要。只有优化教育硕士课程体系，并在其课程体系中体现教育硕士专业学位的价值所在，才能促进高质量、高素质教育硕士的培养。因此，为了更好地促进教育硕士专业学位教育的发展，应优化公共课程与专业课程之间的比例，增加专业课程的比重，促进教育硕士系统的知识体系的建构；应优化必修课与选修课之间的比例，强调学生根据自身的实际情况、兴趣和研究方向选择课程，拓宽其视野，促进学科知识的渗透和教师专业化的发展。

①选择课程内容的原则

课程内容的编排不仅能够系统地展现学科之间内在的联系，也能够充分体现学生的需求，并满足他们的需求。因此，选择课程内容必须遵循一些基本的原则：

第一，完整性原则。"每门学科的知识都有其内在的逻辑。在为达到某个目标或某些目标而选择课程内容时，应当保证所选学科和内容基本原理和思维方式的完整性。但倘若是为了课程设置的方便而将学科的完整性和连贯性割裂开来的做法，则会大大削弱学科在达到目标过程中的作用。"① 当然，完整并不是说课程的设置要做到面面俱到，过多而又重复的课程内容堆积在一起，不仅会造成学生理解上的混乱，不利于学生完整知识体系的建构，也会造成资源浪费和学员宝贵时间的浪费。因此，我们说，课程的设置要做到完整而精辟，达到"少而精"。

第二，经济性原则。这里所提及的"经济性原则"主要是针对课程的有效性展开讨论的。在根据目标选择课程内容时，可以从以下两种情况进行分析：当一门学科有助于达到几个目标时，那么，就应避免重复选择类似的几门学科以达到不同的目标；而当几门学科都可用来达到某一相同目标，此时，就应在这些学科中选择那些课时少、学生感兴趣的学科。这就是所谓的经济性原则，它强调课程设置时的有效性。

第三，实践性原则。当根据目标选择学科和教学活动时，必须为学生提供机会去实践目标中所提示的任务。例如，培养目标是培养学生的科学

---

① 王伟廉：《专业培养目标是怎样转变为课程的》，《高等教育研究》1989 年第 3 期。

研究能力，那么在所选择的学科或教学活动，在内容安排上和活动呈现方式上就应挖掘学生科学研究的潜能，提供更多参与研究的机会；而假如培养目标是培养学生理论与实践相结合的能力，那么在选择学科或教学活动时，就应该在注重理论知识培养的同时兼顾与实践相结合能力的培养。

第四，满足性原则。这一原则与学生的学习动机紧密联系。它是指为达到某个目标而选择课程内容或教学活动时，应考虑到学生的期望值。如果可供选择的课程内容和教学活动都无法与学生的期望值相符，便会大大降低学生对课程内容和教学活动的兴趣，从而无法达到培养目标的要求。这一原则强调应深度了解学生特征及其期望值，从而有利于提高课程设置的效力。

②建构"双模块"课程结构

由于近些年来教育管理方向生源发生了变化，因此，应强调"双模块"课程结构的构建，以满足不同类型的学员需求。所谓"双模块"课程结构，是指根据学校管理人员、教育行政人员和教师群体对教育管理方向教育硕士专业学位的不同要求与需求，有针对性的开设不同类型的管理课程。教育管理方向学员中一部分是学校管理人员与教育行政人员，另一部分是学校管理人员与教师群体。对于各中小学的学校管理人员以及教育行政人员来说，如何更好地管理学校、促进学校发展是他们所关注的重要问题。因此，应开设以学校管理为主的管理基础理论课程，以加强他们对这方面管理知识的了解与掌握，从而提升他们的管理能力与水平。而由于部分学校管理人员同时又兼任教学的任务，这不仅要求他们对学校管理知识的了解，同时也要求他们对课堂教学管理、教学管理和学生管理知识的掌握。课堂管理是指教师为了完成教学任务，调控人际关系，和谐教学环境，引导学生学习的一系列教学行为方式。而这里的教学管理和学生管理也同样是指在课堂教学过程中教师对教学环节的管理以及学生课堂学习的指导与管理。为此，对于部分兼任教学的学校管理人员和教师群体来说，对课堂管理和学生管理相关知识的认知有助于其在今后教学过程中运用更科学有效的方式方法保证课堂教学活动的实施，从而提高学生课堂学习的积极性，继而提高教学质量。因此，总的来说，教育管理方向学位课程设置改革的当务之急是构建"双模块"课程结构，以不同工作性质的学生的需求为基准，有针对性的开设少而精的管理类的知识课程，使之能够根据自身的角色特征合理地将管理类基础知识运用于实践环节，提升工作效率和质量。

③强化课程内容的实践性与适应性

提高教育硕士质量的关键在于能够使学生将所学的理论基础知识合理运用于实践活动之中，提升其理论与实践相结合的能力。这就要求在课程设置的过程中明确课程内容的定位，并保证知识的实践性、先进性、宽阔性及深刻性。结合当今教育科研成果以及先进管理理念，在借鉴国外基础教育问题研究成果的过程中努力超越，从而更好地迎合"教育要面向现代化，面向世界，面向未来"的需求。

（2）科学合理教学方式的使用

根据对教育硕士专业学位研究生特殊性的分析，学位课程的教学方式是以课程学习为主，强调理论联系实际，注重案例教学，鼓励学生自主学习，同时加强实践环节，合理安排教育实践活动。

①加强案例教学的实施

实践能力的培养是教育硕士培养的重要环节，也是其特色之一。理论只有在转化为实践之后才能显现其价值。因而，培养学生结合所学理论解决实际教学或管理过程中遇到的问题的能力便显得尤为重要。学校应为学生提供更多的实践基地，给予学生更多的实践机会，并完善对学生实践期间的管理及评价机制。与此同时，应加大教学过程中案例教学的比例。案例分析与实际联系紧密，与教育硕士群体的经历有更多的契合点，更能激起大家的共鸣从而引发思考。

案例教学是以"问题"为中心的教学方法。在案例教学中，师生的共同参与能够有效地提高学生分析问题、解决问题的能力，并在案例分析中提高理论应用的能力，加深对教育理论实质的理解把握。因此，案例教学不仅能够帮助学生更好地理解案例，而且还有助于提升其研究实践的能力，提高科研水平。因此，案例教学的运用能够将教育科研贯穿于整个培养过程，强调理论学习与实践相结合，通过课堂系统讲授，在使学生建立比较完整的教育科学理论的基础上，进行科研方法论的训练。因此，在教学过程中运用案例教学的教学方法是在尊重教育硕士的实践优势的基础上，使学生了解基础教育和基础教育管理的实践，从而提高学生理论与实践相结合的能力，促进其研究实践能力的提高。

②强调教育形式的多样化和教学手段的先进性

充分利用学校的教育资源，鼓励学生积极参加各种形式的学术讲座，选择自己感兴趣的课程。采用多样的教学形式，包括系统的知识讲授、专题讲座、课堂讨论、命题作业、参观考察、课程论文、案例分析等，将面授、自学与专题讨论结合，系统讲授与专题研究、讨论辩论结合，使学生能够在多样化的教学方式中不断提升其综合素养。

重视多媒体教学手段的学习和应用，对教育硕士专业学位研究生来讲有着特殊的意义。因为多媒体不仅是作为现代管理者和教师必须掌握的基本技能，以促进教学活动的空间和时间的变化，以提高课堂教学效率，更重要的是在学习和应用现代教育技术手段的过程中，通过研究，寻求如何促进课程资源的开发、如何促进学习方式的变革的解决方案。

（3）学位论文撰写形式的多样化以及内容的实践性

目前绝大多数教育硕士专业学位仍以撰写学位论文的方式检验学生学习成果。教育硕士专业学位的学位论文不同于学术型硕士的学位论文，它更强调对实践问题的讨论。教育硕士专业学位论文的各个环节，从论文的选题，文献综述的阐述以及正文的撰写等多个环节，都注重与实践相关联。但就目前的状况来看，如何细化学位论文质量标准并使之能够有效地付诸实践是当前面临的难题之一。因此，基于学生的特点以及检验学员学习成果的目的，为加强学生的实践能力，应强调学位论文撰写形式的多样化，不应将论文形式固定为学术性论文的撰写模式，倡导以教学设计、调研报告等其他形式予以呈现。学位论文形式的多样化能够从一定程度上摆脱学术型硕士学位论文对教育硕士学位论文撰写标准的束缚，使学生更加贴近实践活动，不断反思实践并找到研究的灵感与主题。同时发挥实践导师的作用，通过双导师开展学位论文的指导，对教育硕士成功完成学位论文及今后的教学和管理实践都具有指导意义。

4. 突出教育管理方向教育硕士培养的实践环节

（1）实践型导师的选配

素质优良、结构合理与"双师型"教师相结合，是对应用型人才培养师资的特殊要求。教育硕士培养模式中课程模块的高度综合化、立体化以及专业课程理论的复杂性对教师的综合素质提出了更高的要求。成功开展与社会、中小学发展和学生需求相适应的教育硕士教育，离不开一支得力的"双师型"的教师队伍。因此，应强化"双师型"教师队伍建设，并将其落到实处。

所谓校内外双导师制，是指具有深厚理论基础、较丰富指导经验的校方导师和具有丰富实践经验、较强基础理论和一定指导能力的各实践部门、行业等的导师共同指导、培养研究生。从教育管理方向来看，高校内的导师为主导师，中小学一线教育教学中具有一定理论水平、有高级职称的学科带头人，教育行政部门富有管理经验的领导者、特级教师等都应聘为或遴选为副导师。校内外导师根据基础教育改革与发展及培养人才的需求，共同负责教育硕士培养计划的制订，学员专业学习的学术指导、论文撰写指导及审阅等。主副导师及时研讨并解决教育硕士在科研和学习工作中遇到的学术问题及实践问题。因此，应从两个方面强化"双师型"教师队伍的建设。

　　①对于绝大多数的校方导师来说，他们具有系统的专业理论知识和优良的科研能力。但在指导教育管理方向教育硕士时，却又缺乏对基础教育领域和中小学发展的基本认识，容易忽视学生的特点和需求。况且多数导师在指导教育硕士的同时，将更多的精力用于指导学术型硕士，这也势必会影响教育硕士的培养质量。因此，应鼓励这类导师到中小学去考察交流，观察研究基础教育实践，从而更好的、更有针对性地开展指导工作。

　　②从教育教学工作中选择实践型导师，经过导师培训后上岗。与校方的导师相比，实践型导师的优势在于对基础教育领域的情况十分了解，能够向学生提供一手的研究资料，帮助他们了解并分析热点问题，能够有效地避免学生与实践相脱节。但是，实践型导师由于空间、时间等各方面的因素，不可能经常与教育硕士交流。这也就要求校内导师和实践型导师需定期针对学员日常的学习、研究和实践活动的开展等多方面的情况进行交流，从而更好地促进学生水平和能力的提高与发展。

　　（2）积极建设实践基地

　　在教育管理方向教育硕士的培养过程中，实践基地的作用在于能够向学员提供实践和交流的平台，使学员不仅能够通过实践基地将理论与实践相结合，而且还能够获得与同行相互交流学习心得和实践经验的机会。因此，各高校应积极与中小学合作，在校外建设实践基地，培养学生的实践能力和实践反思能力，通过为中小学提供教学指导和教师培训，加强实践基地的积极性，为多种形式学术交流活动的开展提供保障。

　　（3）学术活动的开展

　　学术活动的开展在教育管理方向培养过程中是必不可少的重要环节。必要的实践学术活动不仅能够培养学生的学术能力，提高其对实践教育教学活动的探讨与研究能力，还能够强化其实践能力，促进其理论与实践相结合能力的提升。美国在教育硕士的培养过程中就十分注重实践学术活动的开展。不但设置实习环节，还设置专门的实践研究课程，师生针对实践活动中遇到的问题进行探讨和研究，从而达到实践能力与学术研究能力共同发展的目的。但就目前我国教育硕士的学术活动开展情况来看，缺乏开展必要的实践学术活动，即使有，也多与学术型硕士共享，缺乏一定的针对性。与此同时，学术活动多在高校中开展，缺乏学生所需的实践性，容易造成理论与实践相脱节，不利于教育硕士的培养。虽然培养方案中并没有对学生的学术能力提出过多的要求，但是，这并不代表在其培养过程中可以忽视其学术能力的培养。对教育管理方向教育硕士学术能力的培养，有助于提高学生对实践问题分析和研究的能力，从而提升其综合素养。

因此，应在积极建设实践基地的基础上，开展学术交流活动和实践反思活动，除了课堂教学中的师生交流之外，还应在课下开展例如学术沙龙、专题研讨等形式的学术交流活动，或是以实践基地为平台互相交流实践经验，从而促进学生研究能力的提高。

5. 形成培养质量的责任分担机制

传统的学位质量管理保障多属于"外部注入式"[1] 的保障方式，维护质量的动力和主体多来自于政府的监管而不是学校内部，学校内部缺乏对学位教育质量监管的积极性，形成"要我监管"的被动局面。事实上，国家与社会的监管更多的是以政策与法规的制定为主要形式进行的，真正履行监管任务的主体还是大学本身。因此，为提升教育管理方向教育硕士专业学位的质量管理，应实行责任分担制，保证专业学位教育的质量。

（1）保证学位质量管理应遵循的基本原则

①目标性原则

"学位质量管理必须要有明确的目标，制度的建立、程序的设计和措施的采用都应以达到质量目标为前提。"[2] 不仅需要制定详尽的学位教育培养目标，还应将这一目标的精髓渗入到培养过程中的各个环节，并由此制定各个环节的分支目标。明确的质量管理目标和各个环节的分支目标能够使参与管理的人员了解和掌握当前的任务，并以目标为导向，保证学位

---

[1] 薛天祥：《学位与研究生教育》，广西师范大学出版社 2001 年版，第 273 页。

[2] 同上书，第 275 页。

质量管理工作的顺利进行。

②过程性原则

过程性原则强调对学位培养的全程监控与管理。传统的质量管理多强调对培养结果的管理以达到学位质量的目标。现提倡除了对培养结果进行管理之外，还应对培养过程的各个环节进行适时监控与管理，注重将学位管理制度与评定渗入到各个培养环节，从细节入手，保证学位培养的各个环节都能够适应学位质量的标准。

③全员性原则

所谓全员性原则，是"强调学位教育过程的每一个人都有责任维护和促进学位质量，都是质量管理的主体"。① 在学位教育过程中，无论是导师、管理者、任课教师还是学员群体的态度和行为，都在一定程度上影响着学员对学位教育的态度和认识，这势必会影响学位的质量。因此，应强调参与学位教育培养的每个人对学位质量管理的认识，培养其质量意识和奉献精神，从而提高学位质量。

④开放性原则

开放性原则主要是强调国家和社会作为外部监管的主体以及大学作为内部监管主体的双重监管形式。事实上，正是由于外部力量的介入才能促成大学内部管理系统的形成。国家和社会作为外部监管主体，负责制定一系列保障学位教育质量的政策和措施，为学位质量的管理提供有力的政策支持。而大学作为内部监管主体，应以国家和社会的政策为导向，将其对学位教育的质量要求落实到培养过程中的方方面面。

（2）实行责任分担制度，保证学位教育质量

国家和社会应积极制定或完善相关政策法规，为大学实施学位质量监管提供有力依据和保障。例如为促进教育管理方向教育硕士专业学位发展，保证其学位质量，有关部门应加快制定教师教育标准的进度，在规范中小学教师队伍建设的同时，也为教育管理方向教育硕士专业学位的质量管理提供依据。在学位教育培养过程中，以教师教育标准为指导，将其内涵渗透至课程设置、教学管理等培养过程中的各个环节，从而促进这一专业学位培养工作的顺利进行，保证学位的质量。与此同时，应根据专业学位的特点，积极制定专业学位培养的相关标准，保证专业学位培养工作的

---

① 薛天祥：《学位与研究生教育》，广西师范大学出版社 2001 年版，第 276 页。

顺利进行，这是实现专业学位的价值所在。除此之外，国家和政府应定期对培养单位进行合格评估与论文抽查，通过实地考察的形式对这一学位的内部质量管理体系进行评定与考核，并制定切实可行的整改方案，通过外部监督与管理的方式保证教育管理方向教育硕士专业学位教育的质量。

　　培养学院应定期对教育管理方向教育硕士学生进行调研活动，了解学生对学位培养的要求和需求。时代不同，对中小学管理者和教师群体的要求也相应有所不同。一成不变的培养方案必将无法适应社会发展和学生的要求。这就要求培养单位密切联系基础教育改革和发展的要求，关注当前基础教育事业改革与发展对管理者和教师群体的要求以及学生的需求，适时修订切实有效的培养方案，并将其真正落实在培养过程中的各个环节。

第 四 章

大学学术治理

大学作为人类知识的"加工厂"、社会发展的"动力站"，是传授知识、传播知识、发展知识和运用知识的"殿堂"，已由社会的边缘逐渐走向了社会的中心，大学也不再是纽曼眼中的一座僧侣居住的村庄、弗莱克斯纳眼中的一座由知识分子所垄断的城镇，而是克拉克·克尔眼中的一座丰富多彩的城市。后大众化阶段的大学成了多元化巨型大学（multiversity）。因而具有多元性和多样性，这也是高等教育系统的真实性之所在。大学作为社会从古至今保存下来的一特殊性组织，肩负着社会使命和职能，有其独有的组织属性和独有的组织特征，也有其特有的学术理性。

第一节　大学组织属性及学术自由

一　组织的定义

组织具有广义和狭义之分，广义的组织是指由多种要素或者元素按照一定的方式、方法、途径或者渠道而相互共同联结起来的系统。狭义的组织则是指人们为了达成一定的目标共同协作、通力合作而联结成的群体或团体。组织类型有正式和非正式之分，从管理学视角，巴纳德认为，正式组织是有意识地协调两个以上的人的活动与力量的体系。卡斯特把组织作为更广泛环境的分系统，包括怀有目的并为目标奋斗的人；知识、技术、装备和设施技术分系统；人们在一起进行整体活动的结构分系统；社会关系中的人们形成的社会心理分系统；负责协调各分系统并计划与控制全面的活动的管理分系统。组织的定义有很多，但无论从哪个视角定义，都包括三个基本要素，一是有明确的共同的目标；二是有一定的规章制度且具备效率化管理；三是由一定数量的人员构成，且各成员之间相互联系相互合作。

二　大学组织的定义

现代大学以意大利的博洛尼亚大学，法国的巴黎大学，英国的牛津和剑桥大学等为代表的中世纪欧洲大学绵延千年保存下来，从单一属性发展成为培养人才、发展科学、服务社会的职能多元日益复杂的社会组织，具备了现代高度复杂组织的属性和特点，有必要从组织管理学上来认识大学组织。有人认为，"大学组织是由学者、学生和管理者按照相似文化而组成的以具体实施高等教育功能为主要目标的一种试探性学术机构"。[1] "大学组织是指一定的教育管理体制下，一所大学为了实现特定的目标而形成的机构、结构及其管理体系。"[2] 也有人认为，"就高等教育研究而言，大学是实施高等教育的社会组织，具体地说，大学是实施本科及本科以上学历教育的普通高等学校。大学不等于高等教育，高等教育包含了大学这一组织形式"。[3] 这一定义对大学与高等教育二者之间作了区分，指出大学是实施高等教育的社会组织。还有人从三个方面来定义大学组织，"第一，大学组织是由人的群体组成的正式组织，而关于人的正式组织是一个利益组织；第二，大学组织也是一个存在（学术）权威和（科层）等级的地方，所以大学组织内部存在着权力的争斗；第三，大学组织是一个要和外界进行物质、能量及信息交流的组织"。[4] 综合以上学者对大学组织的定义，结合上文对组织概念的界定，笔者试图从大学的职能对大学组织作一如下定义。所谓大学组织，是指大学学人为了完成一定的发展目标而共同致力于知识的传授、传播、整合与应用的共同体，它是以培养人才、发展科学、服务社会为基本职能的组织系统。也可以说，现代意义的大学既强调培养人才，同时也赋予了它发展科学、服务社会的新职能，其基本核心以学术为基调，以学术活动支撑教育活动、社会活动。由此，学者们提出了大学组织的二元权力并以学术权力为核心的特征，并强调学术以自由为条件并要求组织环境的松散结合。

① 杨光钦：《大学组织及其逻辑行为》，《中国高教研究》2004 年第 2 期。

② 王乾坤：《大学组织特征及其管理模式探析》，《武汉理工大学学报》2001 年第 8 期。

③ 季诚钧：《大学属性与结构的组织学分析》，人民教育出版社 2006 年版，第 51 页。

④ 胡仁东、戚业国：《大学组织内部机构设置协调机制探析》，《高等工程教育研究》2007 年第 3 期。

三　大学组织属性

（一）学术性

介于已知与未知之间的高深学问作为高等教育的逻辑起点，正是知识的高深性与未知性，才使得学者们孜孜不倦的追求学问、研究学问、探索学问的奥妙。学术也就成为了学者们的追求，学术是大学存在的合法性基础，也是大学存在的合理性土壤。学术是大学的生命之所在，是大学教师职业所在。学术所体现的是知识的高深性、专门性以及前沿性。那么何谓学术？学术是一个比较宽泛的概念。学即学问，获取知识的一个过程，它侧重于理论或者学理性研究；术即方法、手段、技术、措施，它侧重于应用研究。二者合二为一通常可理解为专门而有系统的学问。"大学不仅是知识的加工厂，还是一个传授经久不衰的价值观的复杂的机构，几个世纪以来一直以无数的方式服务于我们的社会文明；大学不仅是知识的守望者，也是价值观、人类传统和先进文化的守护神；大学不仅在于教育和发现，也在于向现存秩序发起挑战并促其改革；它证实了基本的价值观原理以及学识和理性的结合；大学除了荣耀过去还服务于现实，创造着未来，而且所有这些都旨在把知识转变为智慧。"① 人才的培养需要通过对教学进行研究，科学的发展也需要对高深学问的探究，社会服务同样也需要对知识的传播、传承以及创新。这里所指的学术不仅包括教学的学术、整合的学术，也包括探究的学术和应用的学术。学术性是大学作为高等教育系统的根本属性。

大学组织的学术性特点决定大学是人才培养的重要场所，也是现代科学的发源地，人类精神文明的殿堂，不仅应承担起培养素质全面和能力广泛的优秀人才，也应致力于知识的整合、选择、传承与创新。大学想要永葆其生命力，并且经久不衰、历久弥新，就必须对大学学术性特点有正确认识，即科学的学术理念。学术理念的恪守能为大学的发展指明方向，从某种程度上说大学学术理念是大学的指路灯或者风向标。大学学术理念是"从事学术活动的基本原则和方法，主要指建立在学术活动之上的完整的理论思维系统。它不以学科知识为中心，却又把它作为必不可少的内容纳入到系统中来，它以哲学世界观和方法论作为透视一切的前提，构成了学

---

① ［美］詹姆斯－杜德斯达：《21 世纪的大学》，北京大学出版社 2005 年版，第 35 页。

者独有的逻辑视阈和情感信号系统。学术理念是由哲学的世界观和方法论及其学科知识体系构成的，构成学者从事学术活动的基本条件"。① 它是关于大学学术的理性认识与实践升华，是对从事科学研究恪守的一种情操，是秉承追求真理、探究真理、崇尚真理的精神进行科学研究，去探索学问的高深性、专门性及其前沿性，为人类社会服务的理想信念。学术理念是大学学术发展的根本，大学学术理念能够为大学教学、科研起到指引与导向作用。

（二）二元权力性

在庞大的大学内部组织中，存在着两种并行的权力，即行政权力和学术权力，这两种权力左右着大学的内部管理，影响着大学的办学理念，指引着大学的发展方向。"学术权力，简而言之，即学术人员和学术组织所具有的管理学校的权力。"② 学术权力的显著特点是追求学术的自主性，学术要自主，必然要求大学的学术自治与学术自由，才能充分发挥与保证学术权力的有效运行。而大学本身所具有的科层属性又催生了行政权力。"行政权力，即国家机关的权力。大学的行政权力特指大学中的行政机构和行政人员为实现大学的组织目标，依据一定规章制度对大学事务实施管理的权力。大学的行政权力来源于大学的行政职位，扎根于科层组织之中，追求实效性是其突出特点。"③ 行政权力是外部赋予的权力，是政府授予的权力。作为传授高深学问的高等学府，学术权力本应为根本。但是在高等教育后大众化阶段的今天，行政权力充斥于高等教育的整个管理体制，在高校的实际运作中占据了主导地位，学术权力弱化已成为不可争议的事实。学术权力处于弱势地位，大学忽视了教学、科研的中心地位，大学的办学理念未能发挥其应有的作用，行政权力的主导地位使得大学自治与学术自由这一大学制度之根本未能得到充分的体现。教师的教学自由与科研专长受到了某种程度的限制，行政权力的主导地位无法调动教师参与学术、参与学校管理和决策的积极性。长此以往，必然会影响到学校的可持续发展，因而必须平衡二者之间的关系。

---

① 段景智、刘宏民：《建构中国大学的现代学术理念》，《清华大学教育研究》2006 年第4 期。

② 周光礼、刘献君、余东升：《当代大学理念冲突的表现形式及其实质》，《湖南第一师范学报》2003 年。

③ 同上。

（三）松散联合性

大学是一有组织的无序状态的机构或松散的联合系统，正如伯顿－克拉克教授所言"大学内的基本活动是学术性工作，而学术活动是根据学科来进行和组合的，由此形成分裂的专业，相对松散的组织结构，并不太严格的学院或学部、系或讲座层次"①，即大学这一独特的经久不衰的历久弥新的社会组织具有松散联合性。松散性主要是指组织中的各个要素、元素、系统之间是相互联系的，但它们之间具有相对独立性，各个要素、系统之间具有其独特性，不相互干涉与影响。

大学组织的松散性主要体现在：（1）教师和学生的松散性。作为主导作用的大学教师，具有其独立性。大学教师的教学工作不受学校的控制，教师讲授什么内容，怎么去讲授，什么时候讲授等学校无法进行严格的控制，教师具有相对的自由权，只要不违背学术道德。作为主体的大学生同样也具有其独立性。学生有自由选择学习的时间、学习的内容与学习的途径、方法等，而不受外界的严格控制。作为大学阶段学习的大学生，身心等各方面逐渐成熟，有自我学习知识的能力，也有较强的自我意识，只要在教师一定的引导下他们能够自己独立学习、独立思考。（2）校、院、系的松散性。校、院、系从一定程度上说是相互独立的，从一定意义上看似是松散的结构体。各学院、各系部之间相互独立、互不干涉，各自进行教学与科研工作。各学院、各系部有相对自由的空间进行学术研究和教学学术工作而不受外界的干预和控制，而更有利于学科建设和学术的发展。所谓联合性是指大学组织为了完成其目标而与相关子系统进行有效的结合与联合。大学组织的联合性主要体现在：（1）师生之间的相互联合。闻道有先后，术业有专攻。青出于蓝而胜于蓝。随着知识的日新月异和科学技术的不断发展，教师和学生之间需要在知识上相互学习、相互合作，才可补知识之不足，以致完备。（2）学科组织之间的结合。在知识经济时代，在高等教育大众化的今天，知识与学科间的联合越来越紧密，学科之间不断融合与碰撞，边缘学科、交叉学科的涌现，使得各学科之间不再是独立体，而是一个大的联合体，在联合体的作用下使不同学科的专家、学者通力合作，致力于学科、知识的完备。（3）院系间的联合。为了增

---

① ［美］伯顿·R. 克拉克：《高等教育系统——学术组织的跨国研究》，杭州大学出版社1994 年版。

强院系的综合实力，各院系之间按照学科特点、学科属性进行有效的联合。如组成教学团队等。

从以上分析我们可以看出，大学是一松散而又联合的系统或组织。大学的松散联合性揭示了大学组织结构的本质特征。大学组织的内部各子系统之间既可以是松散式的合作，也可以是紧密式的合作，大学组织的这种松散联合性有利于大学学术的发展，也为大学学术的发展提供了足够的自由的空间。

四　学术自由

（一）学术自由的内涵

"大学在维护、传播和研究永恒真理方面的作用简直是无与伦比的；在探索新知识方面的能力是无与伦比的；综观整个高等院校史，它在服务于先进文明社会众多领域方面所作的贡献也是无与伦比的。"[1] 之所以大学能够对整个社会的政治文明、精神文明、物质文明以及生态文明作出如此之巨大的贡献，是因为这与高等教育的悠久的历史传统的大学自治、学术自由等分不开的。大学自治与学术自由在大学中有其存在的合理性基础。学术自由可以保证大学学者更好地进行学术研究、探索高深学问、追求真理，学术自由的终极目的也是为了实现大学的学术价值，使之能够更好的培养人才并且服务于社会。学术自由如此之重要，那么它的内涵是什么呢？笔者查阅相关期刊文献和书籍，具有代表性内涵的界定主要有：

《不列颠百科全书：国际中文版》："学术自由指教师和学生不受法律、学校各种规定的限制或公众不合理的干扰而进行讲课学习、探求知识及研究的自由。就教师而言，学术自由的基本要素包括：可探求任何引起他们求知兴趣的课题；可向他们的学生、同事和他人发表他们的各种发现；可出版他们搜集的资料和得出的结论不受限制和审查；可用他们认为恰当的符合业务要求的方式进行教学。对学生而言：学术自由的基本内容包括：可自由地学习感兴趣的学科；可形成他们自己的论断和发表他们自己的意见。"[2]

---

[1]　［美］克拉克·克尔：《大学的功用》，江西教育出版社 1993 年版。

[2]　《美国不列颠百科全书公司·不列颠百科全书》（国际中文版）第 1 卷，中国大百科全书出版社 1994 年版，第 38 页。

《牛津法律大辞典》认为："学术自由指一切学术研究或教学机构的学者和教师们在他们研究的领域内有寻求真理并将其晓之于他人的自由，而无论这可能会给当局，教会或该机构的上级带来多么大的不快，都不必为迎合政府、宗教或其他正统观念而修改研究结果或观点。"①

《大美百科全书》则认为："学术自由指教师的教学与学生的学习，有不受不合理干扰和限制的权利，包括讲学自由、出版自由及信仰自由，均为民主社会的基本要件。"②

以上是代表性的辞典对学术自由所作的概念厘定，我国学者同样也对学术自由进行了深入的研究，我国学者对学术自由的界定代表性观点主要有：

冒荣、赵群在《学术自由的内涵与边界》一文中把学术自由解释为"学术组织及其成员免于某些强制而从事学术活动的自由"。③

韩延明教授在《当代大学学术自由的理性沉思》一文中指出，"学术自由一般是指进行科学研究、探索真理和教与学的自由"。④

肖海涛教授在《论大学的学术责任与学术自由》一文中指出，"所谓学术自由，在西方历史上同大学自治是一对孪生概念，是指大学从政府和教会那里争取到的学术权利，大学在政府或教会许可的范围内有教学、研究和学习的自由，即大学的教师和学生在探求真理的过程中，可以自主解决学术上的事情，而不受学术范围以外的政治、宗教等社会因素的干扰"。⑤

纵观以上定义，本书认为，所谓学术自由，即是指在大学里教师与学生拥有教与学的自由，教师有研究的自由、交流的自由、探讨的自由、教学的自由以及发表学术成果等的自由而不受政府、社会等外界因素的干扰、控制与影响，学生拥有学习的自由。他们的职责在于探究高深学问、追求真理、崇尚美德。其核心在于保护知识、传播与传承知识，其目的在于实现学术的社会价值。

① ［英］戴维·M. 沃克：《牛津法律大辞典》，光明日报出版社1998年版，第352页。

② 光复书局大美百科全书编辑部：《大美百科全书》第1卷，台湾光复书局1990年版，第36页。

③ 冒荣、赵群：《学术自由的内涵与边界》，《高等教育研究》2007年第7期。

④ 韩延明：《当代大学学术自由的理性沉思》，《教育研究》2006年第2期。

⑤ 肖海涛：《论大学的学术责任与学术自由》，《高等教育研究》2000年第6期。

（二）学术自由的限度

自由不是绝对的，而是相对的，同样学术自由也不是绝对的，是相对的。也就是说只有相对的学术自由，而没有绝对的学术自由。学术自由的限度须不以损害国家的利益为基底，不以违背学术伦理与学术道德为基底，也不以危害学术人员的学术利益和危害其学术权威为基底。

五　大学学术组织的重建

（一）回归学术本位

大学是探究高深学问的场所，也是培养人才的场所。正如眭依凡先生所言："大学是以探索、追求、捍卫、传播真理和知识为目的，继而负有引导社会价值观、规范社会行为之使命，对人类素质的改善和提高、社会文明的发展和进步具有不可替代之重大公共影响力和推动力的学术组织。"① 大学只有以学术为其根本，复归学术本位，才能彰显好大学的魅力所在。大学也只有复归学术本位，才能够更好的发展学术，更好地担当起对国家和对民族的责任，从而完成大学其应有的使命。

（二）坚守自由、自治的大学理念

所谓大学自治又叫学术自治，是指大学作为一个法人团体，享有不受国家、教会及其他任何法人机构控制或干预的自由，其核心在于大学能够独立自主地处理大学内部事务，不受其他因素干扰；学术自由则是指在大学里教授与学者的职责在于发现与探求真理、寻求科学的自由，其核心在于保护知识的研究与传播。大学者，研究高深学问者也。高深学问的探究需要有开阔的视野与执著的科学精神，更需要有宽松的学术氛围与自由的研究环境，才能真正探获高深学问的真谛与妙理，学术自由与大学自治正是营造这种氛围与提供这种环境的前提条件。失去了学术自由，便失却了大学发展的根基；失去了大学自治，便丧失了大学发展的保障。"只有实现了学术自由和大学自治，大学才能主动、积极的自主处理内部事务，才能促进大学的繁荣与发展。尽管不同的大学具有不同的发展模式与基准、不同的办学理念与治学之道，但是在大学理念的空间里，大学自治和学术自由却蕴含了相同的意义与内涵，它也是大学发展必须坚守的永恒理念。"

---

① 眭依凡：《好大学理念与大学文化建设》，《教育研究》2004 年第 3 期。

（三）凸显大学的学术权力

"学术权力，是由专家学者拥有的影响他人或组织行为的一种权力形式，其权力来源是科学真理和专业知识。"① 学术权力是大学学术研究人员进行探索高深学问的保障，也是大学教师扎根于其学科专业的保证。因此学术权力在大学中有其存在的合理性基础和合法性根基。大学是一个学术组织，同样也具有它的科层属性，因而在大学这一组织系统中势必存在着两种权力系统，即学术权力与行政权力的并存。然而随着高等教育组织机构的日渐庞大与复杂，大学的学术权力遭遇了弱化，而行政权力却占据了上风。行政权力的强化必然会使学术权力边缘化。因而必须彰显与凸显大学的学术权力。首先，强化基层学术组织的学术权力。大学由各个院、系（所、中心）部门所组成，院系也是大学的基层组织。学术权力是扎根于学科、知识和专业的权力，理应强化其学术权力，使学术研究人员的学术威权得到彰显，从而促进院系的学科建设与科学合理化的管理。其次，建立健全学术委员会制度，彰显教授的学术权威。全校性的学术性事务应由教授、专家、学者共同来决策，避免学术委员会的行政化倾向。最后，营造良好的学术环境。让每位学人感觉到大学应有的学术气息与学术品质，用大学精神、大学文化以及学术文化去感召每一位大学学人。

第二节　大学学术理性

理性，是人们对事物合理的看法和适度的价值判断。理性所表达的是人们的合乎逻辑和事理的认识与实践升华。学术理性则是大学学人对大学这一社会组织的合理的看法和适度的价值判断，学术理性所表达的是人们合乎大学的逻辑和事理的认识与实践升华。

大学是集培养人才、发展科学、服务社会于一体的学术性组织，学术性作为大学这一独特的社会组织的本质属性，学术是其安身立命之本，也是其立于不败之地的一大法宝。建设高等教育强国，也必须用学术强校、学术立校，势必会给大学的发展带来生机与活力，从而推动高等教育强国建设的步伐。因而学术立校、学术强校的大学必须具备学术理性。

---

① 赵俊芳：《论大学学术权力的实践特征》，《现代教育科学》2008 年第 2 期。

一　教学学术理性

大学作为发展科学、培养人才、服务社会的学术性组织，理应成为教授知识、传承知识、创新知识、追求学术的殿堂。而知识的传承与创新需要教学质量的提升、需要大学对教学进行研究。本书主要对大学教学学术相关理论的提出、概念的界定、教学学术存在的必要性以及如何建构大学教学学术进行阐释与分析。

（一）教学学术概念的提出

教学学术这一概念是由美国前教育部部长、卡耐基教学促进基金会主席欧内斯特·L. 博耶先生提出的的。

博耶先生针对美国民众对当下美国高校教育教学质量的指责、批评与不满等状况，对美国的教育教学状况进行了反思。由于当下美国高校过分的注重大学教师的科研成果，即论文的发表与专著的出版，"Publish or Perish"已成为学界对大学教师评聘的定律，致使绝大部分教师忽视了教学，从而导致了大学教学质量的下滑，也使得大学难以培养出社会所需要的各级各类人才。大学的教学与科研俨然成为了一对对立的事物，教学处于弱势地位。为了对学术进行一个深入而全面的解析、阐释，博耶先生于1990 年发表了一篇名为《学术水平的反思：教授工作的重点领域》[①] 的学术报告，首先提出了教学学术的概念。该报告对大学教师的教学性质、特点、内涵以及标准等问题给读者提供了一个清晰的画面。针对教学与科研孰轻孰重的问题，教学与科研二者相互对立的局面，博耶先生给教学学术以正名，认为教学不是单纯的教学，教学也是一种学术。教学学术突破了教学与科研对立的局面。在本报告中博耶先生提出了四种学术：探究的学术、整合的学术、应用的学术以及教学的学术。

1. 探究的学术（Scholarship of Discovery）。探究的学术就是要求大学学者要有一种探究的精神敢于去探究、钻研学术，去发现学术领域中的问题、破解难题，从而推动学术的创新与发展，使知识得以传承。

2. 整合的学术（Scholarship of Integration）。作为学者，学术研究应该要涉及该学科的边缘学科、交叉学科。把学术研究放到一个更大的背景中

[①]　[美] 欧内斯特·L. 博耶：《学术水平的反思：教授工作的重点领域》，转引自《当代教育改革著名文献·美国卷》（第二册），人民教育出版社 2004 年版。

去探索其高深与奥秘之处。

3. 应用的学术 (Scholarship of Application)。学术研究是为了解决现实中出现的问题，也是为了创新与发展学术，更是为了传承知识，因而学术研究必须应用于实践，从实践中去检验理论，同时也从中得出结论。

4. 教学的学术 (Scholarship of Teaching)。博耶先生认为传播知识即教学的学术，教学也是一种学术。教学为学术提供了强有力的后盾，没有教学的支撑，学术也难以为继。正如该报告所言："没有这种教学的功能，知识的连续性就将中断，人类知识的积累将面临削弱的危险。"① 大学学者不应因科学研究而忽视了教学的重要性，把教学置于旁落的地位，必须清晰的认识到，教学是对知识的探讨、对知识的研究，教学也是一种学术。

随着博耶先生对教学学术的提出与阐释，美国卡耐基教学促进基金会第八任主席李·舒尔曼 (Lee. S. Shulman) 博士对教学学术进行了更深入的研究。舒尔曼博士于 2004 年出版了《让教学成为共同的财富》一书，该书中作者认为传统的教学学术没有把教学视为一种共同的财富，教学成为了一种孤立或者隔离的状态。而大学作为教学之所、学术探究之所、学术应用之所、为社会服务之所，理应成为一个教学共同体、学术共同体。大学要成为教学与学术的共同体，就必须让教学成为共同的财富。大学教师必须将其研究成果、教学研究成果公开发表，让同行进行评价，以便更好的促进教学学术的发展。正如作者所言"教学没有被学术团体认为是很有价值的，是因为我们将教学移出了学者们的团体。并不是大学忽视了教学的重要性而是教师们自己贬低了自己的教学行为；不是研究的固有价值比教学的高，而是我们更喜欢那些能够在我们生活和工作中成为'共有财富'的事物。如果我们希望教学能够获得更大的承认和奖励，那么我们就必须将教学从私人性转变为共同的财富"。②

教学学术是西方学者对大学的教学品质、特点、概念和内涵等阐述基础之上概括的理论与实践的升华，伴随着教学学术的引入，它已经成为了

---

① ［美］欧内斯特·L. 博耶：《学术水平的反思：教授工作的重点领域》，转引自《当代教育改革著名文献·美国卷》第二册，人民教育出版社 2004 年版。

② 王玉衡：《让教学成为共同的财富——舒尔曼大学教学学术思想解读》，《比较教育研究》2006 年第 5 期。

学术界的共识，也引起了我国学者的关注和研究。在高等教育全面发展向内涵发展的大背景下，学者们开始关注教学，关注人才培养质量。

　　我国学者吕达、周满生主编，2004年9月由人民教育出版社出版的《当代外国教育改革著名文献·英国卷》（第二册）① 一书，其中就辑录了《学术水平反思：教授工作的重点领域》的报告，全面阐述了博耶先生的教育理念与教育思想，其中也包括了教学学术这一思想。为了更好地探讨、发展大学教学学术，阎凤桥等翻译了唐纳德·肯尼迪的专著《学术责任》② 一书，其中《教学的责任》章节中探讨了美国大学教师研究教学学术的背景以及大学教师应有的学术责任。湖南大学教育科学研究院姚利民教授通过对大学教师的研究性教学、有效教学、大学教师教学途径、策略、路径等方面进行深入的探讨，使大学教师对教学学术的了解更清晰更全面。湖南大学綦珊珊的硕士学位论文《论大学教师的教学学术》③ 对教学学术的基本理论，教学学术的构成要素，具有教学学术的大学教师的特征，以及教学学术发展策略进行了学理性的探讨与研究。湖南大学尹航的硕士学位论文《大学教师教学学术现状及其提升对策》④ 对大学教师教学学术的价值、现状、原因以及对策进行了相关研究与分析。徐辉、季诚钧等著的《大学教学概论》⑤ 专门对大学教学进行了分门别类的分析和阐释。在该书中作者从大学通识教育、大学教学主体论、大学学生发展论、大学教学过程论、大学教学组织论、大学教学课程论、大学教学管理论、大学教学评价论八大方面对大学教学进行全面而深入的探究，让我们对大学教学有了清晰的认识，也让我们深入了解了大学教学的性质、特点、属性等。钟勇为的博士学位论文《冲突与和谐：大学教学改革的基本问题探论——改进大学教学改革的理论构想》⑥ 对大学教学改革的理论和实践问题进行了全面的学理性和实践性的探究，包括大学教学改革价值取向的探

---

① 吕达、周满生：《当代外国教育改革著名文献·英国卷》第二册，人民教育出版社2004年版。

② ［美］唐纳德·肯尼迪：《学术责任》，新华出版社2002年版。

③ 綦珊珊：《论大学教师的教学学术》，湖南大学博士学位论文，2005年。

④ 尹航：《大学教师教学学术现状及其提升对策》，湖南大学博士学位论文，2008年。

⑤ 徐辉、季诚钧等：《大学教学概论》，浙江大学出版社2004年版。

⑥ 钟勇为：《冲突与和谐：大学教学改革的基本问题探论——改进大学教学改革的理论构想》，华中科技大学博士学位论文，2009年。

讨，对大学教学改革利益关系的考察以及对大学教学改革文化冲突的考量等几大方面，最后提出大学教学改革的实践对策。康全礼的博士学位论文《我国大学本科教育理念与教学改革研究》① 通过以教育理念为切入点，对大学教学改革进行分析，提出了教育理念与大学教学改革相结合的课程体系、教学改革方法、方式、手段等。笔者以大学教学为题名，在知网进行搜索，共有 320 余篇相关核心期刊论文对大学教学进行研究，主要是对大学教学的过程、特点、性质、属性，对大学教学与科研的关系、大学教学与社会服务等方面进行探讨，以使人们对教学的认识更加全面、清晰。

（二）教学学术及教学学术理性概念的界定

欧内斯特·L. 博耶先生认为："当教学被视为学术水平，它既教育又培养未来的学者；教学作为一门学术性事业，是从自己懂得的东西开始的；教学也是一种能动的过程，它需要各种类推、比喻和形象来建立起学生学习和教师理解之间的桥梁；好的教学还意味着教师既是学者，又是学生；最好的教学则不仅传授知识，同时也改造和扩展知识。"② 耿冰冰发表在《学位与研究生教育》（2002 年第 21 期）的《大学教师教学学术水平初探》一文中认为："大学教师的教学学术水平是大学教师在其学科领域进行教学时，通过教学研究、合作交流、反思实践等活动表现出来的发现、综合、应用的能力。"③ 綦珊珊也认为："教学学术是关于教学的系统、专门的学识和知识，是教师在教学上表现出来的知识、能力和素质。"④

综合以上对教学学术概念的界定，我们可以发现教学学术至少包括以下三层意思：（1）教学学术是对知识的传递、传播、传承及其扩充与扩展；（2）教学学术是"教"与"学"的共同体，它不仅包括教师的教、学，也包括学生的学与探究；（3）教学学术要求教师必须具备教育教学理论与实践知识，要有教育科学研究能力，要有能够与同行、专家进行交流合作的能力，构建"教学学术共同体"。

---

① 康全礼：《我国大学本科教育理念与教学改革研究》，华中科技大学博士学位论文，2009 年。

② ［美］欧内斯特·L. 博耶：《学术水平的反思：教授工作的重点领域》，转引自《当代教育改革著名文献·美国卷》第二册，人民教育出版社 2004 年版。

③ 耿冰冰：《大学教师教学学术水平初探》，《学位与研究生教育》2002 年第 21 期。

④ 綦珊珊：《论大学教师的教学学术》，湖南大学博士学位论文，2005 年。

　　那么何谓教学学术呢？根据上述分析，本书认为，所谓教学学术，主要是指大学教师、学者在具备教育教学理论知识与实践知识基础之上的对本研究领域的认识与升华的能力，把知识的扩展与传播即教学同样视作一种学术活动，对大学的教学进行研究、探索。并且能与同行、专家进行交流、评价教与学的学术研究成果，促进教学、科研、服务三者间的协调与和谐发展，以更好的培养人才、服务社会。教学学术理性则是人们对大学这一人才培养为核心的组织的最适度的看法和最高认识，教学学术理性反映了大学的教学中心地位和使命。

　　（三）教学学术理性何以存在

　　1. 拓宽学术视阈

　　教学学术的提出进一步拓宽了学术的视阈，并且深化了学术的含义。教学学术的提出使人们认识到，学术不仅包括探究的学术、应用的学术、整合的学术，还包括教学的学术。传统观点认为，教学不是研究，更不是学术研究。只有科学才是学术，只有纯科学研究才是学术研究。随着教学学术的发展与深入，人们的学术观、科研观也得到了进一步的深化与更新，教学的学术研究与纯科学的学术研究共通于学术的范畴。

　　2. 强化了教学的中心地位

　　人才培养是大学的根本使命，而人才培养的途径也主要是大学的教学。因而教学也就成为大学的中心工作。大学的一切工作必须围绕着教学而展开，科学研究为教学服务，为教学提供保障，社会服务也须为教学提供实践上和理论上的支持与积淀，从而更好的指导大学教学，保证大学的教学正常、平稳的运行。

　　3. 增强了大学教师作为教学研究者的积极性

　　"所谓研究型教师，是指在教育领域中能积极主动地反思自己的教育行为，具有职业敏感性、反思意识、合作精神和科研意识，及时发现教育教学工作中出现的问题，并针对问题积极探索研究，主动吸收教育科学理论和同行的经验，从而提出新的切实可行的改进方法，不断改进教育教学工作的教师。"[1] 研究型教师是以教育活动为研究对象，结合具体教育情景付诸实践的教师。教师成为研究者是教师必须拥有的意识，也是现代教育的趋势。作为以培养人才为其使命的高校，教学是其中心工作，教师必

---

[1]　王晓松：《行动研究是教师成为研究者的有效途径》，《教育与职业》2006 年第 3 期。

须对教学进行研究，大学教师应意识到教学的重要性并且教师要积极主动的对教学进行研究，成为教学研究者，如若有可能可以使自己成为教学型教授，成为教学学术的专家、学者。

4. 引领了教学研究的深入发展

教学学术观念的深入人心，使大学教师们意识到教学研究的重要性，教学研究同纯学术研究具有同等的作用与价值。大学教师会加大申请教改课题的力度，提高撰写教改论文的积极性，开发出更多的精品课程和教材，从而提高大学教育教学质量。

（五）新建本科学院的教学学术理性

相比而言，新建本科学院的教学学术理性探讨尤为紧迫。新建本科学院刚从专科合并、升格成为本科院校，原来主要从事专科教育，在本科教育思想观念、人才培养模式、学科专业建设、课程体系教学内容和教学方法、师资队伍建设等各方面尚不成熟。在专科阶段，基本不从事科研，或者很少从事科研，从事科研基本上是极少数教师个人兴趣爱好，并非因为教学或者学校发展的需要。在升本后，随着人才培养目标、教育理念、教学方法、教学内容等各方面都发生较大改变，新建本科学院在新时期要培养合格的本科人才，积极开展科学研究，将有助于教学质量的提高。"以人才培养为中心，是对高等学校教学与科研关系的最恰当的解读，不仅可以兼顾教学与科研的地位，正确处理学校教学与管理中的各种矛盾，而且可以有效地体现高等教育的本质。"[1] 本书认为，新建本科学院科研与教学之间的关系主要体现在科研对教学的促进和教学对科研的拉动两个方面，其研究本质应是以教学学术为核心。

从培养应用型人才来看，新建本科学院的目标是培养高级应用型人才。要有效地实现这一培养目标，必须打破"从书本到书本"或"从黑板到笔记"的教学方式，探索出一种能将科研成果与教学内容有机地融合在一起的教学模式与方法。学生在课堂应该学到不仅是一些具体的理论和方法，更主要的是学会如何将这些理论及方法应用到实践中去解决实际问题的能力，教师将自己的科研方法与成果讲授给学生就是最好的样板和示范。

建构以教学为核心和前提的研究，教学与研究的关系呈正相关，那么，研究首先有助于提高教师的科学素养。科研工作会增强教师的科学素

---

① 张社字：《高校科研本质的解读》，《教育评论》2006 年第 6 期。

养，形成一种特殊的精神气质。这些科学素养包括创新意识、实践精神、好奇心和进取心、独立探索的自觉性、怀疑精神和独特的科学思维方式等。在教学过程中，教师身上的科学素养以及在科研中形成的解决问题的思维方式，会潜移默化地影响学生、感染学生和启迪学生，提高学生的科学素养精神。学生这些科学素养的形成，有助于学生创新精神和创新能力的培养。另外，教师通过自身的科学研究，将科学研究必须具备的科学素质、科研方法和科学精神传授给学生，可以培养学生探究性学习的能力，从而提升教学活动的水准和质量。其次，研究有助于教师形成以学生为中心的教学观，提高教学质量。教师进行科学研究，对于关注学生、激励学生和交互教学等教学观方面会有更好的表现。"科研有助于他们形成以学生为中心的教学观念，在教学过程中以学生为中心，认为学生是学习活动的主体，认为死记硬背并不是学习知识的好方法，主张鼓励学生自主学习，以获得对知识的真正理解。"① 最后，研究有助于新建本科学院建立适合自身培养高级应用型人才的需要，改革教学内容，提高授课质量。新建本科学院是新升格的本科院校，新建本科学院的教学内容不能对老牌本科院校的课程照抄照搬，也不是对原来专科课程内容的修修补补。新建本科学院通过科学研究，可以根据新建本科学院培养高级应用型人才的要求，进行课程结构和课程组织优化；在课程内容上，能够选择更适合新建本科学院培养高级应用型人才的内容；同时，教师通过科研也能使自身把握当今科技进步的前沿，从而把最新的科学知识传授给学生，才能保证授课的质量和效果。

　　反之，新建本科学院教学同样可拉动科学研究。一般认为，教学对新建本科学院教师的科研活动是具有拉动作用的。在教学互动过程中，教师更容易发现自身在理论上的不足之处，从而形成投身科研活动、提升理论素养的迫切要求和动力。但是，相对于科研对教学的促进而言，教学对科研的促进作用不是那么直接和明显。我们所谓的教学与科研相互促进，主要指的是科研对教学的促进，不是教学对科研的促进，而应该是教学对科研的拉动。②

---

　　① 顾丽娜等：《高校教学与科研关系的实证分析》，《辽宁教育研究》2007 年第 3 期。

　　② 王世忠：《地方新建本科学院教学与科研互动机制探讨》，《国家教育行政学院学报》2008 年第 7 期。

在新建本科学院，教师的科研和教学是相辅相成的，是不可分割的两个部分。应提倡"在教学中研究，在研究中教学"，教学为研究提供实践资料，研究推动教学水平提高。反之，科研泡沫影响教学质量，甚至科研和教学形成"两层皮"的现象，还不如不搞科研。

因此，新建本科学院要积极开展科学研究，通过开展科学研究来促进教学质量的提高，通过教学活动拉动科学研究工作的开展，实现二者的良性互动。

二　大学定位理性

大学定位理性决定了大学教学科学研究社会服务的走向和相互之间的关系，关系到教学为本的实现，科学研究的地位，与社会和市场关系应保持的冷静。本部分将对新建的本科院校定位、大学定位的概念，其中着重对地方大学定位的类型以及定位原则相关理论进行阐释和分析。

（一）大学定位

定位理论刚开始是萌发于广告学与营销学领域的，对广告界和营销界产生了广泛而又深远的影响。定位的概念是由艾·里斯和杰克·特劳特两位学者提出，在其《定位》一书中，定位是作如下定义的："定位要从一个产品开始。那产品可能是一种商品、一项服务、一个机构，甚至是一个人，也许就是你自己。但是，定位不是你对产品要做的事。换句话说，你要在预期客户头脑里给产品定位。"[1] 在这里，定位就是要给产品或者某个东西找准其位置，在顾客心目中有个潜在的位置，这就是定位的目标。

《现代汉语词典》给定位的释义是："（1）定位是指用仪器对物体所在的位置进行测量；（2）定位是指经过测量后确定的位置。"[2] 即定位是给某个事物找准或者确定其位置或者方位。

《辞海》一书中给定位的定义："定位指在加工、测量工件或装配零部件时，把工件或零部件上已定的基准安放在机床、夹具或其他零部件相应的表面上，以确定其准确位置的过程。"[3]

综合上述对定位概念的解释，我们不难发现定位具有两个基本特征，

---

① ［美］艾·里斯、杰克·特劳特：《定位》，中国财政经济出版社 2002 年版。

② 中国社科院语言研究所词典编辑室：《现代汉语词典》，商务印书馆 1983 年版。

③ 夏征农主编：《辞海》，上海辞书出版社 1994 年版。

即：（1）找准位置；（2）确定位置。根据上述分析，书中给定位的概念界定是：找准对象所在领域中的地位或者位置，给其一个潜在合理的身份地位，确定该对象所在位置的层面，使之知道该做什么，不该做什么以及应该怎么样做。

伴随着定位理论的影响，它已经涉足各个领域，也开始在高等教育学界得到深入的分析与探讨。主要涉及大学的定位，包括目标定位、类型定位、发展定位、战略定位等。

"定位问题关系到大学发展的战略目标、发展格局以及发展态势，关系到大学发展什么、怎样发展等一系列全局性问题。"① 自 1999 年高等学校扩招以来，我国高等教育进入了大发展的态势。高等学校规模在不断扩大，高等学校的数量在增扩，大学在扩建新校区，高校面积也在增扩。这样就给大学带来了一系列的问题。这其中最重要也是最核心的问题是大学的定位问题。地方大学的定位也背离了其本真。地方大学本应以教学为中心，注重人才培养，提高人才培养的质量，提高教育教学质量。但地方大学在学科建设上盲目求大求全、过于重视学科建设而轻视教材建设、教材改革和精品课程的建设，过于重视博士、硕士学位点的申报与建设而轻视教研室、教学团队、教学改革等的建设，过于重视"纯"科学研究而轻视教学研究等定位偏差不同程度存在。

1. 类型定位

大学的分类与定位是高等教育界所探究的热点问题，大学的分类与定位事关一所大学的发展。因此对大学进行合理的分类定位有其必要性。武书连在《再探大学分类》一文中按照学科门类来划分，将我国的高等学校分为综合类、文理类、理科类、文科类、理学类、工学类、农学类、医学类、法学类、文学类、管理类、体育类、艺术类 13 类；按照科研规模（即教学和科学研究在大学中所占的不同比重）划分，将我国大学分为四大型：研究型大学、研究教学型大学、教学研究型大学和教学型大学；对大学的划分由"类"和"型"两部分组成，"类"在前，"型"在后。潘懋元、董立平在《高等学校的分类、定位、特色发展的探讨》一文中将我国高等学校分为三类，即学术性研究型大学、应用型本科高校和实用性

①　邹红：《论省属地方高校定位的影响因素及定位策略》，《黑龙江高教研究》2007 年第7 期。

职业技术型的高职高专。马陆亭、冯厚植、邱苑华在《关于普通高等学校分类问题的思考》一文中按照范围经济理论，将我国的大学分为研究型大学、教学科研型大学、教学型本科院校、专科学校和高等职业学校。

纵观上述专家、学者对大学的分类方法，可以得知他们是从不同角度对大学进行分类的。有的分类方法是按照学科门类来划分，体现了大学的学科特性；有的分类方法是根据教学与科研在高等学校所占的比重来划分，体现了大学作为学术组织所应有的特性。当今学界一般是按照科研规模对大学进行分类，将大学分为研究型大学、研究教学型大学、教学研究型大学和教学型大学四大类。笔者比较赞同此类大学分类方法，因为这种方法的优点是反映了教学与科研在高校中的比重与关系，体现了大学作为学术组织的特性。

依据不同类型的大学其大学工作职能的定位也不同。一般而言，研究型大学以科研为重心；教学研究型大学注重科学研究但同时不可忽视教学工作；教学型大学的核心则是教学，同时也兼顾科学研究；专科、高职院校则主要是培养应用性或技术性的人才，故其核心是实践与技能教学。而本书所研究的地方大学主要是定位在教学研究型、教学型大学。因而其定位是科学研究兼顾教育教学研究，将教学工作也视为其学术工作的一部分。

2. 服务区域定位

高等学校具有发展科学、培养人才、服务社会三大职能，这已是高等教育界的共识。当今的大学与社会的联系越来越密切，它已不再是独立于社会的象牙塔，它必须与社会保持紧密的联系，走出象牙塔，以便更好地服务社会。而作为高等学校重要的力量的地方大学，它应该把服务对象定位于本地区，为本地区本区域社会、经济、文化等的发展提供智力支持与人才保障，为本地区培养合格的建设人才，服务本地区本区域的同时也辐射周边地区。

（二）大学定位理性的原则

"原则不是研究的出发点，而是它的最终结果；这些原则不是被应用于自然界和人类历史，而是从它们中抽象出来的，不是自然界和人类去适应原则，而是原则只有在适合于自然界和历史的情况下才是正确的。"[①]

---

① 《马克思恩格斯选集》第 4 卷，人民出版社 1972 年版。

原则是客观的，是不以人的意志为转移的，它是人们观察问题、处理问题、解决问题所依据的方式、方法和准则，是人们处事的行动指南。定位原则是指大学按照高等教育的内外部关系规律进行合理、理性定位，是大学进行定位所必须遵循的行动指南和准则。

大学进行合理、理性定位应遵循哪些原则呢？本书认为大学定位应遵循科学发展、教学为本的原则以及坚持教学服务地方社会的原则。

1. 坚持科学发展原则

科学发展用于高等教育领域则是要求高等学校要科学定位、合理发展。高等学校具有不同层次、不同类型、不同科类，应具有差异性，不应千篇一律，不同的高等院校各司其职，才会有生存发展空间，才能良性发展。作为高等教育重要的一支力量的地方大学，其类型属于非研究型大学，那么其定位必定是落在教学研究上，把大学的教学作为中心工作来抓，提升大学的教学地位，使大学教师乐于教学研究、勤于教学研究，促进整个大学的教学学术水平的提升。

2. 坚持教学为本原则

坚持以教学为本的原则。培养人才是大学的根本任务，也是大学的根本使命。因而教学是学校的中心工作。首先我们需高度重视本科教学工作。大学尤其是作为非研究型的地方大学的中心工作需要围绕教学而展开，以期培养高质量的人才。我国的高等教育已进入后大众化阶段，尤其是伴随着本科教育规模的不断扩招，社会也在不断呼吁高等教育教学质量和人才培养质量的提高。坚持以教学为本，促进高校教学水平的提升，要求教师加大教学研究力度并不意味着忽视纯科学研究，相反它从另一方面能更好地促进教师潜心治教及教学研究和科学研究。其次，鼓励教师进行教学研究。"最好的研究者才是最优良的教师，只有这样的研究者才能带领人们接触真正的求知过程，乃至于科学的精神。"① 教学与科研二者并非矛盾对立体，而是统一于大学的各项事业中。大学强调教学，并不排斥科研，科研反而能够促进教学。研究性教学同时也是科学研究，也能推动科学研究的长远发展。最后，鼓励教师参加教学实践。只有把课堂所学来的理论用于实践，才能更好地检验理论的适用度，理论才能得到更好的丰富和发展。同时也能够培养学生的动手和操作能力，发展学生的思维、创

---

① 〔德〕雅斯贝尔斯：《什么是教育》，生活·读书·新知三联书店 1991 年版。

新思维，在某种意义上也可以使其养成科学研究的意识。

3. 坚持教学服务地方社会的原则

地方大学作为地方高等教育的重要力量，应围绕本地区的物质文明、精神文明、政治文明以及生态文明建设来开展各项工作。地方大学理应成为本地区政治、经济、文化建设的"动力站"、"发动机"或"加工厂"。地方大学应以教学为中心，推进教育教学改革，提高教育教学质量，着力教学研究，以优质的教学培养学生，提高人才培养质量，从而推动地方社会政治、经济、文化的发展。

三　大学自治理性

《国家中长期教育改革和规划纲要》（2010—2020）中明确提出了要构建现代大学制度。建构现代大学制度也是建设高等教育强国的必然要求。现代大学制度的建设更有益于大学的三大职能更好的实现，也有益于大学形成良好的管理体制。学术自由与大学自治是建设现代大学制度的关键，大学自治也为学术自由和学术的理性发展提供了良好的制度保障。

（一）大学自治概念界说

"大学自治，简而言之，就是大学是一个比较独立自主的机构或团体，自己决定和管理大学的事，以保证大学的学术、教育和研究的正常进行，不受或少受内、外界各种非学术权力的干扰。"[1] 大学自治具有两个方面的含义：第一，"大学自治"是大学作为一个学术、教育和研究机构或团体，"为避免外界干扰而提出的属于大学整体需要的自我决策、自我管理的权力诉求"。[2] "所谓大学自治，是指大学作为一个法人团体（Corporate body），享有不受国家、教会及任何其他官方或非官方法人团体和任何个人，如统治者、政治家、政府官员、教派官员、宣传人员或企业主干预的自由。它是大学成员的自由，这些成员以代表的资格而非作为个人来决定大学自身的管理，它涉及的是在学校内部所必需的自我管理学者群体的权利。"[3] "大学自治是指大学作为一个团体享有不受政府、教会以及其他官

① 眭依凡：《大学校长的教育理念与治校》，人民教育出版社 2001 年版，第 322 页。
② 同上。
③ 陈学飞：《美国、德国、法国、日本当代高等教育思想研究》，上海教育出版社 1998 年版，第 88 页。

方和非官方任何团体和任何个人干预的自由和权力，是大学成员以大学这个团体的代表资格而非以个人的资格来决定大学自身的管理。"① 综合以上概念界说，本书认为，大学自治是指大学作为一个独立的学术组织，拥有它自己的自治权，享有独立的处理大学内部事务的权力而相对地不受到政府、社会、教会等团体与外界的干预、控制以及影响。它主要包括办学自主权、独立招生权等内容。

（二）大学自治的限度

自治作为大学的最为悠久的历史传统之一，是大学的一个基本标志。大学自治是大学研究高深学问的制度性保证，也为大学的学术自由提供了合理性或合法性的根基。但是大学作为整个大社会的一个子系统，不再是"象牙塔"，也不再是独立的"研究中心"，它必然要与社会保持一定的联系，大学必须走出象牙塔，承担起相应的社会责任并且旅行它应承担的社会义务，因而大学的自治不是绝对的而是相对的。大学自治是有限度的。大学从诞生之日起，就已经深深地打上了自治的限度的烙印，只是所体现或表现的形式不一样而已。

在中世纪的大学，是由教会所控制的大学，即教会大学。当时的大学由神学院、法学院、医学院和文学院四大学院所组成，大学内部设置什么课程和设置哪些学院是由教会予以干预和统治。可见当时的大学自治权是受到教会所控制与干预的。

在 19—20 世纪的欧美国家的大学同样是享有限度的自治，大学的自治受到政府和社会的控制、干扰与影响。1810 年洪堡创办的柏林大学坚持科学研究的职能，但是柏林大学同样也坚持着要为国家服务、与国家保持着一定程度的联系，坚守着致力于服务国家的理性原则。随后进入 20 世纪以后，威斯康星大学校长范·海斯提出了著名的"威斯康星"理念。大学应该考虑本州的经济发展，为社会服务。范·海斯将社会服务的职能开始引入了大学，从此大学成为集教学、科研、服务于一体的社会组织。大学把自身的发展同国家的命运结合的日趋紧密，把大学的目标与国家的目标联结在一起。

"当代的大学，早已不是中世纪那种象牙之塔式的'精神生活中心'，而是成为整个现代社会的'轴心机构'。它通过培养人才、科学研究以及

① 和震：《大学自治研究的基本问题》，《清华大学教育研究》2005 年第 6 期。

直接的社会服务，全方位地促进社会发展和进步。当代大学对于社会经济发展和科技文化繁荣的作用，比之历史上任何时期都更重要，更直接，更有力，因而，它也就越来越成为当今综合国力竞争的一项'秘密武器'。"① 大学有其自身的使命，它需要为国家建设出谋划策。大学应该成为国家责任与使命的担当的社会组织，成为为人民和国家谋福祉的机构。而大学在担当起为国家服务、对国家负责的使命的同时，也离不开政府和社会的支持，它的发展也越来越依赖于国家、政府在经济等方面予以扶持，这样才能够更好地为其担负起国家责任时提供保证。

不管是在中世纪的大学，抑或是在19—20世纪欧美时代的大学，还是在多元化巨型大学（Multiversity）的今天和未来，大学的发展不能仅仅依靠学者个人和学术机构或学术团体，而是需要以国家为依托和支柱。大学的自治只有在国家的文化、政治、经济基础之上方可有其可靠的保证。

第三节　治理视野下的大学学术发展

一　相关概念厘定

（一）治理

治理（governance）一词源于拉丁文和古希腊语，是控制、引导和操纵的意思。治理被作为统治（government）的同义词使用，是对社会成员的支配、控制与服从的意思。治理涉及公共部门、政府组织、非政府组织、私人企业以及社会公众等利益相关者。政府不再处于垄断地位，治理的主体不一定是政府。我国学者归纳出社会治理具有七个要素：合法性、透明性、责任性、法治性、回应性、有效性和稳定性。国外有学者认为任何组织中有效治理的基本要素，公认的有：问责机制、透明性、高效率、公正、参与、高效能，这些要素在任何组织包括大学中均适用。结合中国大学所处的环境和现状，中国大学有效治理的关键要素有以下几个：（1）广泛的参与；（2）问责机制；（3）高等教育的资源配置既要高效又要兼顾公平；（4）政府扮演着"元治理"的角色。在公共管理学的讨论

---

① 周川：《试论高校与政府的关系问题》，转引自《建设有中国特色社会主义高等教育理论研究》（第二集），兰州大学出版社1995年版，第397页。

中，归纳了五种在公共管理中的常见用法，如果进行迁移，大学治理可以理解为：（1）重新界定政府管理和干预高等教育事务的范围和形式，政府从大学事务中后撤，尽量缩减政府控制的程度，只有大学自身以及社会力量不能完成的事务才应该由政府完成。（2）在大学事务中，应运用类似于私人部门的绩效考核式的管理手段，设计激励结构，利用准市场方式实现大学的有效竞争和效率。（3）大学的目标是政府、公众、大学等各组织间互动、协调的结果，不是政府指令贯彻的结果，因此应该重视大学与政府、大学与其他组织的关系和纽带作用。同时大学内部也不是整齐划一的统一体，而是由教师、学生、行政人员、校长、校友等组成的相关者组织，同样需要协调，自上而下的命令常常无效。（4）大学事务不一定非要通过责权明确的方式来实现，以自组织的方式实现功能相互替代、责任相互承担是大学管理的更为有效的方式。（5）政府在教育行政中，以及大学在内部管理中，应该尊重法律、依法办事，尊重人权，拥有一个有效、开放并被监督审计的组织体系和廉洁、高效的管理队伍是大学治理的目标（善治）。关键词为多元主体、相互合作、利益平衡、高效、法治的、文化认同。因此我们可以对治理作如下定义，即治理是指公共部门、政府组织、非政府组织、私人企业以及社会成员等利益相关者基于共同目标，参与、谈判和协调对公共事务进行规范、管理、控制及规制的一个持续性并且有效用的过程。

（二）学术治理

"大学学术管理是指大学在特定的时空范围内依据学术发展及大学学术的特殊规律，通过组织与协调他人的共同活动，为实现大学学术目标而对有限的学术资源（人、财、物）及学术行为进行调控与规范，从而高效率地实现大学学术目标的过程。"[1] 简而言之，所谓大学学术管理是指对大学学术活动与学术事务所进行的管理活动。从某种意义上说大学学术管理也是一种学术治理，但是学术管理并不等于学术治理。何谓学术治理？本书认为学术治理是指对大学的学术研究的功利化、泡沫化、腐败化等学术失范行为进行的控制、规制及管理，从而达到学术规范化的目的之功效。

---

① 王恩华：《学术越轨与大学学术管理》，华中科技大学博士学位论文，2004年，第93页。

二　大学学术发展中的问题

（一）学术泡沫

何谓学术泡沫？笔者认为所谓学术泡沫主要是指教师为追求学术研究中的论文数量或者论著数量，而淡化了论文或者论著的质量所进行的低水平重复的研究工作，其学术研究基本上缺乏创造性或者创新性。

为什么会造成学术泡沫化？我们有必要对其进行分析。首先，自身层面上。教师为了评职称、为了晋升而不得不在论文数量上做文章，以至于进行低水平重复的研究，致使科研成果很难在短时期内见成效。学生特别是作为有志于从事学术研究的硕士生、博士生在市场经济的驱动下而难以静心从事学术研究，为了学位和毕业后的工作也在片面追求论文数量，忽视论文的质量。其次，制度层面上。学术评价机制僵化，考核过于注重量化，对学术研究的评价机制缺乏合理性。最后，社会层面上。高校在财政上也有赖于社会的资助，社会过于注重短期经济效益而让高校的科学研究成果能够在短时期内出成果、见成效。高校的科研迎合短期见效益的项目研究，从而致使高校的产学研一体化背离了初衷，忽视了其长期性效益。

（二）学术功利

"所谓大学功利现象是指大学唯经济化现象。它是大学功利行为泛化和庸俗化现象的集中表现，也是'文化环境'发生偏执情况下产生的功利异化的产物。"① 在当今市场经济背景下，受外部经济利益的驱使，有相当一部分大学不再那么安于自己的本分，也不再安于"寂寞的"、"静悄悄"的学术研究工作，而是追求急功近利的科学研究。把目光放在短期见效的有经济利益的项目研究上，而淡化了对国家更有长远利益的项目的科研上。这些大学盲目地追求热点问题研究，而淡化了理论研究、基础研究。热点问题的项目研究诚然重要，但是应用研究缺少理论研究与基础研究作积淀，也是难以见功效的。

大学学术研究的功利异化现象，究其原因有其以下表现：其一，学人对大学使命与责任的认识的不足。大学的根本任务是培养人才。"大

---

① 杨光钦：《文化环境与大学功利现象》，《郑州大学学报》（哲学社会科学版）2004 年第 4 期。

学的教育工作者尤其是大学领导者必须牢记并切实履行对国家负责的大学使命。"① 我们不妨也可以说，大学科研或者学术研究者也必须谨防学术研究的唯经济的学术功利异化现象，应该安于"寂寞"、"静悄悄"的并且对国家远景规划有长远效益的学术研究项目上，而不是过于强化短期经济效益的研究项目上。其二，对大学的根本属性认识缺位。大学的根本属性是学术性，而趋于唯经济功利化学术研究的研究者对学术性的恪守的偏离，过于注重研究的数量而非质量，也过于注重短期效益并非长期实效的研究项目。因为学术研究是一项长期性的工作，只有经过时间的验证才能有长期利益的科研成果。其三，世俗与庸俗观念根深蒂固。"课题必须是严肃的或具有严肃的含义；目的必须是没有私利的；不管研究结果对财富、收入或物语的影响多么大，研究者必须保持客观的态度。"② 学术研究是一项严肃性的工作，不能过于功利化。然而在经济利益的驱动下，学术研究私利化、功利化之势普遍蔓延，学术研究渗透着商业气息。

（三）学术腐败

近年来学术腐败案连连发生，屡见报端、屡禁不止。如 2005 年 12 月 14 日，汕头大学长江新闻与传播学院教授胡兴荣的《中国传媒业呼唤权威型经理人》一文学术造假；2006 年 2 月发生在上海交通大学的陈进教授"汉芯一号"芯片造假案；2009 年 6 月辽宁大学副校长陆杰荣与北京师范大学在读博士生杨伦在《哲学研究》上联合发表《何谓"理论"?》一文涉嫌抄袭自云南大学讲师王凌云多年前的一篇讲稿《什么是理论（Theory）》等一系列学术腐败案。"学术腐败是对学界中一些集体和个人为谋求小团体和一己利益，在学术研究和学术评价活动中采取的种种非理性和不规范行为的泛指。也有人称之为'学术不端行为'和'学术失范现象'。"③ 学术腐败产生的方式主要是研究人员对他人的学术成果的抄袭剽窃或是弄虚作假，引用他人著述或者观点没有注明出处，篡改研究数据或者把他人的研究成果占为己有，更有甚者把他人的科研论文的作者名字

①　眭依凡：《对国家负责：大学必须牢记的使命》，《高等教育研究》2006 年第 4 期。

②　[美] 亚伯拉罕·弗莱克斯纳：《现代大学论——英美德大学研究》，徐辉、陈晓菲译，浙江教育出版社 2001 年版，第 108 页。

③　郑良勤：《高校学术腐败及其遏制对策》，《郑州大学学报》（哲学社会科学版）2003 年第 6 期。

改为自己的名字然后予以发表，等等。

学术腐败将对学术界产生极其不利的影响。不利于学术水平的提升，不利于学术共同体的形成，将会遏制学术自由的形成，将会遏制学术创新性的发展，也会影响整个学术体系的长远发展。

究其学术腐败因由主要表现在：第一，学术本位偏移。学术研究要有科学精神，对真理要有科学信仰。学术研究者尤其是工科研究者为了早出成果、快出成果、多出成果，篡改实验数据、捏造实验数据，从而违背了学术的本真。第二，学术制度不健全或者不完善。学术评价机制不科学，评价机构对高校教师的职称评定、业绩考核只注重数量而非质量，此也并非学术研究的长期效益。第三，学术胚胎缺乏其独有的特质——创新性不足。学术研究忽视学术发展的规律，学术研究只是做表面上的粗制滥造，或者低水平的重复研究。第四，缺乏一个学术研究的长效机制。在科学研究中，我们应该大胆鼓励那些需要经过长时间的反复论证和验证才能见效益的科研项目，给其一个宽松的环境，以免短视而致使学术腐败现象的滋生。

（四）学术发展定位

学术发展的定位不清，走向不明问题在一些新建本科学院十分突出。新建本科学院升格后，在科学研究方面有了进步，取得了一定的成绩，但是，在与新建本科学院的教师和管理人员的访谈以及查阅这些院校相关科研资料后，笔者发现，科研基础薄弱、科研定位不准、科研队伍整体实力不高，缺乏高水平学术人才等问题是新建本科学院当前学术发展的瓶颈。

1. 科研导向攀高求大现象突出，教学学术重视不足

新建本科学院在升格后制定了一系列的科研管理制度，这些科研管理制度在某种程度上促进了新建本科学院科研水平的提升。但是，从这些科研管理制度看，新建本科学院科研定位不够准确。

（1）新建本科学院 A 学院规定"为鼓励广大教师积极争取并承担各类科研任务，产出高水平的科研成果"，"实现学校科研工作目标，促进科研工作发展"制定《A 学院科研工作量计算办法》；新建本科学院 B 学院也制定了《B 学院科研工作量计算办法》，B 学院的量化计算办法并没有明确的规定学校科研导向。但是，我们细分析《B 学院科研工作量计算办法》第 8—20 条中的计算办法，可以看出 B 学院的科研导向与 A 学院"鼓励广大教师积极争取并承担各类科研任务，产出高水平的科研成果"

的目标是如出一辙。在各新建本科学院科研工作量计算办法中，科研项目划分国家级、省部级科研课题和市（厅）级科研课题不同的等级，通过等级的高低来计算科研工作量，等级越高，科研工作量分值越高。在学术论文发表方面，也是根据学术论文发表刊物的等级进行计分。例如新建本科学院 B 规定，论文发表在《自然》（*Nature*）或《科学》（*Science*）上得分 48 分，发表在 A 类、B 类、C 类、D 类刊物得分分别为 12 分、4 分、2 分和 1 分（见表 4 - 1）。这种盲目的通过科研课题等级和学术刊物等级来计算教师科研工作量，容易导致教师脱离新建本科学院本科教学转型的实际需要，导致科研的盲目攀高。

表 4 - 1　　　　　　　　B 学院学术论文发表分值比较表

刊物级别	《自然》或《科学》	A 类刊物	B 类刊物	C 类刊物	D 类刊物
得分	48	12	4	2	1

（2）从出版学术专著与教材科研工作量得分上看，新建本科学院对教学学术重视不够。在新建本科学院科研工作量计算办法中，重视对学术性的研究，对于新建本科学院教学内容更新的教材出版等不够重视。在新建本科学院对学术专著和出版教材进行科研量计算得分时，出版教材的分数一般都要比专著分值低。例如新建本科学院 A 规定出版学术专著每部计300 分，而教师任主编每部计 80 分，参编人员每部最高不超过 10 分。新建本科学院 B 规定，一类出版社公开出版的专著每万字计科研工作量 2分，而一类出版社公开出版的统编教材每万字计科研工作量 1 分；二类出版社公开出版的专著每万字计科研工作量 1.5 分，二类出版社公开出版的统编教材每万字计科研工作量 0.5 分；三类出版社公开出版的专著每万字计科研工作量 1 分，三类出版社公开出版的统编教材每万字计科研工作量0.3 分（见表 4 - 2）。

表 4 - 2　　　　　　　　B 学院出版专著与教材科研工作量得分比较表

出版社得分（分）	一类出版社	二类出版社	三类出版社
专著	2	1.5	1
教材	1	0.5	0.3

新建本科学院是由专科升格而成，由过去培养高级技师，到培养具有

较强实践开发能力，能把科研成果转化为现实产品，善于解决生产一线技术与管理问题的复合型高级应用型人才，培养目标发生改变，其培养目标亦非老牌本科培养的学术性人才。因此，新建本科学院应该根据自身人才培养目标的变化，编写符合自身发展的教材。但是，新建本科学院重视学术专著的出版，而忽视教材的编写，不利于新建本科学院编写高水平教材和符合自身发展的课程开设，从而影响新建本科学院人才培养目标的实现，影响人才培养质量的提高。在课题分值计算上，对于与教学直接相关的教改课题和教育规划课题也不够重视。例如 A 学院的科研工作量规定，省教改课题和省教育规划课题的一般项目课题，与省级其他一般课题相比分值明显更低，立项只有 3 分，只有其他省级一般课题分值的一半。

（3）从科研工作量计算范围上看，新建本科学院教学学术意识缺乏。由于学校科研服务教学意识缺乏，学校在制订科研工作量时，缺乏科研服务教学方面的考虑，很多学校没有这方面的内容。科学研究作为大学的一项重要职能，除了具有重大的经济价值、社会价值外，还具有很重要的教育价值。教学能否最大限度地从科研中获益，还与教学内容和教学方法有关。从《A 学院科研工作量计算办法》中的科研工作量计算范围看，对教师科研成果的产出较为重视、对科研成果转让及推广的收益也较为重视。但是，对科研成果转化为教学资源并没有提及，对科研成果向教学资源的转化不够重视，挖掘科研的教育价值意识缺乏。

2. 教师队伍整体水平不高

新建本科学院由于科研起步较低、较晚，历史积淀不够，科研队伍整体实力不高，主要表现在（1）科研队伍整体水平不高，缺乏高水平的领军人才。新建本科学院的高学历教师占学校专任教师中的比例偏低。以江西省四个学院为例，分别拥有博士学历教师约占专任教师比例 0.88%、3.25%、6.25%。比例相对较高的学院也只有 11.85%；省级学科带头人和中青年教师骨干占专任教师总数比例四个学院分别为 3.51%、2.44%、2.42%；较早有本科教育的某学院也只占专任教师的 5.65%。在国家级"百千万人才工程"人选中，有的学院只有 1 位教师入选，有的学院则没有教师入选。

（2）教师科研人员结构不合理，人才流失严重。新建本科学院是由专科学校升格而成，原有教师在职称和学历结构层次上偏低，引进的教师大多是年轻教师，因而导致一部分新建本科学院教学科研人员在职称、年龄、知识结构等方面不合理；高等教育的发展，竞争更加激烈，其根本表现为人才的竞争。各高校都采取各种优惠政策，招揽人才，加强师资队伍建设。新建本科学院办学条件相对较差，缺乏良好的科研环境，在人才竞争中处于相对弱势地位，除难吸引高水平优秀人才外，其自身所培养的一些优秀人才也往往被条件较好的学校所吸引，高水平科研人才流失严重。

（3）新建本科学院科研团队方面，缺乏有效的交流合作平台，没有完全形成科研团队。从笔者与教师的访谈得知，教师在科研上一般还是习惯于单兵作战，没有形成科研团队协作攻关的风气，学术研究大多还是少数人员的小打小闹，科研团队在教师科研中的作用并不明显，并没有起到应有的效果，难以形成联合攻关的规模效应。

新建本科学院高学历在专任教师中所占比例偏低，高水平的学术带头人的缺乏，人员结构不合理，科研团队没有完全形成，导致新建本科学院相对较低的科研能力。由于教师的科研能力偏低，创新精神和创新能力不足，影响学生创新精神和创新能力的培养，从而影响学生技术开发能力的培养，影响新建本科学院高级应用型人才培养质量。

3. 教学科研"两层皮"现象严重，科研成果向教学资源转化机制缺乏

首先，在科研管理制度上，学校对教师职称评聘在科研方面的要求以及对教师科研工作进行量化考核、奖励，一定程度上促进了新建本科学院科学研究工作的开展，对于提升新建本科学院科研能力起到了一定的促进作用。但是，由于这种科研管理制度为教学服务导向不够明显，导致了有些教师在科研选题时，不是从教学实际需要出发，而是为职称、为工作量、为福利而从事科研，科研功利主义凸显。科研工作的功利主义，导致教学科研"两层皮"现象严重。笔者在调研中就"您从事科学研究的原因是什么？"进行访谈，大多数教师都认为，因为学校有科研工作量要求，职称聘评对科研也有相关要求。而直接从教学需要出发，为了教学需要从事科研的教师只占极小一部分。另外，通过查阅科研项目和与教师访谈得知，有些教师从事的科研与其承担的教学课程并没有很大的联系，而是基于科研工作量和职称等各方面的要求下从事的科研，教师从事科研的实质并非为了提高教学。科研功利化倾向，科研不能为提高教学服务，在某些方面还挤占了教师的时间、精力，导致科研教学"两层皮"现象严重，影响学校教学质量。

其次，新建本科学院制定的科研工作量化制度，在计算科研工作量得

分时，省级教改一般课题得分要低于同类级别课题得分，这种情况下，相比较而言，教师乐意从事专业研究，而不愿从事教学内容、教学改革、教学方法的研究；学术专著得分要高于教材编著得分，在课程建设、专业建设、教学研究等能够促进教学质量提高的科研工作上支持力度偏小。从我国课程体系改革和新建本科学院的实际要求出发，新建本科学院作为培养高级应用型人才的本科院校，在课程设置上，它不是对原有专科课程简单的扩充和更换，也不是对其他本科院校课程的照抄照搬，而是根据学校自身"错位"发展策略和学校人才培养目标，紧紧围绕培养复合型高层次应用型本科人才的要求，进行教学内容和教学方法改革，合理地设置课程。新建本科学院的科研工作量化制度上，对教改课题和课程建设、专业建设、教学研究的支持力度小，不利于新建本科学院从专科向本科教学的转型，不利于新建本科学院自身"错位"发展策略和人才培养目标的实现。笔者就"在科研成果结题后，学校有没有制定相关制度促使科研成果向教学、向学生实验等进行推广和对推广进行相关奖励？"进行访谈。管理人员反映学校暂时没有针对科研成果在全校教学进行推广等相关制度出台。在这种情况下，科研成果向教学资源的转化的效率和效果将大打折扣，在一定程度上也造成科研教学"两层皮"。

三　学术良治才能学术常青

（一）学术治理的功用

1. 保证学术组织的非功利性

"大学基层学术组织，是指以知识的继承与创新为目标而进行合理的管理与协调的具有高度自主性的大学基本实体。它是大学的细胞，在大学纵向结构中承担着最基本的教学、科研、咨询服务职能。"[1] 学术组织对学术的生长和繁荣以及大学的生存和发展起着基础性和建设性的作用。学术组织是现代大学学术管理的基本单位，是现代大学制度框架的中心，是大学创新活动的组织细胞。然而在高等教育大众化背景下的今天，大学这一组织的学术研究似乎背离了其本真？大学的学术研究渐趋功利化、泡沫化、腐败化。长此以往，大学的学术研究将很难出成绩、出成果，就更不用说出创造性或者创新性的科研成果了。因而必须保证大学学术组织的学

---

① 向东春：《大学基层学术组织的属性透视》，《高等教育工程研究》2006 年第 3 期。

术研究的非功利性，这就要求对大学的学术进行治理。治理学术功利，治理学术泡沫，治理学术腐败。

2. 营造宽松的学术环境

大学作为学术组织，要对学术研究环境进行科学而又合理的规制。大学应该努力营造宽松的学术环境，让学者们卸掉"只能成功不能失败"的包袱，潜心向学、潜心科研，从而使其能够探索科研中的奥秘。要充分尊重学者的劳动成果、科研创造力，宽容科研失败。越具有原创性的科研，越要允许其失败。只有在失败中总结经验教训，找准科研路径，才能够获得科研的真谛。只有允许科研失败，才能有科研或者学术创新性的成果。大学应当营造一种宽松的学术研究环境，不要让大学学人为评职称疲于奔命、为工作量疲于奔命、为各种评奖疲于奔命，而是要使其能够潜心于自己的专业、潜心于学术研究、潜心于创新性科研成果的研究之中。

3. 保障学术规范的合理性

学术不端行为的发生，既有偶然性，更有必然性，各种量化评估制度无形中催生了学术不端行为的发生。当前，多数单位对科研人员的考核都比较单一且规定了严格的量化指标，完不成工作量将会受到晋升或经济上的制约和损失，甚至有可能失去工作岗位，而科研成果多的科研人员无疑会获得更多的实惠。很多科研人员在利益的驱动下尽可能的追求科研工作量，追求论文的数量，追求课题的数量，而把质量置之不顾。从而使学术研究出现了失范行为。因而有必要强化对学术的管理，使其规范化、合理化。

（二）学术治理的举措

1. 加强学术制度建设

加强学术制度建设是杜绝学术腐败的根本措施。学术制度建设的目的是强化学术的纯洁性，惩治学术腐败，维护学术的尊严与正义。首先，加强学术规范建设。还学术研究以理性，使学术研究遵循一定的逻辑，符合规范。其次，建立合理的课题制度。对课题评审、课题申报应该事前预先评估，事中监督和管理，事后审查和审核，使课题更具有效性。最后，健全考评制度。建立专家尤其是同行考评制度，充分依靠专家，发挥专家的咨询评议作用。

2. 深化学术自治

所谓学术自治，是指大学作为一个法人团体，享有不受国家、教会及其他任何法人机构控制或干预的自由，其核心在于大学能够独立自主地处理大学内部事务，不受其他因素干扰。大学作为一个以学术研究为其本职工作的组织机构，学者的学术研究应该享有充分的学术自治权，学者的学术自由才能够得到充分的保障。在高等院校中，必须淡化学术研究机构中的行政色彩，保证学术的自主与良性发展。在高校中，存在着两种并存的权力，即学术权力与行政权力。行政权力过大，甚至完全支配着学术事务，导致学术研究机构的官本位意识根深蒂固，从而使没有官衔的学术人员难以获得学术资源的配置，也很难确保其充分有效的科研工作。因而必须使行政与学术分开，还学术研究以自治，还学人以充分的自由。

3. 培育良好学术生态

"学术生态是针对学术界尤其是社会科学界存在的危机问题提出的新概念。学术生态是指由学术主体、学术客体以及软硬件环境等元素构成的一个相互联系、相互影响和相互制约的学术系统。"① 大学作为承担国家科学研究的主力军，学术生态对于其科研有着不可忽视的作用。良好的学术生态环境的培育能够为学术质量和学术效率提供坚强的后盾作屏障，也能够为创新性或创造性的学术研究作保障。良好的学术生态有利于构建和谐的学术共同体，使科研工作者为学术研究的发展相互交流，相互竞争，从而使学术共同繁荣与发展。同时学术生态的培育也是创建世界一流大学以及创建好大学的应然要求。

4. 准确的学术定位

新建本科学院学术发展的根本是准确的学术定位。新建本科学院是培养既懂理论又有较强的实际操作能力，具有较强实践开发能力，能把科研成果转化为现实产品，善于解决生产一线技术与管理问题的复合型高级应用型人才教学型院校。因此，新建本科学院的科学研究，必须围绕教学为中心，根据人才培养目标的要求，通过课程建设、专业建设、教学研究，将学校的研究成果更好地融入教学，从而达到改造新建本科学院的专业、课程和教学内容为目的，建立科研与教学的共存共生机制，建立科研—教学复合型团队，把科研成果最大程度地转化为教学资源。因此新建本科学院学术发展的当务之急，是建构教学学术理念，并通过制度激励和导向引领学术发展走向，只有这样才能实现学术发展理性，实现教学定位的学院发展理性，才能更好地完成学院发展的社会使命。

---

① 张启强：《学术生态与学术可持续发展》，《科技管理研究》2007 年第 4 期。

第 五 章

大学社会服务

本章主要探讨以下问题：美国著名学者的大学社会服务职能观点的阐述；国内外著名大学社会服务实践经验对我国大学的启示；中国近代大学社会服务职能，当今世界中外大学社会服务职能比较。从合法性的角度分析大学的社会服务职能，以及各类型大学社会服务职能，并利用聚类分析法对大学社会服务水平的地域性差异进行进一步思考。随着科学技术的发展，推进产学研相结合显得日趋重要，尤其是在新经济时代，信息技术迅猛发展的今天，大力推进产学研相结合是大学社会服务职能在当代发挥重要作用的措施之一。各个大学在此方面都有各自独到的见解与举措，并对如何进一步推进产学研相结合提出了详细的实施措施与办法，具有重要的启示，但大学如何理性发挥作用，如何保持与社会的适当距离，依然是大学在热衷于走出象牙塔之后丧失自我，主动或被动服务于经济集团或经济利益时需要思考的。

第一节 大学社会服务职能的演变

走出象牙塔的大学与外界逐渐发生联系，大学从单一职能逐渐衍生出新的职能，可以说大学发展史就是大学职能的演变史。

一 大学职能的演变及社会服务职能的产生

大学在其整个的历史发展过程中都伴随着社会服务的变化，社会公众对大学职能增加或扩大的期望与需求时刻伴随在大学本身组织机构的完善与社会发展变迁之中，大学服务社会的过程经历了由隐性到显性的转变，这是高等教育发展的趋势与客观规律，也给大学的发展提供了良好的机遇。世界存在的万事万物都要受到一定尺度的限制，诸如时间和空间。厚重的人类发展历史让我们知道，教育并非伴随着人类的诞生而产生，它是人类社会发展到一定阶段的产物，人类在自我完善的过程中有物质、精神等资源的支撑，说明高等教育的产生源于社会环境的支持以及社会需求的产生与变化，是社会在维持其内部各个机构组织运转与发挥作用的同时，并保证社会资源供应之外开拓出来的新领域，大学与社会其他组织有着不同的责任和使命。在大学这种社会组织产生之后，不论当初产生的本真与源泉是什么，若它要长久的生存下去，最好的明证就是能够适应社会的发展与变迁，积极地投入到社会服务中去，满足不断变化的公众社会需求。

大学在西方历史中体系清晰的连贯性使得高等教育史研究有一种"欧洲中心主义"的倾向，"大学的社会服务职能也随着古希腊学园到中世纪大学以及到现代大学的变迁经历着由隐性到显性的嬗变"。①

古希腊圣贤对广袤宇宙的孜孜探求中，智慧的种子生根发芽，产生了人类历史思想发展历程上的最经典的传授学术思想的场所——学园。古希腊的学园可以看做高等教育的开端，可分为两种内容或两种目的的学园教育：一种是以柏拉图为代表的教授有关哲学问题的"学园"，目标在于提高学生进行科学研究的水平，探索宇宙与自然的奥秘和规律，过一种"哲人式的生活"；另一种是以亚里士多德为代表的培养雄辩家的"吕克昂"，"修辞学为主要学习科目，兼教授文学、哲学、历史、法律等等"。② 当时这两所学府盛名在外，吸收了大批旁听者和求学者，培养了一批杰出的思想家。公元 10 世纪，当时社会政治、经济和文化发展的影响下中世纪大学诞生。以行会性质为核心的中世纪大学全名为"教师与学生的组合"，具体说就是教师和学生以传授特定专业为共同目的而组织起来的行会，在培养人才的过程中既保持独特的专业性，又维护所从事领域的利益。以探究社会问题为目的的中世纪大学侧重研究涉及社会某一领域的科目，如哲学、神学、文学、法学、医学等。19 世纪末，洪堡改革德国柏林大学体制，摒弃保守的学术传统，创新大学精神与理念，坚持大学以研究为中心。洪堡指出："大学教授的主要任务并不是'教'，大学生的任务也并不是'学'；大学生需要独立地从事'研究'，至于大学教授的工作，则

① 张兰兰：《从象牙塔到服务站——基于大学社会服务性历史演变的思考》，《当代教育科学》2010 年第 23 期。

② 张慧明：《中外高等教育史研究》，湖南大学出版社 1998 年版。

在诱导学生'研究'的兴趣，再进一步去指导并帮助学生去做'研究'工作。"① 大学社会服务职能发端于 1862 年美国国会通过的《莫雷尔法案》，其中赠地学院的创办使大学又增加了社会服务这一重要职能。社会服务作为大学的新增职能，可认为是教学与科研的延伸，是指大学在完成国家和社会规定的教学和科研任务之外，在各种教育活动和教育过程中以各种形式为社会发展所做的直接的、经常性、具体的、服务性的活动。美国学者克尔·弗莱克斯纳说大学是"特定时代一般社会之内的东西，而不是组织之外的东西。它不是与世隔绝的东西，历史的东西，尽可能不屈服于某种新的力量和影响的东西。恰恰相反，它是……时代的表现，并对现在和将来都产生影响"。他将大学的功能从"教学"与"研究"扩及"服务"，他认为早期大学的目的是局限的，今日大学的目的则是多元的。今日大学已成为一个多功能多面向的多元性组织体，克尔为它取了一个新名词，就是 multielement。② 在克尔看来，纽曼的"大学"是一个居住僧侣的村庄，弗莱克斯纳的"大学"是一个由知识分子垄断的城镇，而现代的多元化巨型大学则是一个五光十色、魅力无穷的大都市。这种多元化的巨型大学经历了从宗教的村庄到学术的市镇再到智力的城市，是职能拓展后新型社会组织，是服务社会服务国家的主要工具。

　　大学社会服务在其不同发展阶段上有不同的特征，学园的创办者是权力财富和思想精神兼具的贵族，作为统治阶层的地位决定了他们在自己物质生活富足之余，把对宇宙、人生的冥思所获传授他人，以传播自己见解和思想为人生乐事。开设学园的好处在于自由讲学、自由从学，然而由于讲学者和受众的不确定性而缺乏稳定连贯的教学过程，最后总是人去园空。中世纪大学诞生于自由商业繁荣的时代，它从产生之时就把立足点放在服务社会公众上，专业科目的开设说明其摆脱了古典通识教育的枷锁而更加务实。由于深陷封建时代各种顽固势力的重重包围之中，坚持本真立场的大学在捍卫学术自由的斗争中难免遭到毁灭性打击，而那些为了生存而妥协的大学尽管继续存在，但在教会和政府权力掌控下而难有作为。随着工业经济时代的到来，大学改头换面，自我转化，从教学与科研相结合再到集产学研于一身，现代大学在社会效用和功能的发挥上是无所不通。

---

①　《高等教育研究》，中正书局 1964 年版。

②　［美］克拉克·克尔：《大学的功用》，陈学飞等译，江西教育出版社 1993 年版。

在学园到现代大学的变迁过程中，大学从走出象牙塔之后，在服务社会、参与社会活动等方面实现了自身角色的转变。

在现代大学出现之前，虽然大学在以特有的方式发挥着服务社会的效用，但这种功能的发挥是潜在的。除了早期大学刻意与世俗社会保持一定的距离之外，社会公众对它的印象与期望也影响着大学社会服务职能的发挥。公众印象中的大学象牙塔形象，使大学成为传授知识、传授精深学术场所。由于这种社会意识的主导，大学在外在需求不足的环境中缓慢地发展着。然而，随着时代的变迁，当人类社会告别了以农业为基础的经济增长模式进入到以科学技术和知识信息为载体的新经济时代，大学被迫开始审视它所身处的新的社会环境。这个新的现实就是一个普遍的共识，即"新知识是经济与社会成长的最重要的因素。而大学的不可见的产品——知识，可能是我们文化中最有力的动力因素，它足以影响到职业，甚至社会阶级、区域、国家的升沉"。[1] 这个社会事实表明，社会对大学知识提出了前所未有的要求，因而大学也成为知识资源和信息产业的核心，成为服务社会的中心。正因为如此，大学做脱离世俗的"象牙塔"已不能被社会公众所接受。大学走出象牙塔是社会变迁与发展的必然结果，而在这个由潜在到外显性的发挥社会作用的转变过程中，大学的生存空间获得前所未有的改进也得益于自身职能的扩展。

二　美国大学社会服务职能的彰显

1862 年《莫雷尔法案》的颁布以及由此形成的"威斯康星思想"，标志着社会服务开始被公认为美国现代大学的基本职能之一。但这时大学仅限于为国家的工农业发展服务，政府对大学的资助也极为有限。第二次世界大战以后，由于美国政府认识到高等教育对国家意义重大，开始投入巨额资金资助高等教育的发展，大学开始全方位为国家的政治、经济和社会发展服务，并从美国社会的边缘进入社会的中心。

（一）"教授农业和工艺有关学科"

20 世纪初，威斯康星大学校长范·海斯将大学的资源和能力直接用于解决公共问题，直接为社会服务。威斯康星大学不但坚持大学的教学与科研职能，而且积极发挥服务社会的作用，向社会推广知识与科学技术，

---

① ［美］克拉克·克尔：《大学的功用》，陈学飞等译，江西教育出版社 1993 年版。

为政府各职能部门提供相应的咨询服务。根据其办学理念和经验总结出"威斯康星思想"，威斯康星理念在大学精神与实践活动开拓史上，是一个重要的里程碑。

　　美国威斯康星州公共图书馆委员会主管立法资料的管理员查尔斯·麦卡锡对威斯康星大学 20 世纪初办学理念和经验总结出了"威斯康星思想"（Wisconsin Idea）。克拉克·克尔指出："公共服务概念始于美国的赠地学院运动。"经济合作与发展组织教育研究与革新中心的报告也指出："从历史上看，大学为社区服务的观念源自美国赠地学院创办的时代。"自 12 世纪中世纪大学产生到 19 世纪中期，大学一直保持着初创时的自由教育传统和理性主义精神，注重理论知识的研究和传播，对于对社会发展有着直接推动作用的知识的研究关注不够。1862 年，美国颁布《莫雷尔法案》，法案规定，联邦政府向各州提供联邦土地，在每个州至少资助一所从事农业和工艺教育的学院。"这些学院要在不排斥科学、经典学科和军事战术课程的前提下，教授与农业和工艺有关的学科。"根据《莫雷尔法案》的精神，从 1862 年《莫雷尔法案》开始实施到 1922 年阿拉斯加大学建立为止，美国共建立了 69 所赠地学院。虽然《莫雷尔法案》并没有要求赠地学院直接为社会服务，但直接为社会服务却成为赠地学院的目标。在康奈尔大学获得特许状的庆典上，康奈尔大学的创建者埃兹拉·康奈尔指出："这所学院将使科学直接服务于农业和其他生产行业。"[①] 赠地学院不但培养工农业生产需要的专门人才，而且研究工农业生产的新技术、新方法、新问题，推广科学知识和技术。

　　大学服务社会的理念产生于赠地学院运动，威斯康星大学作为赠地学院之一得到了极大的促进和发展，终于催生了威斯康星思想。威斯康星大学始建于 1848 年，因得到赠地而成为赠地学院之一，其办学理念中充实着赠地学院为社会服务的精神。在威斯康星大学 1877 年的毕业典礼上，第五任校长约翰·巴斯卡姆发表演讲，号召所有大学生齐心协力，克服国家存在的弊端，解决社会发展过程中的问题，促进社会职能与功能的完善。他要求威斯康星大学要加强与社区的联系与互动，推动社会进步与发展。1892 年，来自霍普金斯大学的著名学者理查德·T. 埃利被任命为新

---

① 刘宝存：《威斯康星理念与大学的社会服务职能》，《理工高教研究》2003 年第 5 期。

成立的"经济政治与历史学院"院长。他指出:"威斯康星州的人民绝不允许他们的大学在学术空想中迷失方向。他们懂得他们需要大学提供不同的东西和新的东西,提供可以满足其需求的东西,提供他们称之为实践的东西。"在他的倡导下,威斯康星大学为政府部门提供专门的技术咨询,以改进政府各领域的工作。"州立大学应该直接有助于发展农业,建立更有效的工业和更好的政府"这一理念,逐渐成为在威斯康星大学董事会得到广泛认可的办学理念。进入 20 世纪后,美国的各项产业发展处于转型期,工业领域由传统工业向现代机器制造转型,农业领域则由传统的种植业向养殖业、农副产品加工业转变。为了促进工业的发展和农业经济的繁荣,社会需要大学提供有效的管理知识和专门化的技术知识,进一步密切大学与社会的联系已势在必行。1904 年,范·海斯(Charles R. Van Hise)出任威斯康星大学校长。在出任威斯康星大学校长的 15 年间,他把"大学直接为社会服务的理念发扬光大,并使威斯康星大学的办学模式的影响扩展到全国甚至国外"。①

传统的英国寄宿学院和德国研究型大学具有它们自身的优点,范·海斯将它们结合在一起,使理论学科、实践科学和创新研究共同发展,使兴趣不同的学生在相互联系中获得进步。他希望威斯康星大学成为一座灯塔,在社会改革与变迁中发挥积极的作用,充当社会服务的提供者和重要参与者,并保证在这知识资源广泛共享的时代,威斯康星大学将摒弃一切障碍,加强各种创造性的能动活动。范·海斯指出:"州立大学的生命力在于它和州的紧密关系中。州需要大学来服务,大学对本州负有特殊的责任。教育全州男女公民是州立大学的任务,州立大学还应促成对本州发展有密切关系的知识的迅速成长。州立大学教师应用其学识与专长为州作出贡献,并把知识普及全州人民。"范·海斯是如此强调大学的社会服务,以至于他甚至宣称"服务应该成为大学的唯一理想"。②

(二)"任何人在任何学习领域都能受到教育"

作为美国赠地大学杰出代表的康奈尔大学是常春藤联合会名校,多年以来,美国大学社会服务工作的开展与深化都在这所大学的带领下。由于康奈尔大学在建校时富有革新性的现代办学理念,曾被美国教育历史学家

---

① 刘宝存:《威斯康星理念与大学的社会服务职能》,《理工高教研究》2003 年第 5 期。
② 王英杰:《美国高等教育的发展与改革》,人民教育出版社 1993 年版。

弗里德里克·鲁道夫誉为"美国第一所真正的大学"。① 康奈尔大学是根据 1862 年《莫雷尔法案》建立起来的，因而肩负着赠地使命和责任，为当地乃至全美人民提供社会服务。康奈尔大学宪章中明确阐述了康奈尔大学的赠地使命及服务社会理念。1865 年纽约州议会授权康奈尔大学正式成立并批准康奈尔大学宪章。1868 年 10 月，埃兹拉·康奈尔在康奈尔大学第一届开学典礼上，明确了新大学的办学宗旨和发展方向。他在致辞中概括说，"我要创办一所大学，在这里任何人在任何学习领域都能受到教育"②，即大学要满足美国各阶层人民的需要，使其都有受教育的权利。在当时大学传统教育方式与社会需求脱离的时期，鲜明地提出了实践教育与应用教育的主张。这句话后来成为康奈尔大学的校训被后人所传诵。在社会服务方面，康奈尔大学已经具有完善的社会服务内涵，建成了规模巨大的社会服务系统，各种功能运作模式与机构管理制度都已经相应建立和成熟起来。创始人埃兹拉·康奈尔认为现代大学应当满足国民的现实需求，提倡理论知识的应用教育，将其扩展到现实生活中去。他称"我希望我们已经奠定了一所大学的基础。新的大学应该融合实践教育与自由教育，适应我国青年从事农场、矿山、工厂等职业的需要，适应他们从事科学的需要，适应他们成功处理生活中实际问题的需要"③。第一任校长安德鲁·怀特进一步表明了康奈尔大学的办学理念，提出了坚持学生自由发展与实际应用训练相结合的基本原则。康奈尔大学通过探索推广实践教育、应用教育与自由教育融合等为当地社会发展与经济进步培养人才作出了突出贡献。

（三）"MIT"与"128 公路"

有没有这样的一种大学：它们进行科学研究的同时将成果输送到社会当中、在针对理论知识与自然规律的深入学习又对工厂机器制造业应用实践提供技术支持，既考虑传统大学对人文领域的精神诉求又能满足工业制造业经济的快速发展对自然科学领域的需求。19 世纪 40 年代，一位名叫

① Frederick Rudolph, *A History of the American Undergraduate Course of Study since* 1636, Jossey - Bass, Inc., Publishers 1977.

② Paul Westmeyer.：*An Analytical History of American Higher Education*, CharlesC. Tomas Publisher 1997.

③ 靳贵珍、康健：《康奈尔大学——务实与理想的融会》，《北京理工大学学报》（社会科学版）2001 年第 2 期。

威廉·罗杰斯的地质学教授将这样一种设想变成了现实，他以前所在的弗吉尼亚大学无法给他提供实现这种理想的条件与机会，而当时的波士顿是各产业与领域的技术和教育中心，恰逢当地纺织与冶金等产业的蓬勃发展，投资者与经营者对利用科研成果指导生产活动都非常重视。1861 年，罗杰斯在当地企业家的支持下建立了波士顿技术学院（Boston Tech），即后来的麻省理工学院（MIT）。虽然在此之前，波士顿地区汇集了多所传统大学，并且具有深厚的学术文化底蕴，但是其中大多数学院仍固守在象牙塔内谨慎地保持着与外部世界的距离。由于受到传统文化的影响，波士顿所在的新英格兰地区的人们崇尚机构部门自我依赖，希望机构之间的边界保持泾渭分明。在第二次世界大战以前，联邦政府与大学、联邦政府与个体企业之间很少发生关系。但是，第二次世界大战的到来永久性地改变了人们的这一想法。

第二次世界大战期间，美国政府在 MIT 副校长凡尼佛·布什和哈佛大学校长詹姆斯·科南特的联合说服下突破常理将经费从军方手中转向到建立一个独立的科研机构，然后向军方提供其科研成果，当时的科学研究与开发局（Office of Scientific Research and Development）就这样成立了。"该机构在性质上类似于一个政府机构，掌握着签署研究合同和分配研究拨款的权力，但其主要领导却都来自学术界，因此大笔研究拨款自然而然地流向了大学。"① MIT 通过促成建立科学研究与开发局，在很大程度上改变了很多学者及公众所持的大学应该孤立于世俗之外的僵化印象，无意之中在一定程度上打破了新英格兰崇尚机构自我依赖的传统，构建了大学与外部机构建立稳固联系的契机。同时，科学研究与开发局的成立还具有巨大的现实意义，大量的研究经费、紧迫的研究任务使得 MIT 及其周边的哈佛大学等高校吸引了来自全美相关领域最优秀的学者，他们很多人即使在战争结束以后也没有离开新英格兰地区而是留在了大学和高新科技企业中。在人才、技术和资金的问题都得到解决之后，新英格兰地区新兴的科技公司应运而生。

"128 公路"始建于 1915 年，早在第二次世界大战之前，其沿线就建立了几家科技型企业，这些企业主要是从 MIT 的一些研究实验室分离出来

---

① ［美］亨利·埃兹科维茨：《麻省理工学院与创业科学的兴起》，王孙禺、袁本涛等译，清华大学出版社 2007 年版。

的，其主要目的是将大学科研成果与企业相结合，促进科研成果迅速转化为商品，但这些企业十分零散，在相当长一段时间里发展缓慢。第二次世界大战对"128 公路"地区是一个转折点，战争期间美国对军需品研制和订货的需求使该地区有了一个较大的发展。不过，"128 公路"高科技密集带的真正形成是在第二次世界大战后，当时美国联邦政府为了冷战和空间军事竞争的需要，投巨资进行军事技术开发，通过引导资源流向，使大部分资金落入"128 公路"附近的公司和 MIT 的实验室手中。在 1951 年，马塞诸塞州政府对"128 公路"进行了扩建，使它将 MIT 以及波士顿地区的 20 多个繁华地带连在了一起。而这一切恰好为新兴的高科技公司提供了绝妙的发展空间，作为著名高科技产业带的"128 公路"模式由此得以产生。MIT 通过与政府的合作构建了产业智力供给的前提基础，同时推动风险投资公司的成立，从本质上打通大学与企业之间的沟通与交流的渠道，各产业部门之间、机构之间的公共服务平台就基本建成了。

（四）走出象牙塔大学的社会责任

德里克·博克任哈佛大学校长期间（1971—1990）所著《走出象牙塔》一书，系统阐述了他对大学走出象牙塔后社会责任的一些独到见解。首先，德里克·博克认为既要维持大学的活力又要在社会服务中发挥作用，最基础的就是要充分保证学术的自由进行。大学学术自由在内部也存在压力，往往是因为有些学者抨击学术自由，以避免某些所谓错误观点与理论产生误导作用，对与主流思想格格不入的异类进行彻底打击，导致某种所谓的正统观念在大学中广泛传播。同时，大学还受外部压力的影响，包括两个方面：一是大学所从事的科学研究、课题选择等对外部经费支持的依赖，受其制约与影响；二是社会公众对大学社会道德责任的期待与定位，大学学术自由的伦理底线迫使大学要遵守法律道德以避免伤害公众感情。大学服务社会使教育工作者直接面对社会问题，以更广阔的智力资源、更丰富的信息储备以及多元化的研究视角深入到社会各阶层与领域当中，原来为学者科学研究带来限制的诸如社会经验不足，传统体制的压力以及僵化的思维模式等方面原因也得到了消除。

其次，大学社会服务与国家干预的矛盾如何调和，其重要体制保障是要保证大学自治。从社会边缘的象牙塔成为万众瞩目的焦点，大学对当代社会的发展与变迁产生着深刻的影响。政府机构作为社会公众事务的核心，必然在大学的发展过程中充当管理者并发挥监控作用。若某个大学出了问题，其所造成的影响范围是有限的；然而若政府犯了错误，其影响范围和程度是巨大而深远的。这就提醒了政府在干预大学的时候应该采取更加谨慎的态度，在如何应对社会与政府干预这一方面，大学必须坚持"自治的立场，依从大学自身的发展逻辑，只有这样才能从长远上和根本上利于社会和大学自身的发展"。①

最后，大学社会服务中尊重各方利益的主要参照依据是自身的社会责任。大学走入社会的中心，面临的一项艰巨任务是自己应该承担起哪些社会责任作为其服务的参照，以满足各方利益。博克认为大学需直接向社会提供各类服务项目以及直接带动大量经济活动来作为免税的回报，大学在接受外来捐助时应坚守自身的道德立场，大学面对此类捐助必须谨慎思考，不能违背大学的基本原则和人类的底线伦理。在当下复杂的社会环境中，大学服务社会并没有一个既定的规则体系可供参考，大学自身必须在坚守学术自由、大学自治等基本原则的前提下，灵活处理可能遭遇的各种困境，合理兼顾各方利益。

仅通过以上大学社会实用学科专业的拓展、扩大公民接受高等教育机会或大学科技园为国家提供智力支撑等社会服务的更新换代的"升级"服务分析可以得出，美国大学的社会服务为美国经济社会发展乃至推动全人类科技进步作出了卓越贡献，同样为大学走出象牙塔成为社会的中心作出了卓越贡献，同时奠定了美国作为现代世界高等教育中心的高等教育强国地位。

三　中国近代大学的社会服务职能初见端倪

（一）近代著名大学校长社会服务理念与实践

20 世纪初的中国，内忧外患，蔡元培适时提出"教育服务于社会"这一思想，并大力发展社会教育，蔡元培曾被同时代的人誉为"学贯中西"，能将中外新旧教育理念熔冶于一炉的学人。1907—1926 年的 20 年间，蔡元培先后五次出国，留居国外近 12 年，考察了欧美各国的社会教育实践。长期的国外经历使蔡元培逐渐接受国外的社会教育思想，形成了自己的大学社会服务职能思想，并在北大得到实施。

---

① 崔乃文：《博克大学社会服务思想的新解读——服务伦理的视角》，《理工高教研究》2009 年第 2 期。

　　蔡元培任北大校长后，首先对原来的招生制度进行了改革，实行旁听生制度，坚持以考生学业成绩的优劣作为录取学生的标准，使那些出身贫寒、学业优秀的青年有机会进入北大。同时，他主张学校的学术活动和课堂的教学活动都向社会公开，使更多的人能接受到高等教育。这一制度使京津以至远近省份的很多知识青年来北大听讲学习，他们住在学校附近，利用北大的课堂、图书馆进行学习。蔡元培还采纳学生建议，破格提拔学校役工，并加以任用，并开办北大校役夜班。开学当天，蔡元培亲自到场并发表演说，他强调"一种社会，无论小之若家庭，若商店，大之若国家，必须此一社会之各人，皆与社会有休戚相关之情状，且深知此社会之性质，而各尽其责任。故无人不当学，而亦无时不当学也"。蔡元培创办平民夜校，将其作为普及教育，使平民有到大学受教育的机会，同时也是作为沟通学校和社会的一个渠道，大学为社会服务的一项重要措施而积极提倡。在夜校的开学典礼上，蔡元培发表了热情洋溢的演说："夜校开办后，大学中无论何人，都有了受教育的权利，不过单是大学中人有受教育的权利还不够，还要全国人都能享受这种权利才好。所以先从一部分做起，开办这个平民夜校。"蔡元培提倡平民教育，沟通学校和社会的联系，还有更深一层的用意，就是要通过这些活动，培育学生消除人我界限，增进同学间的感情和团体凝聚力，养成关心和服务他人与社会的公德。蔡元培的大学社会服务思想充分利用学校资源，服务社会教育，并以科研为依托，积极开展技术推广和服务。

　　梅贻琦在出任清华大学校长的就职演说中这样提道："办学校，特别是办大学，应该有两种目的：一是研究学术，二是造就人才。"[1] 梅贻琦提出的办大学的目的或者说他所强调的清华大学应该承担的大学使命，其实就是我们现实意义上所讲的大学的两项职能，即人才培养和学术研究。清华大学的办学理念是不但要培养合格人才，而且要进行科学研究，从单一进行教学，走向教学和科研相结合之路。此外，梅贻琦还非常注重学生的社会实践能力，他鼓励学生多参与社会实践，在实践中实现知识与技能的贯通，这样才能更好地实现通才教育。

　　梅贻琦认为："盖今日之清华，已不仅为国内最高学府之一个，同时

---

① 转引自刘宝存《大学理念的传统与变革》，教育科学出版社 2004 年版。

亦当努力负起与国外学术界沟通之使命也。"① 他已经意识到作为国内具有影响力的大学，国际间的学术交流是必不可少的，同时通过国际学术交流为我国社会发展服务。梅贻琦主要采取两个方面来加强学术交流，一是通过学术休假让教师到国外研修或讲学；二是聘请国外学者到清华进行讲学。"派出去，请进来"的策略使清华教师不但可以与国际学术界交流，掌握国际国内研究的最新动态，而且提高了学术研究的水平和能力，同时能够"取其精华"，并结合实际来为我国社会发展服务。梅贻琦先生的大学理念是在融合中西方文化精粹的基础上形成的，具有深刻的内涵。通识教育的培养人才模式，对当今通识知识和专业知识出现分离的弊端给以启示，通过进行通识的基础教育强化专业技能。这样使二者能够有机结合起来，做到将学生培养成为基础扎实、专业突出、一专多能的复合型人才，这样才能更好地适应社会、服务于社会。同时大学要重视科学研究，并提出学术自由的理念，使得科学研究在大学的应用能够更好地为教学服务，为社会发展服务，梅贻琦虽然没有直接阐述关于社会服务的思想，但从他的两个"造就人才、研究学术即为满足社会需要，同样可以阐释大学间接服务于社会的使命"②。

浙江大学校长竺可桢认为，"大学不是超脱于现实社会的象牙塔，它的任务就是培养德才兼备的英才服务于社会，回报社会"。③ 他理想中的大学是承担学术使命与社会使命于一体的，既包含学术的价值取向，也内含了服务社会的工具观。所以他一贯主张学生不仅要做学问，还要关心国家大事，尽可能地了解社会，为社会做些有益的事情。

国立东南大学以美国大学模式为蓝本，校长郭秉文早年留学美国，对美国大学社会服务职能发展成熟印象深刻。他曾多次撰文指出当时中国教育存在的弊病："我国之办教育，已二十余年于兹矣。费无数之金钱，过如许之岁月，而成绩甚少，进步甚迟者何也？我国教育界有公言矣，曰：教育不切于实用也。""彼不顾学生就学之目的，轻视处境生活之需要，甚至教育之本能也。"④ 郭秉文虽然没有专门论述大学社会服务职能，但

---

① 转引自苏云峰《从清华学堂到清华大学》，三联书店 2001 年版。

② 转引自刘莎莎《梅贻琦的大学职能思想》，《黑龙江教育》2008 年第 6 期。

③ 转引自周谷平、孙秀玲《近代中国大学社会服务探析》，《河北师范大学学报》（教育科学版）2007 年第 6 期。

④ 郭秉文：《中国教育制度沿革史》，上海书店 1991 年版。

是他实用服务的思想和在东南大学进行的大刀阔斧的社会服务实践，却是与当时以威斯康星为代表的美国大学精神与理念相一致。

南开大学校长张伯苓十分重视人才培养与科学研究的实际应用性，主张科研成果在实践中的运用，发挥大学教育服务社会，推动社会发展与进步的作用。1928 年，他进一步提出"土货化"方针，强调教育必须解决中国社会的实际问题。在由他主持制定的《南开大学发展方案》中写道："吾人为新南开所抱定之志愿，不外'知中国'、'服务中国'二语。吾人所谓'土货化'南开，即以中国历史、中国社会为学术背景，以解决中国问题为教育目标的大学。"① 张伯苓大学社会服务职能的思想也表明了南开大学的办学方向。正是因为有近代蔡元培、竺可桢、郭秉文、张伯苓和梅贻琦等一批教育家校长的社会服务思想运用于治校，才使北京大学、浙江大学、东南大学、南开大学和清华大学等在我国近现代大学发展史上熠熠生辉。

（二）近代大学社会服务职能的确立

大学社会服务活动在五四运动期间就已经开始出现。1918 年江苏省教育厅委托南京高等师范学校开办视学讲习会，训练视学员；北京大学设立校役夜班，鼓励学生在校外参加平民教育活动等。但总的来看，这些活动的特征可以总结为自发性、零散性和个别性，大学本身并没有将它们与教学、科研结合起来，更没有将其作为大学的基本职能来看待，因此，只能称其为大学社会服务的萌芽。而五四运动之后，北京大学和国内其他高校出现的一个变化就是高度重视服务社会的工作。在 20 世纪 20 年代之后，大学社会服务职能才开始在借鉴国外尤其是美国的经验之上加以本土化从而得以确立。东南大学是最早明确将社会服务视作高等教育职能之一的国立大学，当时的"推广教育"内涵与当前社会服务大体一致。1921年颁布的《国立东南大学大纲》中专门规定，除上设各科外另设推广部。鉴于推广教育已成为学校的办学特色，1923 年，东南大学对学校大纲作了修改，在教育部颁布规定的"大学以研究高深学术培养专业人才为宗旨"的基础上增加服务社会的内容，确立"本大学以研究高深学术培养专业人才指导社会事业为宗旨"，从而明确了大学服务社会的职能。这是我国大学第一次在办学宗旨上将社会服务与教学、科研并举进行表述。

---

① 转引自王文俊《南开大学校史资料选》，南开大学出版社 1989 年版。

"根据这一办学宗旨，各学科仿照美国大学的做法，明确分为教学、研究、服务三部分。"①

通过借鉴东南大学的社会服务经验，1924 年民国教育部颁布《国立大学校条例》，第 10 条明确规定：国立大学校得设各项专修科及学校推广部。至此，推广部在大学内部广泛设立，国家颁布的教育法规正式确立了大学承担社会服务的职能。除了国家法规规定国立大学服务社会的责任，近代私立大学在办学过程中也大多与公众的社会需求紧密结合，坚持以服务社会为办学方向。正是由于大学具有了现代取向的治学精神与办学理念，服务国家和社会当前阶段的发展和需要，私立大学才享有了良好社会声誉，获得了社会公众广泛支持，从而为自身生存和发展提供了良好的环境。

四 新中国成立后我国大学社会服务职能的沧桑历程

（一）新中国成立："教育必须为国家建设服务，学校必须为工农开门"

"新中国建国初期，为满足当时经济社会发展的需要和人民的物质文化需求，教育主管部门提出了'教育必须为国家建设服务，学校必须为工农开门'的指导思想，以老解放区新教育经验为基础，适当吸收旧教育某些有用的经验，并积极借鉴苏联教育建设的先进经验，采取了一系列的政策措施，做了大量开创性的工作。"②

1950 年，第一次全国高等教育会议通过的《关于实施高等学校课程改革的决定》提出："为加强教学与实际结合，高等学校应与政府各业务部门及其所属企业和机关，建立密切的联系。高等学校的教师应与上述部门的工作、生产和科学研究作适当的配合；应该有计划地组织学生的实习和参观，并将这种实习和参观作为教学的重要内容。政府各业务部门为了有效地培植国家建设人才，应把协助高等学校的教学、实习和研究，作为自己部门本身业务的构成部分。对于实习学生，各业务部门负有与教育部门共同领导的责任。"③

---

① 南大百年实录编辑组：《南大百年实录·上卷》，南京大学出版社 2002 年版。
② 余立：《中国高等教育史》（下册），华东师范大学出版社 1994 年版。
③ 《中国教育年鉴》（1949—1981），中国大百科全书出版社 1982 年版。

　　1953 年，由于先前高等教育资源的分配不均衡，旧中国时期大学过于集中在沿海大城市，为了改变这种格局，全国开始院系大调整，新建并补充一批院校和专业，特别是政府各机构部门成立了一批专门院校，在部分地市建了一批高校。大学与社会各界积极参与当地经济建设，1957 年，周恩来在一届人大四次会议上指出：“新中国的教育必须与旧中国的教育根本不同，必须反映社会主义的新政治、新经济，必须为广大劳动人民服务，必须适应我们国家社会主义改造和社会主义建设的需要。”① 大学加强了社会服务工作，适应当时社会经济发展的需要，使得社会服务的内涵也逐渐充实，服务的种类与方式逐渐多样化。

　　1959 年 4 月，《人民日报》发表《把教学、生产劳动、科学研究结合起来》的社论，明确指出这三者应该以教学为中心，围绕教学进行生产劳动和科学研究。1959 年 6 月，教育部在青岛召开的高等工业学校教育计划座谈会中，提出的制定教育计划应遵循的基本原则中，就包括“加强生产劳动教育，把生产劳动列入教育计划，并且以教学为主，使教学、科学研究与生产劳动相结合；加强理论与实际的联系”的内容。② 在这一社会环境下，大学通过各种方式积极组织社会服务活动，深入工农业生产生活当中，加强大学与社会的紧密联系。大学的社会服务活动主要面向工厂、农村，开展与生产有直接关系的社会服务活动，把知识和科学融入生产实践。在新中国成立的特殊时期，国家对大学提出的服务社会的要求和责任是空前的，大学直接参与国家建设，对新中国建设发挥了积极作用，作出了重要贡献。

　　（二）“文化大革命”期间：社会服务“以阶级斗争为主课”

　　“文化大革命”期间，过分强调高等教育要与生产劳动相结合，服务无产阶级政治，服务阶级斗争。强调“以阶级斗争为主课”、“开门办学、厂校挂钩、校办工厂，厂带专业”，大学院系、专业都进行了较大变动和调整，一方面停办或取消了大批专业；另一方面变更了部分系科、专业的培养目标和研究方向。创办了“共产主义劳动大学”、“七·二一大学”、“农业大学”。由于劳动过多，政治和社会活动过多，完全打乱了教学秩序，正常教学和研究不能保证。人们对“教育与生产劳动相结合”表面

---

① 《周恩来教育文选》，教育科学出版社 1984 年版。

② 《中华人民共和国教育大事记》（1949—1982），教育科学出版社 1984 年版。

化、简单化的理解或曲解,背离了大学学术本原,大学政治化使大学办学方向出现失误,大学的"社会服务走上了歧路"①。对大学社会服务职能的片面认识导致了实践偏差。

(三)改革开放后:社会服务历程探索

改革开放后,我国从经济社会到科技、教育等各个领域开始了全面的拨乱反正,大学得到恢复发展,并得到了国家和地方政府的重视和支持。随着国家对大学投入的增多,其整体实力得到了提高,为更好地进行社会服务奠定了基础。特别是高等教育体制改革的不断深入,大学逐步主动适应社会变革与发展的要求,服务职能开始侧重与当地社会经济相结合,开展多种形式的社会服务满足社会需求,大学社会服务功能趋于多样化。这一时期,大学的社会服务进入主动和自觉时期,经历了从较低层次到较高层次,由无偿到有偿的发展过程,形成了多元化的社会服务格局。

在市场经济发展的浪潮中,中央与地方政府大力倡导、推动市场经济与大学发展相结合,鼓励大学办企业和第三产业,缓解办学经费短缺的局面。市场经济影响产生了一些消极因素,致使一些大学脱离学校教学与科研的实际,盲目办企业,办产业。在当时"十亿人民十亿商"的大环境影响下,大学校园内外弥漫着浓厚的商业气息。当时的"某些大学以经济规律冲击代替教育规律的存在,社会服务畸形发展,影响了正常教学秩序和科研活动"②。

20世纪90年代,地方经济发展在整个现代化建设中的地位不断得到加强,高等教育布局不断向地方扩展,重心逐步下移。由于社会经济发展的内在要求,地方经济与地方大学的结合日趋紧密。在经济全球化以及世界高等教育改革浪潮冲击的国际背景下,特别是随着我国社会主义市场经济体制改革的进一步深化,社会经济在积极的货币政策影响下,地方经济得到迅猛发展。大学由过去的稳步发展转变为积极发展的方针,高等教育体制改革力度加大、速度加快,并开始由精英阶段迈向了大众化阶段,经过几年扩招,后大众化的高等教育时代已经到来。在这一时期,大学社会服务得到了广泛重视,内容不断丰富,服务种类与方式拓展为将产学研有机结合,呈现出多样化的特点。由于我国现代大学发展历史短,整体水平

---

① 李波:《区域高校社会服务历史沿革及成因》,《临沂师范学院学报》2003年第1期。

② 同上。

与实力较低，在社会服务能力和社会服务经验方面存在不足，不同地区、不同类型的大学社会服务开展不平衡，除少数地方大学开展的较好之外，大多数大学社会服务并未实质性地开展起来。

第二节　大学社会服务内涵

通过梳理大学社会服务职能演变可以看出，大学的职能产生从单一到多元，经历了大学从独立于社会之外到走向社会中心的发展过程，当前我国大学在后大众化阶段，如何为社会服务的同时又与社会保持一定距离，大学服务的定位与路径是本节要探讨的内容。

一　大学社会服务定位

（一）大学社会服务定位的内涵

关于定位，一般而言，大学定位内涵是从高等教育目标、内容和系统结构的角度来界定。认为"大学定位是确立一所大学自身的位置，明确在一定时期学校的目标定位、类型定位、层次定位、学科定位、服务面向定位。一般包括在整个社会大系统中的位置、在整个高等学校体系或结构中的位置、内部各要素在整个学校发展中的位置等三个层面的内涵"。[①] 并且在自身发展的不同阶段会有不同的预期目标，因此大学定位也是一个持续发展、不断修正的过程，是大学自身为了在市场中的竞争、生存与发展，在社会服务、办学类型、人才培养规格、办学规模和层次、办学特色等方面所作出的战略选择。定位还须进一步阐释的是，大学作为市场中的一种组织形式，自身是教育产品的提供者，同时也具有品牌效益，正如伯顿·克拉克所言："竞争的状态能激励一些院校像企业那样去寻找特色，并从中取得利益。"[②] 在此条件和前提下，大学定位已不同于经济学领域的定位，有了更为丰富的含义。

（二）我国大学社会服务的定位

一个时期以来，国家政策的制定和要求具有导向性，国内各个大学都

---

①　刘献君：《论高等学校定位》，《高等教育研究》2003 年第 1 期。

②　［美］伯顿·克拉克：《高等教育系统——学术组织的跨国研究》，杭州大学出版社 1994 年版，第 254 页。

将服务面向的内容作为自身定位与战略规划中的一个重要方面，同时也把它作为未来工作的指导思想和重点。胡锦涛在庆祝清华大学建校100周年大会上的讲话中指出，全面提高高等教育质量，必须大力服务经济社会发展。要紧紧围绕科学发展这个主题、加快转变经济发展方式这条主线，不断增强服务经济社会发展能力。要自觉参与推动战略性新兴产业加快发展，促进产学研紧密融合，加快科技成果转化和产业化步伐，着力推动"中国制造"向"中国创造"转变。要自觉参与推动区域协调发展，积极参与推进西部大开发、振兴东北地区等老工业基地、促进中部地区崛起、支持东部地区率先发展的进程，以服务和贡献开辟自身发展新空间。要自觉参与推动学习型社会建设，适应全民学习、终身学习的时代需要，加快发展继续教育，广泛开展科学普及，为社会提供形式多样的教育服务，深入开展政策研究，积极发挥思想库和智囊团作用，努力为党和国家科学决策、民主决策作出积极贡献。讲话精神再一次强调大学服务社会的方向。

1995年，中央确认全国第三次科技大会上提出的"科教兴国"战略为国家发展战略。随着国家科教领导小组的成立，科技和教育被摆到了优先发展的重要位置，我国大学开始逐渐从社会的边缘走入社会的中心，并成为引领社会科技发展的核心。在国家"211"工程和"985"工程等重点支持下，大学发挥人才培养和智力资源的优势，积极开展科学研究，大力推进科技成果的转化以及产业化，为国家经济建设和社会发展作出了重大贡献。"九五"期间，"大学承担国家自然科学基金项目70%以上、重点项目50%左右；承担国家'863计划'项目30%以上；承担国家重点基础研究发展规划项目1/3以上；组织或参与组织的科技攻关项目占全国的1/4左右"①。对于企业的技术支持和地方区域经济发展方面，大学也积极参与其中，努力促进大批科学研究成果转化为现实生产力，在国家科技创新的发展潮流中发挥了重要作用。特别是作为国家竞争力核心中有机构成部分的高水平研究型大学，被纳入国家创新体系中，在科技创新中承担重要责任。由此可见，大学自身发展、技术创新以及水平提高都能够满足经济社会发展中现实的急切的需求，同时，整个社会的全面发展与和谐社会的建设会比以往任何时候都更加需要人力和智力的强劲支撑。对于大

---

① 马德秀：《在服务社会中实现我国高校的超常规发展》，《清华大学教育研究》2004年第5期。

学来说，面对国家层面的战略发展和经济社会进步的主战场这样宏大的舞台，是一次重大的机遇，为其开展科学研究、提高科研水平提供了难得的历史机遇。在如今国家经济社会发展和大学发展密切关联的背景下，教育部科技委制定了未来分两步走的大学科技实施发展战略，使大学在提高人才竞争力和增强自主创新能力上承担重要责任，其核心是促进构建创新型国家、完善科技创新体系。在国家中长期科技发展规划的制定过程中，对"985"二期建设大学的支持为其发展提供了机遇，通过紧密结合国家创新体系的建设，重点建设一批科技创新平台和哲学社会科学创新基地，促进一批世界一流学科的形成，使之成为攀登世界科技高峰、解决重大理论和实践问题、带动相应学科领域发展的重要基地，使大学成为国家创新体系的重要力量。其本质就是引导大学面向国家的社会经济发展战略，对新的发展方向及空间进行探索和开拓，促进一批新进入"985"二期的重点研究型大学进入全新的发展阶段。至此，我国大学已经全面走向国家科技和经济发展的主战场，大学的社会服务职能发育成熟，形成了具有鲜明的中国特色且符合时代需要的发展模式。

国内的众多大学，上到国家教育部直属、"985"工程院校，下到地方大学、专科院校，都有自身的定位与服务面向。一些"985"工程院校，比如，哈尔滨工业大学把立足航天，服务国防，面向国民经济主战场作为自身服务定位；厦门大学服务面向地方经济社会发展，融入海峡两岸经济区建设；中国海洋大学服务国家海洋事业，海洋强国建设；南开大学面向国家和地方经济社会发展，全方位服务天津滨海新区开发开放；同济大学立足上海，紧密结合地域优势，服务于全国经济建设主战场，等等。地方大学以江西省为例，比如：南昌大学致力于培养基础扎实、知识面宽、综合素质高、知识结构合理、有创新精神和实践能力的高级专门人才，立足江西、服务全国；江西财经大学培养具有"信、敏、廉、毅"素质的创业型人才，服务面向国家战略和地方经济社会发展；江西理工大学立足江西、面向全国；服务江西、服务对口行业，培养高素质、创新型人才；江西中医学院为中医药事业发展服务，为地方经济发展和社会进步服务，等等。

从世界范围看，现代大学取得成功的重要路径是服务社会。美国加州大学伯克利分校校长克拉克·克尔说："与周围社会环境的和谐相处是现代美国多元化大学存在和取得成功的一个重要原因，它在服务先进文明社会的众多领域方面所作的贡献与其在维护、传播和研究永恒真理方面的作用，在探索新知识方面的能力一样，都是无与伦比的。"① 在美国高等教育发展史上，美国大学之所以能够快速完善与发展及其在国际教育中确立霸主地位，是与其积极服务于经济、文化等各个领域，并满足这些领域的需求是分不开的。美国大学对社会的服务与贡献以及对社会责任的承担实现了自身的跨越式发展。正是在服务社会、承担社会责任的全新理念的指导下，美国大学才能雄踞于世界大学之首。

如今，服务社会已成为著名大学的核心理念与精神，积极地为社会发展、为国家和区域经济发展服务。斯坦福大学提出"立志创造有利于社会发展的知识"；麻省理工学院提出"学校要致力于发展知识，培养学生在科学、技术及其他方面的学识，最好地为国家、为世界服务"；剑桥大学的使命是："通过追求国际最高水平的、优秀的教育、知识和研究，为社会作出贡献"；牛津大学的目标之一是："通过大学的研究成果和毕业生的技能，使世界、国家和地方社会富饶起来"；东京大学则期望"通过积极地用研究成果回报社会和工商业，以进一步提升自身存在的价值"。② 社会服务作为大学职能历史发展演变中的必然，已成为世界不可逆转的潮流。

二　我国大学社会服务内容

（一）走出象牙塔大学的社会服务

"现代大学教学、科学研究和服务社会的三大职能是在社会历史发展过程中逐步形成的，是特定时代背景下的产物，也是大学适应外部社会变化的必然选择。大学与社会的联系越来越密切，三大职能也在不断地丰富和完善。大学的教学、科研、服务的社会职能分别拓展出培养创新型人才、加强知识技术创新、提供创造性服务等职能。"③ 大学的职能也不是一成不变的，它还会随着社会需求的多样化和多元化的发展继续演变和衍生。大学社会服务职能的拓展，使大学那种世外桃源、与世隔绝的形象得

---

① 　［美］克拉克·克尔：《大学的功用》，江西教育出版社 1993 年版，第 29 页。

② 　马德秀：《在服务社会中实现我国高校的超常规发展》，《清华大学教育研究》2004 年第 5 期。

③ 　魏京明：《大学职能的历史演进与现代拓展》，《教育探索》2008 年第 11 期。

到改变，走出"象牙塔"的大学被带进了关系到国计民生等基础产业的前沿阵地，使教学科研与转化利用这一环节脱节的问题得到解决，大学与社会大众的生活更深刻更广泛地融入并结合到一起。大学职能发展的历史表明：只有适应社会的变化，满足社会的需求，不断实现职能内涵的更新与外延的拓展，才能充分地发挥大学的作用，大学才会获得强劲的发展动力与社会支持。

"走出象牙塔"后的现代大学职能必然的延伸与拓展是历史发展的结果，大学对于社会责任的广泛承担也体现出当代大学与社会服务紧密联系的方式。大学在服务社会过程中能够发挥的作用愈多，其社会责任的担负也愈重。大学职能产生作用的过程大致是经由自适应发展到主动性发挥，一旦条件成熟时，即大学对于服务社会以及社会责任的承担已经从当时的"涉足不深"发展到成为常态，若对自身发展和社会进步能够产生至关重要的作用时，则应该适时地将该领域的大学职能确认为自己的使命和责任，使其成为自己的不可推卸的责任并积极的服务于社会。

"走出象牙塔"后的现代大学仍在发展变化之中，当前高等教育后大众化阶段，大学依旧会有很大的变化，这一人类最古老的组织形式与机构之所以能够常新，正是因为它的自适应性和创新性，称其为人类最伟大的创造也无可厚非。中世纪传给人类最伟大的遗产是大学，"走出象牙塔"也曾是现代大学人的骄傲。但"走出象牙塔"后的大学逻辑该是如何呢？市场逻辑的不断扩张，也不可避免带来了对教育逻辑的挤压。大学学术力量无与伦比，市场经济下大学对于经济利益的追求却也日益增多，但千万不能因"钱途"而误入迷途。当然，现代大学要出"大师"也少不了要盖大楼，为大师创造更好的创业、创新的环境，所以在现在的社会环境下对于经济利益的追求也是必需的。当然，在走出象牙塔的大学社会服务过程中如何坚守自己的责任？前哈佛大学校长德里克·博克《走出象牙塔》的副标题正是"现代大学的社会责任"，"这是意味深刻的提醒，现代大学在全面承担起日益众多的社会功能时，千万别迷失了自我。守护大学理念，应该和创新大学制度一起共同构成大学第二个千年薪火传承的根本保证，适应社会需求和引导社会进步的统一应该是现代大学社会责任的题中应有之义，当代的大学人有责任为之更多地奉献智慧与力量"①。

---

① 章仁彪：《走出"象牙塔"之后：大学的功能与责任》，《中国高教研究》2008 年第 1 期。

（二）现代大学社会服务职能显性化

大学历史演进的全过程都贯穿着其社会服务性，伴随着大学组织本身的充实和社会变迁中大众对其职能拓展的需求与期望，大学社会服务的性质经历了由隐性到显性的转变，在现代大学出现之前，尽管大学以其自身特有的方式发挥着社会职能的功效，但总的来讲，这种功效的发挥是隐性的。人类社会告别了以农业为主的基础经济时代进入到以工业、科技以及知识为主的经济时代，科学与知识成为社会文化中最有力的影响因素，它的影响力深入到职业，乃至社会阶级的变迁与区域和整个国家发展。社会大众不再允许大学以"象牙塔"的形象存在于世俗社会之外，几乎所有的社会活动参与者都向大学投入巨资，满怀热情期待从"服务站"中获取更多收益和回馈，此种"象牙塔"到"服务站"的转变是时代发展的选择，社会需求的变迁以及如何适应与满足这种需求成为其发展的主流，这是教育发展的客观趋势，也给大学如何获得突飞猛进的发展带来了机遇。通过原始的教学、科研等活动发挥其间接性影响，使大学在社会服务理念和行动上发生了激变，即大学自身卷入了直接应对社会实务、发挥服务社会的作用与适应和满足社会需求的漩涡当中。这也导致大学一系列问题和危机的产生，从反面揭示了大学应当意识到理性服务社会的必要性，并最终回归作为"人类文化守护者"的本真。

20世纪初，威斯康星大学在范·海斯校长的领导下，把大学社会服务职能推向顶峰，形成了著名的"威斯康星思想"，威斯康星大学之后紧接着中世纪大学、德国柏林大学创建，世界高等教育发展史上的三座"里程碑"至此形成。英国比较教育家阿什比对此进行了高度评价："美国对高等教育的贡献是拆除了大学校园的围墙。当威斯康星大学的范·海斯校长说校园的边界就是州的边界时，他是在用语言来描述大学演变过程中的一个罕见的改革创举。历史已说明这是一次正确的改革，其他国家现在已开始纷纷效仿这种美国模式。"①

大学社会服务职能的形成和孕育具有特殊的意义，一方面表明近代大学已真正走出"象牙塔"，逐步向经济社会的中心逼近；另一方面也标志着高等教育与经济社会开始"零距离"接触，高等教育的经济属性真正

---

① ［美］德里克·博克：《走出象牙塔——现代大学的社会责任》，浙江教育出版社2001年版，第73页。

获得释放和强化。高等教育与经济发展之间的良性互动或直接结合，是在大学职能走向多元，尤其是在为社会服务的大学职能出现的背景下逐渐形成的。在此之前，欧美绝大多数大学都将自己与尘世视为两条互不相交的"平行线"，对外部经济社会的发展几乎漠不关心。经济社会的发展毕竟是一股强大的外在力量，高等教育在它的推动下终将发生各种样式的变革。在历经文艺复兴、宗教改革、科学革命、工业革命以及政治革命的洗礼之后，在经济社会发展需要的引导下，高等教育实现了结构与属性体系的全面革新，尤其是高等教育的经济属性得到前所未有的释放和发挥。

西方大学不再仅仅体现某一种职能，确立了集教学、科研和为社会服务于一身的多元职能体系，即大学发挥教学、研究及服务的整体职能，而非将三种职能分开运作。可以说，大学多元职能的确立，既是西方大学教育发展趋于成熟的一种表现，也是西方大学教育对当今多元社会、多元需要的一种积极的回应。"大学从没有像今天这样变得如此重要，大学教育的价值从来没有像今天这样如此之高。大学提供了教育的机会，创造了知识。大学所提供的服务是当今社会取得领先优势的关键，它们包括个人生活的富足与安乐、经济的竞争、国家的安全、环境保护和文化繁荣。"①大学已不再是社会中的"孤岛"，自身所具有物质、能量和信息处在不断变化之中，并与外部社会系统频繁交换，大学与社会彼此之间的关系日益密切和复杂。

在现代大学发展的历史过程中确立了大学服务社会的中心地位。第二次世界大战之后，大学逐渐成为服务经济发展的中坚力量。20 世纪 50 年代以后，以核技术、微电子技术、信息技术及空间技术的发展与应用为标志的第三次科技革命逐渐演变成世界范围的技术革命浪潮，各国纷纷以科学技术作为综合国力的重心，加速推进科技成果转化和高科技产业建立。1951 年，美国斯坦福大学成立的微电子研究和生产基地是世界第一个以大学为依托的科学园区。"硅谷—斯坦福大学"、"波士顿 128 号公路"、"北卡三角研究园"等合作模式成功证明了大学服务功能的强大生命力和生产力。而后，日本、英国、德国、印度、巴西等仿效美国，在国内著名大学聚集区域创建科技产业园区。如日本的筑波科学城、英国的剑桥科学园、慕尼黑高新科技园、印度的班加罗尔高科技城、巴西的波尔多数字园

---

① ［美］詹姆斯·J. 杜德斯达：《21 世纪的大学》，北京大学出版社 2005 年版，第 4 页。

区等，全方位的服务本国科技革命和产业结构升级，为大学更进一步服务社会提供了新的途径。20 世纪 60 年代，美国发展经济学家皮·弗里德曼在分析区域间不平衡经济关系时，提出了"核心—边缘"理论。此后，这一理论被演化为"边缘—中心"理论①，并被广泛应用在解析高等教育与社会发展的互动服务问题上。

20 世纪 90 年代，潘懋元撰文提出"大学从边缘走向社会中心"的理论，并指出知识经济时代的到来，大学将被推向经济社会的中心，更好地服务区域经济社会的发展，越来越多的承担起社会责任。可见，大学与社会之间的联系密不可分，高等教育与经济社会的协调发展是经过历史证明的客观规律，大学理念演变的历史正是大学逐渐走进社会中心，服务经济社会发展的历史。世界著名大学都把服务社会作为核心理念，自觉地为人类社会发展、为国家和区域经济发展服务。哈佛校长德里克·博克教授指出："大学凭常规的学术功能，通过教学项目、科学研究和技术援助等手段承担着满足社会需求的重要职责。"② 从实践层面来看，世界各国大学通过创建科技产业园区，创办校企合作型大学，开展政府决策咨询项目，向社会培养并输送高素质人才，打造信息资源共享平台等服务措施，更好地为区域社会的政治、经济、文化、科技、人力资源开发提供全方位的优质服务。

大学是推动区域经济持续发展，以及参与地方社会服务的重要力量，是构建区域创新体系的核心，为区域经济社会的发展提供知识储备和智力支持。大学可以推动区域产业分工合理化，提升区域自主创新能力。进一步提升大学为区域经济社会服务的能力，扩大服务领域，创新服务理念，构建服务体系，转变服务模式，推进大学与区域经济社会发展的良性互动，是当前高等教育面临的重要责任与使命。《国家中长期教育改革和发展规划纲要》（2010—2020 年）（以下简称《纲要》）明确提出要增强高等教育的社会服务能力。随着知识经济的快速发展，大学的社会服务职能将变得日益显著，对这一问题的研究具有极其重要的现实意义。

（三）后大众化阶段我国大学的社会服务

当前，社会对大学服务经济社会的发展提出了更高的要求，源于我国

---

① 赵哲、姜华、杨慧、王意明：《责任与使命：大学服务社会的历史渊源与现实诉求》，《现代教育管理》2011 年第 5 期。

② ［美］德里克·博克：《走出象牙塔——现代大学的社会责任》，浙江教育出版社 2001 年版。

处于经济社会的快速发展、调整产业结构和转变经济增长方式的时期，以及科学发展观的全面落实与和谐社会的建设。

威斯康星思想产生至今体现了我国大学服务社会的主要内容与特点，大学服务社会的方式方法随着时代的变迁逐渐变得多样化，内容也不断丰富和发展。在后大众化阶段，"我国大学服务社会的主要内容在于：服务新型工业化发展和区域特色产业经济建设，服务城乡统筹建设和各项社会事业建设，服务和谐社会和精神文明建设，服务体制机制创新和民生工程建设等。其特点表现为：第一，大学履行社会服务职能的自觉性；第二，大学研究成果转化为推动社会进步与生产力发展的实践性；第三，大学依据社会和市场需要的转变办学方式和运行模式的适应性；第四，大学引领社会文明前进和文化进步，促进人的全面发展；第五，大学注重办学的社会功效与满意度，彰显自身价值的效益性；第六，大学不同时期服务社会发展的时代性"。①

从整体上看，一个国家总体的社会经济发展模式由国家层面的经济发展战略和地方区域经济发展模式构成，共同促进国家各个方面的发展与进步。而对于两个层面的经济发展战略就各有相应层次的大学集群来承担其发展的责任，国家区域经济发展的责任由研究型大学承担，制定与实施具体的战略规划；地方区域经济发展的责任由地方性大学承担，更能切合地方实际，因地制宜的服务地方。

1. 研究型大学发挥社会服务职能

国家经济发展战略为大学的社会服务能力提供了新机遇。近年来，国家相继出台了一系列振兴区域经济、调整产业结构、促进和谐社会建设、满足和改善民生需要等重大发展战略。从全国范围来看，正在形成以发展重型装备制造、能源材料制造、农产品生产等为重点的东北综合经济区；以发展高新技术研发和制造业等为重点的北部沿海综合经济区；以发展多功能制造业为中心的东部沿海综合经济区；以发展外向型经济为重点的南部沿海经济区；以发展煤炭开采和煤炭深加工，天然气和水能开发，有色金属工业，奶业基地等为中心的黄河中游综合经济区；以发展农业地区专业化生产及相关深加工工业，发展钢铁和有色冶金为主的原材料基地等为

---

① 赵哲、姜华、杨慧、王意明：《责任与使命：大学服务社会的历史渊源与现实诉求》，《现代教育管理》2011年第5期。

重点的长江中游综合经济区；以发展重庆为中心的重化工业和以成都为中心的轻纺工业两大组团，以发展旅游开发为龙头的"旅游业—服务业—旅游用品生产"基地等为重点的大西南综合经济区；以开发重要的能源战略接替基地，发展最大的综合性优质棉、果、粮、畜产品深加工基地，以及向西开放的前沿阵地和中亚地区经济基地和特色旅游基地等为重点的大西北综合经济区。①而省域内新型地方经济区也在形成，北京中关村、上海高新技术开发区、苏州高新技术开发区、武汉光谷产业园区等都是通过人才培养、科学研究等方面的优势，借助当地优质丰富的高等教育资源，产生知识、智力及技术的集聚、创新和辐射效应，促进区域经济持续增长。这些促进经济发展的宏观布局和战略规划，明晰了区域内大学的服务对象和服务策略，为大学服务能力的深化拓展提供了新的契机。

2. 地方大学发挥社会服务职能

地方大学的人力资源和科研是服务区域发展的基石，通过产学研战略的选择，找准社会服务的路径，实现科学发展。我国的大学社会服务职能基本符合世界高等教育发展的共同规律，其也是在培养人才和发展科学两项职能之后才发展起来的。新中国成立以来，我国大学以培养人才为主要职能，直到20世纪80年代，明确了"教育必须为社会主义建设服务，社会主义建设必须依靠教育"的办学指导思想之后，社会服务的职能才迅速发展起来。地方大学发展社会职能起步晚，底子薄，但经过半世纪特别是近20多年的探索和实践，发展势头良好，规模初步形成，社会效益显现。

地方大学发展社会服务职能的过程中，逐渐形成了与地方自然资源、区位特点和社会经济发展水平相适应的"地方化"特色服务路径，主要包括开展人才培训，引领思想文化进步，发挥政府和企业决策的智囊作用，发挥科技成果的"孵化器"作用，架起次区域合作与交流的桥梁五个方面。针对地方大学发展社会服务能力和水平受限于地方高等教育发展总体水平和各大学个体能力，社会服务还不能完全适应经济社会发展，首先应当统筹发展大学三大职能，提升大学服务社会的能力和水平；其次找准学校定位，培育服务特色，确保大学服务社会职能的可持续发展；最后找准着力点和结合点，推进科技创新，增大地方大学对经济社会发展的贡

① 赵哲、姜华、杨慧、王意明：《责任与使命：大学服务社会的历史渊源与现实诉求》，《现代教育管理》2011年第5期。

献率。

地方大学占中国高等教育办学规模一半以上，它们都是由地方政府根据当地的经济社会发展和满足本区域民众接受高等教育的需求而创办的。行政隶属关系在地方，招生、毕业生就业主要在地方，科技、知识等服务在地方，因此地方大学人力资源只有找准服务路径，立足地方，服务地方，被地方认同，才具有更好的生存的空间和发展的活力。地方大学人力资源服务地方区域发展，对地方大学来说是一项重要任务。直接为社会服务是知识经济时代对大学的客观要求，是大学自身发展的需要，服务成绩与其融入地方的程度正被越来越多的大学领导所重视。

"地方大学服务区域发展主要是通过推进产学研以及各项社会事业的合作。在此过程中，大学从实际出发，面向经济建设的具体需要，结合所在地区的实际情况，形成了各种各样的产学研合作模式。如人才培养服务模式、科技合作模式、成果转化模式、科技攻关模式、创办实体或企业模式、共建科技园区模式，等等。其中，大学科技园是特别有活力的模式之一。地方大学人力资源主动服务区域发展，提高自身的综合水平意识强起来了，但如何科学发展，要合理选择路径。为地方服务，开展产学研合作，地方大学首先要练好内功，在办学思想、专业设置、教学体系、科技服务等方面与社会、与企业的需要相适应，提高人才培养的适应度；要调整优化办学层次、规模、专业、学科设置，与本区域经济结构、产业结构、技术结构的调整相适应，提高办学水平的适切度。在知识正成为社会生产最核心因素的今天，大学充满生机，我们处在发展的战略机遇期，地方大学人力资源要制定好服务区域发展的战略，为科学发展、为走向社会的中心迈出坚实的脚步。"①

三　我国大学社会服务趋势

大学服务经济社会发展必须具有积极策略，才能保证方向性和原则性，才能深化和完善大学社会服务职能，才能明确并完成新时期大学自身的使命。

（一）服务区域经济产业集群发展

服务区域产业集群发展是我国大学未来的重点工作，必须从区域不同

---

① 尹晓泉：《地方高校人力资源服务区域发展的理性思考》，《丽水学院学报》2008 年第 12 期。

产业集群类型和产业集群的不同发展阶段出发，注重围绕产业集群的培育、发展和升级，积极构建与产业链相适应的以高端研发、本科应用型和高级技能型为主的多元化人才培养链，探索大学服务层次的多元化和层级化，明确各级各类大学的定位与服务分工。具体为：第一，以高等教育资源较为发达和集中的中心城市为核心，建设一流研究型大学，形成一批服务产业集群的大学聚集地和高新技术产业园区，并建立具有区域特色的高等教育管理体制改革试验区。第二，继续深化和拓展大学与产业集群的无缝对接模式，着力打造区域内的工业、农业、服务业等支柱产业的典型校企合作示范区，推进深度产学研合作。第三，组建产学研战略联盟，建立校企合作研究院和校企合作委员会机构，根据不同产业集群的科技需求，集中各类大学整体研发优势，进行项目联合攻关和技术攻坚，共享人才信息库。第四，建立大学专家咨询团队和行业企业服务中心，加强大学对不同类型及不同发展阶段产业集群建设的分类服务和指导，引导大学积极参与决策咨询，充分发挥智囊团、思想库作用。[1]

通过在转型期针对大学特色的建设，可以促进区域经济与社会协调、有序、持续性发展。大学只有发挥自身优势与特色，才能提升大学的社会服务能力。温家宝总理在国家科教领导小组会议上提出，大学办的好坏，不在规模大小，关键是要办出特色，形成自己的办学理念和风格，这也要求大学要努力实现特色化发展。大学在发展的同时要注意所处的社会环境和自身实际与能力，尊重高等教育发展的客观规律，以实现大学多样化、特色化的发展。还要摒弃规模求大，功能求全的扩张思路，注重自身内涵与创新性的发展，坚持"有所为，有所不为"的原则，引导不同类型的大学在办学理念、专业设置、人才培养、学科建设等方面与区域产业结构调整和经济发展战略协调一致。

（二）构建区域经济发展创新体系

随着知识信息时代的到来和经济全球化的快速发展，大学服务范式的重新思考与构建在激烈的外部竞争环境和社会压力及大学内部改革下也不得不摆在世人面前，并改变了大学科研、教学、服务职能的运转机制。这种运转机制主要表现是"为大学的知识生产、教学、科研注入了各种新因

---

① 赵哲、姜华、杨慧、王意明：《责任与使命：大学服务社会的历史渊源与现实诉求》，《现代教育管理》2011 年第 5 期。

素；包括了更多的、更直接的商业化研究活动；利用科研成果的重要性，对经济增长作出贡献；课程的多样化以及为创业活动提供适宜气氛，等等"。① 伯顿·克拉克以大学转型为主旨，通过研究英国的沃里克大学和斯特拉斯格莱德大学、荷兰的特文特大学、瑞典的查尔墨斯技术大学及芬兰的约恩苏大学 5 所创业型大学的成功经验，指出创业型大学非常注重大学与政府、与工业之间的联系和合作，其主要的方式是在大学之中构建新型的"外扩单位"，并认为"创业型大学构建的新的外围采取十分不同的形式，它们由促进合同研究、合同教育和咨询的外扩行政单位构成"②。"大学在历史发展中能够适应社会需求的变化，是因为其自身具有知识转化功能，埃兹科维茨提出了'三螺旋'理论来概括大学与国家和社会之间的新关系。"③ 可见，大学传统职能因其所处风云变幻的社会环境在逐步扩展，大学以专业和学科为载体，在培养人才与科学研究中，通过产业研发与拓展获得合理的收益与回报，这种符合逻辑的变化也是对社会形势与需求变化的敏感反应与准确判断。现阶段大学要想拓展自身办学空间，改善生存环境，实现服务社会的可持续发展，必须建立在科学认识未来社会人口变化的基础上，大体包括高等教育适龄人口变化、人口产业结构、人口流动趋势及行业人力资源分布与需求特征等因素。同时还要充分考虑到大学所处当地经济增长方式转变与发展趋势，使其教育教学与科技研发等知识活动与区域经济社会发展相适应。

当前，以科研为主体的大学在市场需求的导向下，充分发挥保障人力资源供给与优化的先决条件，促使政府加大对企业的投入力度。如今社会广泛需求的科研智力输出、消费产品更新和产业效益创造这三个功能，主要通过大学社会服务来实现。构建区域创新体系的核心以大学自主创新能力为主，其内涵主要包括：加强原始创新，通过大力开展校企合作与深层次产学研联盟战略，带动更多的技术发明和专利申请；开展整合创新，充分利用并融合各种已有资源和成果，形成新的商品和产业；推进二次创新，在积极引进国外先进技术和生产设备的基础上，通过模仿、移植、吸

---

① ［美］雷蒙德·W. 斯米勒：《促进创业的大学：高等教育在美国的技术商业化和经济发展中的作用》，《国际社会科学杂志》（中文版）1994 年第 1 期。

② ［美］伯顿·克拉克：《建立创业型大学：组织上转型的途径》，人民教育出版社 2000 年版。

③ ［美］亨利·埃兹科维茨：《三螺旋》，周春彦译，东方出版社 2005 年版。

收和借鉴，实现再创新。

大学服务区域创新体系建设要与区域内资源环境状况、经济结构、产业特点以及生产力水平相适应。"第一，提升大学创新能力应以生产技术创新为动力，大力培养工程型技术人才，开展多种形式的大学工程实践、实验与创业教育。第二，继续深化大学内部科研管理体制和运行机制改革，重点支持大学承担的国家重大项目成果向区域内企业转化，通过校企共建高水平的科技研发创新平台、企业研发中心、工程技术中心、试验基地和重点实验室等，不断加强重大科学基础研究和国际前沿应用技术研究。第三，全面开展高级装备、先进仪器、自动化生产线等大型生产工具的联合项目攻关，积极促进大学科技园孵化高科技企业，支持高新企业上市。"①

（三）充实大学的精神与文化内涵

中国古代的大学服务理念表现在为教、为学、为人三个方面，体现在《大学》开篇中描绘的"大学之道，在明明德，在亲民，在止于至善"，显示出传统而朴素的服务性和责任感。蔡元培在《教育独立议》中指出："教育是帮助被教育的人，给他能发展自己的能力，完成他的人格，于人类文化上尽一分子的责任。"古往今来，大学不断创造社会物质财富与推动精神升华，在服务社会的理性价值认知基础上，形成引领社会发展的正确道德判断和价值观取向，直接服务于社会文明的进步与文化软实力的提升。《纲要》中也明确提出大学的文化引领责任："开展科学普及工作，提高公众科学素质和人文素质；积极推进文化传播，弘扬优秀传统文化，发展先进文化。"

文化软实力是国家或区域的价值观念、社会制度、发展模式等的国际影响力与感召力。相对于具体的国民生产总值、科研成果及转化率、国防力量等硬实力而言，以文化为主要内容的软实力竞争正在成为国际竞争的重要形式。繁荣大学人文科学对提升区域文化软实力的重要性在于，既要引导教学科研和先进文化的发展路径，满足社会精神与文化需求，还要发扬大学的优秀传统文化，提炼内涵与精神，同时要加强学术诚信建设，使正确文化价值导向和人文精神力量成为推动社会进步的主要力量。全社会各层次的教育及

---

① 赵哲、姜华、杨慧、王意明：《责任与使命：大学服务社会的历史渊源与现实诉求》，《现代教育管理》2011 年第 5 期。

课程建设的全过程要充实着人文与社会的核心价值，大学要与时俱进地修订和完善公共基础课程的教学内容与目标，使其符合社会普世价值观。在人文社会科学的学科体系建构的基础上，提高学生文化素质和道德修养，注重基础研究的扩展，加深实证研究水平。通过人文基地实验班、国学基地实验班、区域文化研究中心等机构的设立，既可以建设创新人才培养体制，又服务政府的地区文化发展决策战略。还可以加强校园文化建设，促进学校内部文化相关产业的发展，不断提高大学文化服务的精神文化内涵。

总之，现代大学要与经济社会发展紧密结合起来，构建大学社会服务多元化模式。《纲要》明确提出："大学要牢固树立主动为社会服务的意识，全方位开展服务。"因此，大学服务模式应注重不同区域的发展战略、产业结构、经济基础、地理位置、大学布局、历史发展、文化习俗等因素的特殊性，使大学从被动适应向主动服务转变，在实践中探索适合区域发展多元化服务模式。着力构建以培养应用型、创新型人才为核心的人力资源支撑服务模式；以知识、技术、科技创新为核心的生产力贡献服务模式；以校企合作和产学研结合为核心的提升区域创新竞争力科技服务模式；以大学教育融入社区和基层为核心的终身学习服务模式；以扩大高等教育国际交流与合作为核心的区域对外开放服务模式；以现代信息技术、多媒体交互和互联网远程教育为核心的开放式继续教育服务模式；以区域内的大学有机联动、人才联合培养、师生无障碍交流往来为核心的优质高等教育资源服务模式；以进行生命关怀、自然环境保护、人文道德养成、科学伦理制衡、历史文化和学术遗产传承为核心的正确价值观教育服务模式等新型高等教育服务模式。使大学在服务和谐社会建设，服务社会主义新农村建设，服务学习型社会建设，服务资源节约型和环境友好型社会建设等方面促进区域经济社会的健康、稳定和可持续发展。

第三节　大学社会服务的反思

后大众化发展阶段的现代大学，其社会服务的面向及定位都具有很强的时代气息，更注重面向市场及市场经济的需要与发展趋势，更加融入社会大众的日常生活以及切实满足公众不断变化的社会需求，以适应处在迅速发展中的纷繁复杂的社会经济环境。大学在这种环境中适应能力不断提升，对自身的定位有更理性与清醒的认识，能够把自己的优势与地方社会经济发展相结合。地方区域经济的发展与进步离不开地方大学发挥职能的中心作用，而国家层面的战略规划也需要高水平一流的研究型大学来承担。其社会服务职能在这个特定的时期需要对其潜力进行更深层次的挖掘，对其合理发挥采取更进一步的优化，因而大学服务社会的创新性和创造力就显得尤为重要。由此，大学在服务社会过程中具体策略的实施就需要时时刻刻将创新融入其中，同时要兼顾国家与地方、总体规划与区域发展之间的协调关系。然而，大学社会服务职能从提出到发挥作用，相对大学漫长的变迁史只有一百多年的发展历程，特别在国内其正如萌芽一般还未完全接受社会与历史的检验，在其产生作用的过程中难免会出现一些问题与非议，使我们不得不对大学社会服务职能有新的反省与思考。

一　大学社会服务问题及成因

现代大学处于知识经济为主导的新经济时代，已经成为社会经济发展的核心，逐渐成为社会服务的中心。正如塔潘所言："在人类所有的社会机构中，没有哪一个会像大学一样如此重要和富有影响。"①高等教育要对社会发展中的各项事务及时反应并提供服务，高等教育可以帮助解决诸如贫富差距过大、卫生医疗服务等社会问题，也可以为公司及企业提供技术、生产和开发方面的更新与创造，同时也为个人的知识与技能的进步与发展提供便捷条件。社会各方面包括政府、企业和社会也在大学为社会服务的过程中对其提供支持与资助，大学增加了办学经费，改善了教学设施，促进了自身教学质量的提高和科研的进步。但是，大学在服务社会中出现了一些问题，我们就要针对这些问题进行反省与思考，以便大学能可持续地、高质量地服务社会，更好地履行社会使命。否则，大学有可能在"服务社会"的呼声与实践中丢失或减弱大学原有的职能；也有可能在走出"象牙塔"途中，急功近利、迷失自我；在与"计划"难舍难分、与"市场"忽远忽近的体制转轨时期，被要求"多元化"而不堪重负，最终导致大学学术性质的异化，进而影响整个社会的发展。

越来越多的社会担当赋予了大学，大学在发挥作用的同时也出现了越来越多的问题。主要反映在以下三个方面：

---

①　R. Hofstadter & W. Smith, *American Higher Education*, The University of Chicago Press 1967.

（一）大学为政治服务，大学政治化不断被强化

当政府对大学的控制不断加强时，大学独立性的消解在所难免，当大学只知道遵照上级命令行事、服务于社会政治时，其早已丧失了追求真理的勇气。尤其是在这样一个封建意识长期影响、专制传统观念比较强烈的国家，更易加剧大学政治化的趋势。一直以来，学校等同于国家机关，学校管理者享受国家公务人员的政治待遇，考核标准和方式等同于政府公务人员任用与考核标准，大学内部管理成了国家行政机关系统的延伸，在执行行政权力与国家政策之下的教学科研等学术活动时，大学往往失去了反省与思考的能力和自由，成了行政机关的执行者和代言人。随着大学逐渐成为社会的中心，各国纷纷加强对大学的控制，大学政治化不断被强化，虽然基于大学对国家发展和社会稳定能产生巨大作用的强烈意识，但也导致了"政治化大学"形成的潜在危机。在我国，大学发展历史上起起落落的曲折前进过程，就是教育政治化的直接后果。尤其是"文化大革命"期间，大学完全融入政治，直接导致了这一时期大学不成其为大学。当前大学在探索现代制度的建立和内部管理体制改革之机，要做的即是去行政化，还原大学的学术本位，知识本位，并与政治与社会与外界保持相对独立。

（二）大学渐渐商业化，成为经济的附庸

社会经济的快速发展促成了大学社会服务职能的产生和发展，因此回馈经济发展也理所应当。但大学在为经济服务的同时，却深陷经济的泥潭而难以自拔，大学直接介入经济领域从事商品交易，为了自身的利益只提供某些能直接带来经济收益的服务项目。一方面，因为高等教育规模扩张对于经济增长的刺激作用，在单一学历制度和缺乏有效质量控制情况下，大规模扩招挤压了精英教育，造成了教育资源短缺，使大学无法为真正有能力的学生提供足够优越的教育条件；另一方面，大学的科学研究项目过于集中在应用性技术的开发研究方面，淡化了大学作为知识和学术探索中心的价值，使学术研究与商业和经济利益联姻，严重侵蚀了大学的价值观念。德里克·博克认为，过于看重眼前利益，对科学研究来说是不利的。目前，有些大学或教授"一切以经济利益来衡量，将主要精力和时间放在承接技术含量并不很高，但经费、收益却颇为可观的'短平快'的横向课题和开发项目上，使大学的社会服务走向误区"①。

---

① 叶苗苗、江宏玉：《论大学社会服务职能的限度》，《煤炭高等教育》2009 年第 3 期。

（三）大学为科学服务过程中渐渐浮躁

大学的科研服务职能，应该是通过科学研究来推动社会服务，而非直接将科学技术投入到社会服务中。这种服务应当是根据社会需求的客观准则展开的对科学技术层面的研究，并不用将研究成果涉及其中。如果影响研究结论的因素是功利价值而非客观真理，那么，就不能将其成果运用为社会服务。任何科学技术都有两面性，它对社会或利或害，应该依靠法律和政府的力量来约束与控制，而不是让学者带着非科研性质的价值取向来选择研究目的与方向。对于应用型本科院校或高职院校的科研人员，他们需要深入到企业、工厂车间，成为技术顾问服务于生产，服务于社会。对于高深专业研究领域的教授学者来说，他们需要把重点放在自己的研究领域，而不是专门在企业、工厂中提供技术服务，成为专职顾问。

上述种种，导致大学功利化思想泛滥，使大学变得浮躁而肤浅，处于这种环境的大学沉浸于自我利益而抛弃了追求真理的使命与责任。因此，学术腐败的气息弥漫着大学，从考核学生成绩，到教师教学与科研，再到其职业发展前途和科学研究事业都或多或少与利益挂钩，更有许多教授为谋个人利益抵制不住金钱的诱惑而冠冕堂皇的弄虚作假，追名逐利成为大学的真实写照，当大学盲目地为经济发展服务之时，却丢弃了自己传统的理念与精神。

（四）大学成为世俗文化的装饰

大学对社会世俗文化的审慎和批判态度一直伴随着大学的整个发展历史。我们目前要求大学通过自身的文化创新优势来引领社会文化的发展，从而促进个人品质的提升和整个社会素质的提高。但现实是，一方面，功利化的大学逐渐失去对社会文化的把握，学术研究在大学跟风逐流的状态下成了主流社会文化的装饰品。另一方面，即便有一批优秀成果，也因转化途径不畅通，而走不出书斋，没能发挥优秀文化的先进示范和影响作用。据统计，我国大学每年发表的论文数量已进入世界前列，可是成果转化率不足30%，其中人文社科成果转化率仅10%左右。由于人文社会科学成果的最终表现并不一定能直接产生经济效益，因此大多数社会科学成果服务社会的最终方式只是停留在成果发表、鉴定、学术同行赞誉、职称评定和成果获奖等，没有转化，最终束之高阁。

大学本是一个研究者的集合体，是以探索和传播高深学问为追求的学术场所，其职能作用的发挥必须以专业学问为依托，这是大学在不断变化的环境中保持不变的根基。否则，大学必将丧失其存续的基础，也必然在发展过程中承担沉重的代价。

现代大学越来越深入到社会中心，它对社会的发展起着越来越重要的影响，大学社会服务职能无限制盲目扩大，分析其产生的原因有以下三个方面：

1. 人力资本理论是社会服务强化的根源

人力资本理论兴起于20世纪50年代末60年代初，至今在世界教育经济学理论中仍占主导地位，并影响着各国教育发展的政策，特别是教育投资政策的制定。人力资本理论的创立者西奥多·舒尔茨认为，一个人受教育的程度越高，个人与社会的收益就越大，因此，高等教育的经济收益大于中等教育的经济效益，中等教育的经济收益大于初等教育的经济收益。同时，他还认为，"高等教育经济价值远大于其他教育经济价值的原因，还在于它具有三种功能：人才培养、科学研究和社会服务"。[①] 世界高等教育的迅速发展，不仅包括经济、政治、文化及人口等因素的影响，还和人力资本理论在公众心目中的影响有关，这对高等教育的扩张起到了助推作用。然而，眼前"文凭热"、"教育资源浪费"、"大学毕业生失业"等高等教育问题的相继出现，对正处于白热化的人力资本理论也是一种沉重打击，高等教育对社会经济发展产生促进作用的程度与效果发人深省。

2. 经济危机时代社会责任的期盼是历史因素

20世纪30年代席卷资本主义世界的经济危机引起了社会普遍的动荡和不安，促使学者深刻反思危机的原因，揭示社会的弊端，探索疗救的良方，同时也激发了他们通过教育来改造社会和战胜危机的雄心。杜威提出"教育即改造"，即"教育必须参与社会的改造"的观点。随后，其学生康茨断言："大学等学校教育机构可以领导社会去探求、实现社会的价值和理想，成为社会变革的启动者。"他甚至要求教育者应该"有勇气正视每一个社会问题，千方百计地解决全部现实生活问题……形成有关人类命运的有力的、使人信服的和挑战性的远见"。[②] 然而，实践证明，大学对社会问题的研究虽然有利于问题的解决，但是试图由其来解决全部社会问题却是过于理想化，无论是杜威还是康茨都赋予了大学和教育者无限的社

---

① 朱国仁：《论高等学校职能的限度》，《教育研究》1999年第1期。

② 赵祥麟：《外国教育家评传》第3卷，上海教育出版社1992年版。

会责任。

3. 大学深陷科技产业化源于利益驱动与市场需求

在 20 世纪 60 年代，加州大学校长克拉克·克尔认为，"大学面临着相关领域的挑战：发展、学术重点转移以及介入社会生活。应对这三项挑战需要金钱"，那么"哪些大学得到最大数量的金钱，就将有助于决定哪所大学拥有十年或二十年的发展优势"。[①] 大学为了自身的利益与发展，彼此间展开竞争，尤其体现在获取经费方面。大学博弈的影子遍布在各级政府的拨款，社会活动参与者的赞助与捐赠之中，大学在这些外在的利益驱使下不加思考与选择地去适应社会需求并提供社会服务，使其成为推动大学发展与变革的外部动力。在这种形势下，大学还产生了一种新的办学思路，即在政府主导下的产学研一体化，其目的是促进知识的产业化，促使大学加大社会服务的力度，大学因此成为各项产业的中心。知识产业化虽然有助于把大学的科研成果转化为生产力，但是以追求利润为目的的产业化发展由于追求利润的紧迫感和压力，对知识的创新极为不利。产业化进程须在大学外部进行，由知识产业化领域的专家去完成。无论是社会需求还是资金的困乏，都不应使大学丧失理性追求，忘记自己的根本使命，不应使大学忘却服务社会的正确方式。

二　大学社会服务的反思

（一）大学社会服务的限度

1. 数量上

大学直接为社会服务的方式一般通过普及知识、转化科研、参与项目等，这些服务都必须是理性的。首先，教师主要参与大学的社会服务项目，但对于他们来讲首要职责是教学，他们只有有限的时间与精力用于社会服务项目上。其次，面向社会的各种培训和科技服务，也不能盲目地迎合社会需求，要考虑大学自身所具备的条件、层次及其自身的学科门类，要根据自身的特点去满足社会需求。最后，在满足成人教育的需求上，不仅受大学力量的限制而且要恪守高等教育标准，总之，大学社会服务是有底线的。正如奥尔特加·加塞特所认为的，"一个机构试图给予其不能给

---

① ［美］克拉克·克尔：《大学的功用》，江西教育出版社 1993 年版。

予和得到的东西是虚伪的"①，在高等教育总体规模稳定重点提升质量的情况下，大学所能提供的所有种类的社会服务都是有限的。此外，作为大学社会服务职能范围内的社会服务项目，应具有学术性的特点，这也是大学社会服务范围和服务要求的限度。

2. 质量上

质量是指大学所提供的社会服务要符合社会的需求。大学向社会提供的各种服务项目都必须把握质量。如在服务项目的推广中，所提供课程的水平、接受培训后的人员技能的提高程度；在科学技术传播上，通过其服务所产生的经济效益和社会效益如何等，大学社会服务质量限度是关于大学直接为社会作贡献的基本保证。总之，大学社会服务质量，是社会对大学社会服务效果的具体要求，它反映在大学社会服务的经济效益和社会效益两个方面。但是，在看到眼前的经济利益和大学自身效益时，必须保证大学组织没有丧失其学术性本质特征，绝不能以牺牲大学对高深知识研究为代价。

3. 结构上

大学三大基本职能的活动序列以及不同类型、不同层次的大学，在结构或构成上提供的服务要适应社会需求。它首先表现为，在大学内部正确处理教学、科研与社会服务三大职能的关系。教学、科研是基础，社会服务是教学与科研两大职能的延伸，并受其制约。大学的社会服务是以其专业人才培养和发展知识为基础并受其制约。具体来说，大学应依据其学科专业为社会提供各种推广课程，培训各类人才；依据其研究成果并通过进一步开发将其应用于社会；依据其所拥有的资源向社会提供各种咨询，开展各种合作项目，等等。其次，还表现在不同类型、不同层次的大学所提供的社会服务结构的层次性。不同类型、不同层次的大学在社会发展过程中履行社会服务职能，提供知识服务及技能支持，应当充分考虑社会需要的差异。各大学应根据自身优势和特点，有所为有所不为。处于顶端的研究型大学是以科学研究为优势而服务于社会，社会服务的重点应当是关注与国家战略发展、可持续发展和核心竞争力相关的研究与服务。"教学型大学以教学为优势，其主要职能是学术思想的大众化，科学原理的技术化；对大多数高校特别是高职高专院校而言，以技术培训为优势，其社会

---

① ［西班牙］奥尔特加·加塞特：《大学的使命》，浙江教育出版社 2001 年版。

服务的重点应促进应用技术推广，普及文化，培养地方所需要的专业化人才等。"①

（二）后大众化阶段我国大学社会服务的反思

1. 我国大学对服务职能的定位缺乏深刻的思想认识

从大学变迁史中可以看出，三大职能之间不是并列关系，科学研究与社会服务是自人才培养这一核心职能之中衍生出来。大学的产生和存在是为了培养高级专门人才，这是大学之所以区别于其他组织的根本原因。大学要想实现更多的再生职能，人才培养是首要和关键环节，因为没有人才培养作为基础，科学研究和服务社会的职能就难以为继。如果衍生职能过分膨胀，势必影响核心职能的发挥，使之丧失核心职能，最终大学将失去存在的意义。西方近千年的大学发展史，对大学服务的认识是相当深刻的，"人才培养的大学核心职能论一直是办学的主导思想，即使在最倡导大学服务的美国，人们从 20 世纪 60 年代就已经开始反思大学作为'服务站'应该如何服务？为谁服务？有识之士早就已经意识到把'社会服务'放在'人才培养'之上所造成的大学危机"。②

中国百年来一直在探求大学精神与理念，努力定位大学的职能。早在1921 年蔡元培在美国伯克利大学演说时阐述的"大学理想"，主要从儒家传统精神出发，加以欧美的人才培养、科学研究、服务社会，这就已经较为科学全面地定位了大学的职能。蔡元培的认识虽然深刻，但是中国大学自从诞生之日起就担负起了救国救民的责任，被深深的冠以实用主义的头衔。中国近代大学设立的办学目标是十分明确的：学习西方的科学技术，培养实用型人才，最终实现国家富强的目的。这里的"人才培养"绝不是西方传统大学职能中立足于人的全面发展和社会根本需求的"人才培养"概念，而是立足于改变当时国家落后现状的功利要求。中国大学建立之初，服务社会至上的思想就是十分明确的。在仅有的短短百年历史中，大学还来不及形成自己的学术思想和力量来抵抗来自政府和市场的功利思潮的冲击，从而以正确的办学思想保证人才培养的主体职能不被社会服务的衍生职能所遮蔽。"思想认识上对大学服务社会职能定位的偏差必然影

---

① 叶苗苗、江宏玉：《论大学社会服务职能的限度》，《煤炭高等教育》2009 年第 3 期。

② James Ridgeway, *The Closed Corporation: American Universities in Crisis*, Random House 1968.

响大学对社会需求的反应，最终导致服务社会职能被过分张扬。"①

2. 中国大学对社会需求反应过激，社会服务职能被过分张扬

在美国，哈佛大学前校长博克认为，大学应以自己独特的资源和内在逻辑对社会的根本需求作出反应，而不是急功近利地直接参与社会问题的解决。博克认识到通过纯学术的教学和研究远远不能满足国家的迫切需求，大学必须对社会现实问题作出反应，但他坚持认为大学不能直接参与社会问题的解决。大学在满足社会需要的同时，要保持大学的自治性。他认为，"大学的职能是为养育自己的社会服务"，但大学又不是"营业性的公司，不是国家的工具，不是急于在世界上用强力推行自己的社会公正观点的军事机构"。② 大学必须专注于教学和科研工作，直接服务社会应当从属于教学和科研工作的需要，大学要集中精力于自己能够做好的领域。在美国大学社会服务职能被过分张扬的时代，这种思想起到了积极作用并加以抑制。经过 20 世纪 60 年代的反思，美国大学普遍缩减了直接服务社会的活动，而把主要精力集中在基础教学工作和事关社会发展利益的基础性研究方面。

在中国长期以来，社会需求被大学过度反应，过分强调大学工具作用，强调直接服务社会，过分屈从于解决实际问题的压力，过分夸大社会服务职能，从而影响了大学追求真理、培养人才的责任和使命。在清朝末期，大学是作为振兴救国的目的而设立，新中国成立前又先后作为革命的思想与服务的先遣而担负起了宣传革命理念与救国救民理想的重任。新中国成立后不久，国内大学全面学习苏联模式，改组院校和专业设置，大学成为培养社会主义经济建设急需人才的工厂。"文化大革命"时期，大学又被当成了阶级斗争的工具。可以说从清末中国大学的设立到 20 世纪 80 年代改革开放之前，中国大学发展的历史就是大学直接服务社会的工具性被一步步张扬而人才培养和科学研究职能被严重遮蔽的历史。改革开放后，通过对大学办学模式的反省，开始认识到过分强调大学服务职能对社会持续发展带来的影响。国家也开始重新规划院校和专业设置，以优化资源配置，进而促进大学人才培养和科学研究的完善，大学开始逐渐与世界高等教育主流相融合。随着近几年的大学产业化，诸如"大学内部科技产

① 曹洪军、邹放鸣：《对中国大学社会服务功能的反思》，《现代教育管理》2010 年第 2 期。
② ［美］德里克·博克：《走出象牙塔》，浙江教育出版社 2001 年版。

业化"、"大学带动成为经济发展"、"建设大学科技园推进产学研相结合"、"大学社会服务要与经济发展对接"等现象与呼声已经凸显。这些来自社会或政府的要求出发点并无大碍，关键是大学能否立足于自身的责任与使命，能否继续追求学术理念与精神，抑或能够科学应对与适应社会提出的服务性要求。但是，目前中国高校存在的事实是"人才培养"让位于"科学研究"，"科学研究"让位于"社会服务"。许多大学积极投身于所在地区经济社会发展，热衷于服务创建大学科技园等，不论能力是否所及，也不管对教学、科研有无利弊。其结果是，学者教授奔波于社会中的实际难题而轻视教学工作，对于关系到国家及社会的持续发展进步需要的基础研究也被置之一旁，而对收益不佳的短期、快速的应用型实际课题研究项目趋之若鹜。长久下去，不仅人才培养质量难以保证，也会影响到科学研究的长足进步。

三　大学职能的理性回归与超越

大学作为一个社会组织从出现、发展到演变，之所以能存在数千年之久，是因为它始终与社会发展保持着联系，并且在社会发展与变迁当中维持着自身的理念与精神，同时还积极思索并引导着社会的变迁与改革。人常道：世上唯一不变的是变化。大学也正是使自身处在这种变化的环境中，不断适应社会，不断革新观念，才能与社会产生相互影响，共同发展。如今，大学在经济飞速发展，社会快速变革的时代，将自身过多的投入到社会经济环境中，使原本单纯的大学职能被附加了更多的元素，大学在这样的社会环境中如果过度的将自身职能附着在社会服务之上，势必会对大学固有的理念与精神产生深刻的影响。

大学的理念与精神表现为自身的保守性与独立性，正因为有了这种特质才使大学在社会浪潮中经久不衰，且能不断调整，不断适应。保守性是大学职能最原始最基本的体现，主要存在于大学的教学职能当中，有了这种保守性的继承与延续，才使得大学在社会公众接受教育、获取知识以及提高自身层次水平等方面的刚性需求永久得到满足。独立性是大学能够在社会变迁纷繁复杂的环境中存续所必备的重要特性，它一方面能使大学保持自我，另一方面也能使大学超越社会，独立与社会发展之外并引领社会的发展。大学如果单纯的随波逐流，盲目地去融入社会并被社会需求所累及，必定会有同流合污的危险，也会逐步丧失自身的理念与精神。大学的独立性也表现为它可以遥望和预测社会发展的趋势和需求的变化，从容的应对社会的变革并提出对策，进而超越当前社会环境的束缚并能够引领社会的前进与发展，推广文化并传承和发扬。在历史发展的长河中，大学将保守性和独立性结合在一起，相辅相成，既维系了自身存在的根基，同时也有益于社会需求与发展。

（一）大学职能的理性回归

大学的根本出发点是大学要发挥人才培养的职能，要培养完满的人，大学职能在历史发展和社会变迁中会增加会变化，但大学的核心本质永远是人才的培养，这一职能具有永恒的中心地位，同时也体现了大学的保守性，为保持其精神与理念的纯净而必然拥有的保守性。由于科学研究、社会服务的强势地位，人才培养易被弱化或边缘化甚至受到冲击。"教授学者在实际工作中的时间和精力是有限的，在功利驱动或自身发展的要求下，往往有较多的社会兼职，投入过多的时间和精力到社会服务活动中去，人才培养的质量就难以实现。而学生作为高等教育的消费者，对此肯定会产生不满情绪，他们希望在教学学习过程中获得更多的专业知识与技能，并把高等教育视为获得更好就业机会、增加收入和促进社会流动的途径。"[①] 由此，对于培养人才这一基础职能的忽视与淡化必然会引起社会的广泛关注，大学不能仅仅把自身的注意力和精力投入到易产生短期效益的小规模科学研究上，以及过度功利化商业化的社会服务当中去。在经过时间的检验与证明之后，大学应从喧闹繁杂的社会环境中理性的走出来，意识到应当将自身发展的重点回归到教学上来。教学活动是大学存在与发展的基石，科学研究与社会服务职能都是随着社会的发展，大学为了适应社会的变革而采取的自我适应的措施，但是大学的基础职能还应当维系在教学活动上，这样才能保证大学自身发展的稳定性，进而也可以促进科学研究职能进一步深化以及社会服务职能更加理性与合理的发展。

（二）大学社会服务职能的超越

因大学具有其特殊性，主要特征体现在探究高深学术和传播知识。它通过由内而外的间接方式作用于社会。由于大学内部逻辑与规律的作用力超越了外部环境的抑制与压迫，从而促进了大学的自我发展。大学在与社会的相互关系中，作为主体的大学，不是去被动地适应外部社会，而应该

---

① ［美］阿尔特巴赫：《大众高等教育的逻辑》，《高等教育研究》1999 年。

是主动地改造社会，引领社会的发展。要超越社会而存在并且改造社会、引领社会，大学就必须发挥原始的保守性，追求大学本质的理念与精神。法国作家与评论家圣伯夫所比拟的大学"象牙塔"，有纯洁典雅、高贵神圣的象征意义，与传统的大学精神一脉相承。"象牙塔精神"，作为大学组织所特有的精神力量，潜移默化地影响其成员淡泊名利，拒斥外界干扰，恪守"为科学而科学"、"为真理而真理"的价值准则，把研究高深学问视为生存方式，自觉维护大学的理念和精神作为社会良心的神圣殿堂。

大学应积极主动而不是消极被动的应对社会的作用。虽然从社会的变迁与发展看来，大学的发展在某种程度上要适应社会需求变化，但大学并不是要以摒弃自身内在精神本质为代价而顺应社会需求的变化，而是在社会环境变迁的纷繁复杂的历史中经久不衰。它从"一个居住僧侣的村庄"，演变为"一座城镇——一座由知识分子垄断的工业城镇"，再演变为"一座无穷变化的城市"。[1] 从历史经验中可以得知，大学要避免曲折的命运，就必须保持自己的独立性与主动性。当代大学可以运用自己所具有的精神力量与智力支持，对现实社会中的负面导向独立思考并进行批判，不仅在关于社会政治与经济发展的重大判断和决策上，而且在人们区分善恶、建立信念和认识真理上，都能够代表社会的良知，以其新思想、新知识和新文化引导社会前进，绝不附庸化和工具化，成为发展人类先进文化的重要力量，是大学的社会服务的高级阶段，是服务社会的职能在当代的进步与升华。大学应将自身本质与使命牢记在心，敢于卸掉身上的社会包袱，做好自己的本职工作，大学不是社会的附庸，它应该引领社会的发展、引导社会的进步。

---

① ［美］克拉克·克尔：《大学的功用》，陈学飞译，江西教育出版社 1993 年版。

第 六 章

现代大学制度建设量

第一节　现代大学制度要义

制度是组织赖以存在和发展的基础。"任何组织都与其相应的制度密不可分，组织要生存和运作，就必须有制度化的安排。"① 一个组织的先进与落后，体现在制度的先进与否。一个大学的兴起与发展，必然与大学制度紧密相连，且代表着一个大学的管理水平。任何大学制度的制定都须针对具体社会环境和大学条件，制度设计上的完美如不具有现实的可行性，犹如镜中花、水中月，就不能成为现实的大学制度。

现代大学制度所包含的"现代性"主要体现在以下几方面：一是人文关怀。构建和谐社会是当前国家发展的综合目标，大学应该更加关注人性与人的发展，实现人文教育与科学教育的结合，致力于人与自然的和谐共存和社会与自然的可持续发展。二是开放性。现代大学不再是从前封闭的象牙塔，要在不断变革的社会中发展，应当以开放的姿态接纳各种学术思想、各种学术流派，包容人类各种不同的文化，增进不同文化的交流与融合，促进文化互动，促使中国文化不断走向国际化。三是卓越性。卓越是大学的灵魂，现代大学应走在卓越的前沿。关注质量与效率，关注社会进步和文化发展的需要，用卓越的人才、创新的科学成就和高品质的服务促进社会的进步。四是主体性。后大众化阶段的现代大学应当"拥有独立的自主权，能以独立法人的身份承担社会责任，履行社会义务，实现高等教育的职能，完成大学的使命"。②

---

① ［美］理查德·斯格特：《组织理论》，华夏出版社 2004 年版。

② 别敦荣：《我国现代大学制度探析》，《高教理论》。

一 现代大学制度基本内涵

大学制度伴随着大学组织的产生而产生，也伴随着社会的发展而演进。21 世纪，随着互联网普及，信息技术广泛应用，高新技术开始迅猛发展，人类社会逐渐由工业经济时代进入知识经济时代。在全球化浪潮中，国家之间的竞争愈演愈烈。在这个生产技术高科技化、智慧化的时代里，国家实力的较量主要集中在经济实力和科技实力的较量上，而这两者的较量归根结底是人才的较量。大学具有培养高素质人才的使命，在人力资源的竞争中承担起推动社会进步的重大责任。一流的人才需要一流的教育来培养，一流的教育需要一流的学校来支撑。我国的大学制度如何建设，大学内部治理如何在培养人才的工程中起到更多的积极作用是在后大众化阶段需要思考的问题。

中世纪大学被认为是大学诞生的源头。从中世纪开始，大学的治理就逐步走上制度化的道路。近代大学随着欧洲资产阶级革命有了一定发展，各类学校大规模增加。这些学校在管理上也呈现出一些新的特点。虽然在柏林大学出现之前在大学制度上并没有太多值得关注的变化，但柏林大学的洪堡提出的教学科研相结合的办学模式得到了世界各国的广泛认同，学术力量在大学治理中的地位日渐提高。近年来，随着现代社会的发展和高等教育自身的发展变化，传统的大学制度愈来愈不适合大学发展的需要，需要用新的思想、新的观念来建立新的现代大学制度。需要通过制度行使权力约束权力。"权力现象是人类社会中最普遍的现象，权力是构成一个团体或机构的最基本要素。"① 作为一个学术机构，跟其他社会团体一样有着自身的权力结构，大学权力运行直接制约大学的存在运行和发展，因此大学生存和发展需要制度保障。

我国的大学追本溯源，是从西方移植而来，所以早期的大学制度主要是效仿西方，蔡元培起草的《大学令》、梅贻琦的《清华学校租住大纲》、胡适的《争取学术独立的十年计划》，既是现实的大学制度，又是大学制度的研究成果。新中国成立后，特殊的历史环境使得大学成为政府的附属机构，大学制度在某种程度上是行政制度在大学内部的延伸和反映。改革开放后，特别是《高等教育法》颁布后，现代大学制度研究逐渐成为热

---

① 黎琳：《中国现代大学制度中的权力制衡问题》，《现代大学教育》2001 年第 1 期。

点，潘懋元、张应强等学者的一系列文章对我国大学制度进行反思和检讨。当前在后大众化质量建设阶段，高等教育现代化首先是大学制度现代化，建立现代大学制度是高等教育现代化的关键。作为一种关于大学组织管理与运行的规则体系，是以大学的学术性本质为根据，确定大学存在与发展的规则体系。现代大学制度的建立既是知识经济时代对大学提出的必然要求，也是高等教育自身发展的需要和必然趋势。对于现代大学制度的内涵，可谓仁者见仁，智者见智，高等教育学界的代表性观点主要有以下几种：

一是"德国柏林大学制度说"。"现代大学制度是由1810年在洪堡主导下建立的德国柏林大学奠定的。"①

二是"多元化巨型大学"制度说。美国当代教育家克拉克·克尔提出的多元化巨型大学观对我国高等教育改革与发展具有一定的借鉴意义。有学者认为，克尔的多元化巨型大学观的实质性在于它是一种适应社会发展的要求，具有多元化职能、结构的大学，其"巨型"特征是大学自身职能、结构多元化的自然结果。这为1992年以来我国以高校合并为主要形式的多校园大学建设成为大学实现综合化、多元化的手段提供了理论基础。

三是"我国近代建立的大学制度"说。基于对现代大学组织的管理与运行建立起来的大学制度，区别于过去旧式学堂，从西方移植而建立的大学制度。

四是"走向社会中心说的大学"制度说。随着知识经济的不断发展，认为现代大学制度必须适应知识经济时代，从"象牙塔"走向社会中心，为适应这一深刻变化而建立起来的大学制度。

五是"当今世界一流大学的制度"说。伴随着我国建设世界一流大学的实践，有学者提出建设世界一流大学所需的制度，即是现代大学制度。

以上几种观点，无论是在时空背景上还是制度本身的内涵上，都从不同角度揭示了现代大学制度的内涵。现代大学制度作为一种关于大学组织管理与运行的规则体系，是以学术自由和大学自治为基础和核心，是我国建设世界一流大学的前提。因此，对于什么是现代大学制度，可从以下来

---

① 韩水法：《大学制度与学科发展》，《中国社会科学》2002年第3期。

把握：

第一，现代大学制度充分融入现代大学理念。理念与制度之间是存在密切内在联系的，理念应该通过建立一定的制度去实践，制度是在一定理念指导下形成的，理念与制度是不可分割的。现代大学理念对于构建现代大学制度必不可少，没有理念，这个制度是缺乏根基的。最早对大学理念给出明确定义的是牛津大学纽曼，他在《大学的理想》指出大学"是一切知识和科学、事实和原理、探索和发现、实验和思索的高级保护力量"。哈佛大学规定大学的使命是"在各个学科领域发现新知识；保留、解释和重新解释现有的知识；帮助学生掌握方法、知识、技能和探究问题的习惯，这样他们将会终其一生，不断地追求学问，领导社会不断向前发展"。[①]

第二，现代大学制度存在的基本依据在于其学术本质。大学自治和学术自由是大学的核心问题，也是大学制度的两块基石。大学自治是指大学作为一个团体享有不受政府、教会以及其他官方或非官方任何团体和任何个人干预的自由和权力，是大学成员以大学这个团体的代表资格而非以个人的资格来决定大学自身的管理。"学术自由是指教师在专业上享有自由探讨、发现、出版、传授在各自专业领域内发现的真理，并且这种自由不受任何限制，也不听从任何权威的指挥，任何政治的、党派的、社会的舆论都不得加以干涉。"[②] 布鲁贝克（John S. Brubacher）认为"大学的本质在于发展知识和传播高深学问，大学应该是一个学术共同体"[③]。作为学术共同体，大学必须以学术为目的，以科学精神为核心凝聚力，并且应该有对某种绝对精神的追求。同时，大学还必须有所作为，除了大学能够培养优秀人才，还应该面向未来，服务社会。所以，强调大学制度不能忽视大学的学术活动具有的自由性、自主性、学科性等特点，这些特点本质地规定着大学的功能与行为，也孕育着大学制度的产生与发展。

大学自治和学术自由既有着密切的联系，也有着一定的区别。一方面，大学自治是学术自由的保障，另一方面，学术自由并不必然产生于大学自治，大学自治也不必然以学术自由为最终目的。

---

① 张维迎：《大学的逻辑》，北京大学出版社 2004 年版。

② 王建华：《对大学自治、学术自由的再思考》，《青岛化工学院学报》2001 年第 3 期。

③ ［美］约翰·布鲁贝克：《高等教育哲学》，浙江教育出版社 2002 年版。

第三，现代大学制度的主体是大学。大学制度作为一种组织制度，是以大学作为服务对象的，是大学组织的一种保护力量，以保障大学自身的生存与发展为其根本目的。大学制度的制定具有包括让大学能够自主的按照自身指定的发展战略和运行机制进行办学活动，自主管理内部的人、财、物，并且承担自身活动带来的风险和责任。从这个角度来说，大学制度就是大学组织如何生存与发展所形成的规则体系。在大学制度中，作为高等教育事业的主体大学，在大学制度的设计与安排上至关重要。从组织理论来看，大学是大学内部制度的设计者，必然反映的是大学内部的意志。大学的外部制度则更多的是体现为一种平等主体间的契约关系，是社会对于大学存在和发展规律的认识所形成的。

二　大学内部治理结构

"大学是一个相当复杂的组织，同时又是一个高度分权的组织。为了避免大学这一个性化特征极强的组织内部无政府化，加强科学管理是唯一的选择。"[①] 纵观整个大学发展史，我们可以发现，无论高等教育如何发展有一点是不变的，那就是只要大学仍然是正规的组织，大学就是传承高深知识和方法的社会机构。

大学的内部治理结构主要是指大学内部的各种管理权力的结合。一般包括学术权力和行政权力。在大学治理过程中，这两种权力的冲突似乎是永恒的矛盾。如果这两种权力过于分散，大学则不能显示整体的力量；相反如果大学权力过分集中则大学将失去其知识创新活动，尤其不能激发基层的创造力。合理的选择只能是权力均匀分布。这样就出现了两种模式："一种模式是权力两极分化，即学术权力分布在基层，行政权力分布在上层，这种模式比较类似于当前的美国大学模式，学术权力由教授会主宰，决定学术事务，每个教授都有很大的自主权，而行政权力掌握在校长手中。第二种模式是学术权力和行政权力集中在中层，学校管理是荣誉性的，也是委员会制的，而中层管理则是院长负责制，院长作为学术委员会的主席负责管理，这种大学组织是一种联邦制的，如当前的英国古典大学模式。"[②] 从当前的情况看来，英国的大学模式效率不及美国大学的模式

---

① 眭依凡：《大学：向科学理性的组织回归》，《中国高等教育》2004 年第 17 期。

② 王洪才：《论大学内部治理模式与中位原则》，《江苏高教》2008 年第 1 期。

效率，究其原因，主要是缺乏必要的权力集中。

目前，中国的大学内部治理模式是一种高度集中的模式，在行政权力和学术权力的基础上，还形成了中国特色的以党委集体决策领导为核心的政治权力。这种高度集中的模式是三种权力高度重合的设置。大学的权力结构是在长期的历史变革当中受本国的传统文化和社会制度的影响，具有各自不同的特色。中国特色的大学权力要素包括以党委为核心的政治权力，以校长为首的行政权力和以教授为主的学术权力。其中党委领导的政治权力是指在大学内部建立党的组织，以党委作为高等学校的领导核心对重大问题进行决策。行政方面则以校长作为最高领导全面负责本校的教学、科研和其他行政管理工作。学术权力体现在以教授为主要代表的教师对学术方面以及学校的事务进行民主管理。这三种权力要素之间具有非常紧密的联系，互相作用而又都是不可替代的。"大学学术事务管理和决策是否成功，是判断教育事业发展水平的重要标志，也是保障高等学校发挥自身职能的重要因素。"当前，中国的大学内部管理体制是党委领导下的校长负责制，从管理模式来看，主要以行政权力为主导。当代中国大学的学术权力没有应有的位置。就组织结构而言，大学依然是国家行政体系在教育系统上的延伸，高校一直以事业单位的性质存在于国家行政体系之中，自身主要以政府模式来组织和运转。在大学的管理及运转中，政治权力、行政权力和学术权力的矛盾长期存在，并愈演愈烈。主要表现在学术权力和行政权力的冲突；行政管理上偏离大学内部管理目标，学术上官本位思想成风；大学机构臃肿，改革成效不显。

大学是一个庞大而又复杂的社会机构，由多种代表不同利益的人群按照不同的组织方法组成的统一的整体。大学的内部治理结构也相当复杂，各种权力代表团体都有着自身存在的合理性和不可替代的职责，有自己的一套管理体系，这些管理体系密集的交叉渗透在整个大学之中，形成了大学独树一帜的内部治理模式。构建大学内部治理结构不可能是朝夕之事，要从大学的基层做起，从组成大学的基本个体，也就是教师、学生、管理人员入手，只有当大学个体接受现代大学制度的理念，进而支持大学内部治理结构的改革，并且从中找到自己的责任和位置，才能把改革推向高一个层次即从制度上给予支持和保障。

三　现代大学制度载体：大学章程

现代大学制度是在社会发展逐步依赖知识生产的历史进程中，借以促进大学高度社会化并为维护大学组织健康发展的结构功能规则体系。"知识经济时代到来后，大学功能多样化和高等教育规模的迅速扩大，大学制度存在的时间和空间发生了巨大变化，传统大学自治与学术自由的观念受到了挑战，大学自身的管理问题变得更为复杂，尤其是随着高等教育大众化进程的后阶段，引发了大学制度与社会转型的矛盾，现有的大学制度已经明显地表现出对社会转型的不适应。要适应转型的社会，改变当前高等教育与社会制度的矛盾，就必须建立适应大学发展的组织管理制度，这种制度首先是以理性和法制为基础的。大学章程正是这样一种法律性文件，从制定章程着手，全面梳理高等学校内外部的法律关系，应当是建立现代大学制度的切入点和着力点。"①

大学章程是大学的"宪法"。在世界高等教育史上，大学章程起源于欧洲中世纪的大学初创期，主要是以国王特许状的形式授予大学一些必要的权利，规定大学应尽的义务。此后，这类特许状就成了大学章程的雏形。当前，在大学制度发展相对较成熟的国家如美国、英国、德国以及中国的香港和台湾地区，大多数大学都有成文的大学章程。在我国的历史上，一些大学在建校之初也建立自己的章程，新中国成立后的大学管理高度集权，其管理体制不同于欧美大学，章程没有存在的理由。直到当前把建立现代大学制度作为高等教育管理体制改革的载体，大学章程的建设才重新引起相关部门重视。

大学的章程建设是高等教育治理的重要内容，"章程涉及了学校内部治理结构以及学校与政府、学校与社会的关系，如果现代大学制度分为外部制度或内部制度的话，那么大学章程就是连接大学内外制度的纽带，是对大学治理结构的具体规定"。② 其表现如下：

（一）大学章程明确了大学的法律地位

大学章程是大学自治的宪章。大学章程以法律方式确立了大学的法人地位并且从根本上确立了大学的管理运作体制。首先，大学章程是大学设立和获得合法地位的基础。大学章程对大学法律地位的明确规定，使大学与政府、大学与社会、大学内部各权力主体之间的关系法律化。其次，大

---

① 曲耀华：《重建我国现代大学制度——从大学章程的视角》，《陕西职业技术学院学报》2008 年第 9 期。

② 蒋后强：《高等学校自主权概念研究》，《西南大学学报》（社会科学版）2007 年第 4 期。

学章程使学校的社团法人地位和非营利性更加明确，并且确立了大学的管理体制，从而成为大学行使其办学自主权的合法依据。大学章程为现代大学制度建设提供法律基础。大学章程因其效力渊源及其在大学运作中独特的地位而成为大学治理的宪章。同时，它作为与政府、社会交流沟通的合法中介，又成为大学内外制度的衔接者，它为现代大学制度的建构提供了法律基础。

（二）大学章程明确了大学的运作机制

大学章程提供了完整的制度体系。大学法律地位的确立，为大学建立自我发展、自我约束的运行机制、实现大学自治与依法自主办学提供了法律保障。除此之外，大学章程还明确了大学的办学理念、办学目的或培养目标以及教学事务。还包括教师聘任与管理、学位授予、学生事务、有关教师学术权力的规定等。大学章程规定了大学的治理结构。大学章程是规范和指导学校建设与发展的纲领性文件，它以类似法律的性质对大学的名称和地址、大学办学的基本原则、基本制度、大学结构和大学机构作出原则性的规定，这些规定不仅是大学制定具体管理制度的依据，也是衡量大学是否依法办学的标准。大学是否按照章程办学是政府与社会监督、管理大学的基本依据。

大学章程作为大学的基本制度建设，是现代大学制度建设的主要部分。但是到目前为止，仅有少数大学制定了大学章程。新中国诞生时期的大学管理模式是集权式，大学作为政府的附属机构，一切按行政组织规则运行，并没有体现学术组织的特点，政府控制多于学术自由。"大学是独立的学术组织"的理念是近几年，大学经历了政策路径发展后，进入了后大众化阶段，大学管理体制成为了制约大学发展的瓶颈，现代大学制度的探索才写进了《国家中长期教育改革和发展规划纲要》。在此基础上的改革不仅是政府的放权，也需要大学人审视大学内部治理。纵观大学发展史，虽然绝对的学术自由和大学自治不可能也不可取，但政府对大学学术自由与大学自治的诠释，与大学对学术自由与大学自治的理解，因二者处在不同的立场，有着不同的利益，存在着分歧，在现代大学制度建设中，也是成效缓慢的一个重要原因。随着教育体制改革的不断深化，政府与大学对学术自由和大学自治的理解存在的分歧在逐渐缩小，大学章程的建设也将加快步伐。制定大学章程，保障学术自治是现代大学制度的内在要求，也是必然趋势。

第二节 大学章程权威性

现代大学制度改革是《国家中长期教育改革和发展规划纲要》（2010—2020）十大改革试点之一，大学章程建设是现代大学制度改革的载体，对大学章程的认识及其制定、实施和实效都是摆在大学和政府面前的紧迫问题。从法理视角探讨章程实效，须研究章程权威性，研究权威的概念、权威生成，重点探讨怎样实现权威的理论问题。

现代大学制度改革试点，主要有制定完善大学章程、探索学校董事会及学术委员会发挥积极作用的机制等内容，大学章程理论研究尚有一些问题未解决，章程建设实践问题研究已迫在眉睫。我们知道，现代大学制度构建的核心是政府宏观控制，大学面向社会依法自主办学，民主管理，一般涵盖大学宏观管理问题，即政府如何管理大学、大学的他治；微观管理问题，即大学如何自我管理、大学自治。作为现代大学制度载体的大学章程制定和完善是制度建设的具体化，是现代大学制度建设的重要内容。教育部已陆续批准了一些大学的章程，随着《纲要》实施，国家由过去鼓励、支持到现在要求大学制定完善实施章程依法办学已是必然。当前如何实现章程权威，摆脱制定章程易，执行章程难、"用不上"、"不会用"和"领导重视就有用"的困境，不仅需要解决对章程性质的认识问题，还有章程内容的针对性、探索性问题及章程实施的实效性问题，同时章程信仰和法治文化方面的培育也不容忽视。

一 "大学章程权威"概念

是人类社会实践过程中形成的具有威望和支配作用的力量。政治学和社会学认为，权威是权力在人的头脑中的主观反映，权力是"社会体制中职位的标志，而不是某个人的标志，当人们在社会机构中占据权势地位和支配地位时，他们就有了权力"。① 权力本质就是主体影响和制约自己或其他主体价值资源的能力。人为了更好地生存与发展，必须有效地建立各种社会关系，并充分利用各种价值资源，因此就需要对自己的价值资源和他人的价值资源进行有效地影响和制约，这是权力的根本目的。权力的客

---

① http://www.sdgb.cn/274377.aspx，山东广播网。

观目的在于影响和制约他人的价值来为自己的生存与发展服务，因此权力是一种客观的、间接的价值形式，它必然会反映到人的主观意识之中，形成权威。

不同社会形态需要不同最高权威类型，宗教权威、君主权威、领袖权威等曾作为控制社会生活的最高权威，在以西方发达国家为代表的法治社会，法律取代了君主而成为公共生活中的至上权威。韦伯认为，现代社会权威合法性形式应该是"理性—法律"权威。这种权威是社会经过理性的选择和法律制度认可确立，主张理性是法律制度的权威性基础，甚至主张理性及作为理性产物的法律是一切政治制度和政治权力的基础。因此法律在国家和社会生活中成为最高权威，是人类历史发展的趋势。

大学章程作为大学"宪法"和最根本制度，具有法的属性，具备法的功能，体现了法的价值，发挥着法的作用。

首先，大学章程权威产生于权力，是某种合法权利的反映形式。权力通过发布命令来安排或联合其他各个行动者的行动，这些命令之所以行之有效，是因为被命令者认为这些命令是合法的。在政治领域，权威与权力是分不开的，正如马里顿所言，"把权力与权威分开，就等于把力量同正义分开"。① 心理学家则视权力为人们行动和互相作用中的一个重要的基本的动机。从制定的法律依据来看，大学章程根据教育法高等教育法等法律法规制定，是其具有法律效力的前提。从调整的对象和核心内容看，高等教育法规是就大学发展过程中的基本的、重大的、共同事件进行规定，大学章程依据高等教育法规定学校的根本的全局性的重大事项，同时又自主设定相关主体的权利义务责任，两者体现了一般与特殊的关系，既体现与国家法律、法规的一致性，又体现了举办者的意志，具有特殊性，体现了章程权力的合法性。章程规定大学追求学术自由和大学自治，揭示了大学学术权力和行政权力的支配关系、本质目的和权力运行模式，反映到大学主体的主观意识，就形成章程权威。

其次，大学章程权威本质是一种控制力和约束力。一方面，法律权威是一种控制力量，法律作为社会控制的主要手段，具有国家意志性，处于最受敬重地位，拥有至高无上的威严，因而具有威慑力，对社会产生控制作用。科尔曼（James Coleman，1927—1995）认为权威是"拥有控制他

---

① 朱家德：《建设大学章程，推进依法治校》，《赣南师范学院学报》2010 年第 2 期。

人行动的权利"①，是把其他非法律权威的运用建立在法律权威的控制之中，各种权力应该服从法律，只服从法律，法律不承认在其规制范围内有高于它自身的任何权威。另一方面，权威具有一种约束力，法律具有国家强制性，神圣不可侵犯，具有最高威力，以约束、服从和遵守为前提。强制力是法律权威存在的制度基础，无论是法律的产生抑或是法律的实施都离不开国家强制力的作用。美国社会学家马尔库塞认为权威的本质是一种约束力量，它把社会关系和政治关系团结为一个整体，整个制度通过服从、义务和默许发挥作用。恩格斯从历史唯物主义立场出发，指出权威是指把别人的意志强加于我们。"权威的本质要求服从，即使我们认为这种服从与行为理由相冲突。"② 从章程效力范围来看，大学章程由举办者制定或委托大学制定，是关于大学宗旨理念、目标任务、管理体制等的原则性规范，内容纲领性强，其效力高于学校一般规章制度，体现举办者的意志和大学意志，是规范大学内外部主体权利义务的基本制度，在大学管理过程中处于最重要地位，规范大学主体行为和办学秩序，对大学内外部的一切相关教育活动都具有强制性和约束力。因此，大学通过执行章程对大学运行进行约束和控制，是其权威体现的核心和根本。

　　最后，大学章程权威还是一种内在影响力。美国当代著名政治学家罗伯特·A. 达尔认为"权威"是一种"影响力"。学者们进一步把影响力分为"外在影响力"与"内在影响力"或"显现影响力"和"隐含影响力"。法律的权威不仅体现在国家意志性和强制性这种外在影响力，同时也体现为一种内在的隐性影响力。弗里德曼说过"法典背后有强大的思想运动"。法律问题从一开始就明显不仅是法律问题，同时也是文化问题。大学章程的内在影响力表现为主体对章程制定及其实施理想化状态寄予的心理期望，寄托了主体信赖公正的心理。包括章程价值取向、内容被人们熟知和认同，受人尊重和推崇，确保章程正义、平等、自由价值得以实现。大学章程是大学内部自主办学和外部对大学实施影响而相互协商的产物，反映了大学和社会特别是和政府间的权力支配和平衡关系。科学的大学章程既符合国家和社会对大学主体行为准则的要求和期待，又能满足主

---

　　① 邹晓红：《法律实效与法律效力、法律实施及法律实现的区别与联系——法律实效系列研究之二》，《松辽学刊》（人文社会科学版）2002 年第 10 期。

　　② 陈立鹏：《关于我国大学章程几个重要问题的探讨》，《中国高教研究》2008 年第 7 期。

体追求公正的愿望，保障主体利益反映主体意愿，进而对章程产生心理认同、信任和遵守，对大学对社会产生积极影响，形成感召力和凝聚力。"权威有使人服膺的力量；这种服膺是出自服膺者心甘情愿的意愿，否则他们服膺的便不是真的权威。"① 由此可见，大学章程权威也是大学关系主体对章程产生的服膺的心理信念和动力。

基于以上分析，作为大学校内法的章程权威包括三层含义：权威意味着大学权力的存在及其支配关系，在规范大学教育教学活动和大学外部活动中具有强制性和约束力，居于至高无上的地位，享有崇高的威望；这种支配关系的存在来自于大学利益相关者的承认和服从，得到普遍的遵守和广泛的认同感和归依感。

二　大学章程权威生成

"生成"的含义为生长、形成和建构。大学章程权威生成就是"法"的权威在大学活动中的形成和建构的过程，应具备正当性和合目的性即合法性，正确性、科学性和合规律性即合理性等特点，同时还须营造认同和信仰章程的文化氛围，章程权威才能生成，才能在规范人们行为、控制大学秩序、调整大学教育教学活动和保证各主体利益等方面发挥重要作用。

（一）合法性是大学章程权威生成的基础

合法性的"法"既包括成文法制定法，也包括人们对权力合法性的社会观念、文化传统和价值追求，即正式意义的法和非正式意义的法。"合法性的基础取向是正当性，其本质是合目的性。"从正式意义的角度，大学章程首先应是大学获得合法地位的基础。章程作为行会、社团的组织规程和办事规则，须通过合法的程序制定、组织和成员须认可及组织一切活动须遵守，成为组织的最高准则和根本性规章制度。从西方大学发展史来看，中世纪以来欧美国家大学作为行会组织，一般都先有章程后有大学，保证了大学学术自由大学自治等诸多权力，制定大学章程作为举办大学的必要条件而得以延续。我国教育法律也规定设立学校及其他教育机构必须具备的首要条件和基本条件就是有组织机构和章程，因此大学章程应是大学设立即大学获得合法地位的基础。其次，大学章程的合法性取决于大学章程应依法制定。大学章程应是根据国家法律赋予大学自治立法权制

---

① 陈立鹏：《学校章程》，光明日报出版社 1999 年版，第 7 页。

定的、规范大学组织及其内部活动的自治法，也是大学成为真正的独立法人、拥有办学自主权的重要前提。大学章程是法律法规与学校规章制度相结合的产物，应不同于其他的具体规章制度，且从法理上高于大学本身的法律效力，大学的具体规章制度都不得与大学章程相抵触，学校的教育教学和管理活动都必须以大学章程为依据。最后，大学章程应是大学依法治校依法治理的基础。我国《教育法》、《高等教育法》等法律法规明确规定应制定章程并按照章程自主管理，应确认大学章程作为大学治理的总纲和基本法地位，把制定完善执行大学章程作为依法治校依法治理的基础和核心环节。

从非正式意义的角度，其合法性指体现社会正义。正义体现法律的基本价值，也是人类普遍认为的崇高价值，是人类追求的理想状态。古罗马查士丁尼认为"法学是关于神和人的事物的知识，是关于正义和非正义的科学"。[①] 正义指公正合理的制度、行为和关系等，是个人行为和社会制度的公正性、合理性和有序性。大学章程的正义价值表现为其本身是正义的，其根本和核心是通过对人的权利与义务的设定与分配，实现利益调整和利益相对平衡，并在调整和规范教育关系和教育行为过程中体现公正合理和有序，这是章程制定的出发点和归宿。"一个合理的和令人满意的法律制度之所以会得到社会大多数成员的遵守乃是因为它服务于他们的利益，为他们所尊重或至少不会在他们心中激起敌视或仇恨的情感。"[②] 从工具价值的立场出发，权利乃是人们实现利益的手段，权利是手段，利益是目的。章程首先要尊重人，以保护人的基本权利为基础，使主体的正当利益和需要得到满足，体现一种人文关怀和公平价值。其次，它应该为人们的行为提供某种指引和评判，促使教育主体行为正当性和标准性。最后，还在于它的教育意义和秩序意义，把章程规范内化为教育主体的思想意识并转化形成人们的行为，从而自觉遵守和维护章程，实现章程权威。因此章程正义性是权威实现的基础。

（二）合理性是大学章程权威生成的关键

章程权威生成不仅应具备合法性，也须具备合理性。"合理性的基本

---

① 焦志勇：《论我国公立大学章程的地位和作用》，《山东大学学报》（社会科学版）2009年第8期。

② 段海峰、吕速、李秋萍：《大学章程的作用分析》，《长江大学学报》（社会科学版）2008年第10期。

含义是科学性、正确性，其指向是合规律性"①，合规律性即指大学章程应遵循大学内外部规律，这是其权威生成的关键所在。合规律性不仅要求章程设计的科学，更重要的是章程执行和实施，体现其价值发挥其功能，从而产生实效性。作为大学校内"宪法"的章程，大学章程不仅应是高校内部管理最重要的规章制度，也应是处理大学活动尤其是处理大学教育利益冲突的首要手段和基本机制，通过调整大学相关主体的权利与义务均等来调整大学内部关系，实现大学内外部的利益平衡。因此大学章程应明确大学法律地位，对大学与政府的各项权利边界进行划分，对政府宏观规划、控制、监管、立法、拨款等权力进行明确，大学举办者和办学者在章程确定的框架内行使各项自主权，作为举办者的政府对大学的干预以章程为限，不得超越，从而遵循大学外部规律，保障大学自治。大学则按教育规律、教学规律和人才培养规律办学，保证学术自由。从而维护大学正常运行秩序。

（三）认同性是大学章程权威生成的思想保障

法律权威不仅应是外在强制力也应是法律内在说服力得到普遍支持和服从。法律的实施尽管离不开国家强制力与约束力，但法律权威并不是"强权即公理"之逻辑，并不等同于法律有强制性自然而然地具有了权威，依靠外在强制力和威慑力的守法是与大学守法主体的心理与意志相违背的，理想状态下的守法应是外在强制的淡化，因此关键要取决于人们对法律的认识状况以及对法律的主观态度。从大学章程权威生成的逻辑看，章程权威生成的保障应取决于大学主体对章程的接受，而这种接受最根本的表现和要求就是对章程的认同和信仰。大学章程信仰表现为主体对章程的心理自主选择内化为人们的信念，并最终落实为对章程的遵从。"法律必须被信仰，否则它将形同虚设。"它不仅包含有人的理性和意志，而且还包含了他的情感，他的直觉和献身，以及他的信仰。② 依法治校，法治信仰是不可或缺的精神条件。大学章程体现"法"的意志、具有强制力，但强制力往往与主体的心理和意志相冲突，仅仅依靠外在手段不可能真正保障章程被普遍遵守。现代法制社会，强制力观念的"弱化"已成为一

① 殷爱荪、许庆豫：《试论我国高等学校章程的制定和实施》，《苏州大学学报》（哲学社会科学版）1997 年第 4 期。

② 陈立鹏：《关于我国大学章程几个重要问题的探讨》，《中国高教研究》2008 年第 7 期。

种趋势，大学各主体应将外在约束力量转化为内部的心理机制，逐渐形成对章程及系列规则制度的理性认识，从而成为大学师生乃至大学外部关系主体的自觉自愿，自下而上，逐渐形成对章程和制度的熟知、认同、尊重、信服和遵从。

三　大学章程权威问题及权威实现

目前，按照《纲要》实施要求，大学章程权威的实现，需要按照教育法律法规规定，落实章程的法律地位，制定完善章程，明确主体的责权利，这是大学管理制度建设的首要大事；且需要执行章程依法治理，这关系到大学有序发展和高效运行的重大问题，还需要在大学文化建设过程中培育大学章程信仰，是关系到大学平稳运行生态和谐的思想保障。

（一）大学章程制定需要体现正义价值

毫无疑问，现代意义的大学无论从先天属性还是当前的制度构建及治理都需要制定大学章程。章程制定的价值取向事关重大。亚里士多德说过："法治应该包含两重意义：已成立的法律获得普遍的服从，而大家所服从的法律又应该本身是制定得良好的法律。"① "作为一个理论性概念，法律权威表明法律自身品质的优越；作为一个实践性概念，法律权威表明法律在现实生活中得到人们的尊重、信仰和服从。"② 换言之，法律品质优越，人们就能对法律尊重、信仰和服从，法律权威就可实现。法律品质是否优越，是其产生权威的基础。从法理角度看，大学章程品质是否优越首先取决于其正义价值，明确大学主体责权利，体现公平公正实现大学办学目标才具有正义价值，才是大学的良"法"。

大学章程制定需要实现正义价值。大学的内外部关系主体涉及政府、社会、市场和教师、学生与管理者，既要满足政府、社会、市场等外部的利益需要，也要满足大学内部教师、学生和大学管理者等各类主体的需求，使大学内外部关系主体在权利、责任和利益上相互制衡，实现大学内外部公平和利益的和谐统一，从而维护大学办学秩序，提高办学效率。具体而言，章程制定必须明确各主体权限，在外部关系上，对大学人权、事权和财权等自主权进行规定；在内部关系上，对学术权力和行政权力进行

① 米俊魁：《大学章程价值研究》，中国海洋大学出版社 2006 年版，第 3 页。
② 马陆亭：《大学章程地位与要素的国际比较》，《教育研究》2006 年第 6 期。

区分，明确各方主体参与，民主管理的机制。按照法律、法规的规定，章程应是大学设立的基本要件之一，但目前我国绝大多数公立大学还没有章程，大学办学无"法"可循，大学章程权威无从谈起；有的大学虽有章程但是事后"补课"，能否执行还要依靠领导班子甚至某一个人的操作，或束之高阁；有的大学制定的章程只是根据高等教育法的条款简单套用和直接拿来，不是过于原则，就是没有本校的特色，缺乏指导性和操作性，章程成了一纸空文；还有的章程与校内规章制度不衔接，实践中规则与章程脱节甚至矛盾，大学管理过程中遇事就容易制定新条例，某大学在清理学校管理条例时竟发现有 1000 多份条例早已过期，这种现象在高校中并不少见，规则制定速度过快、质量不高让人们对制度的神圣性产生怀疑，失去对制度的尊重和爱戴。大学章程权威没有体现；按照《纲要》要求，制定章程将提上议事日程，这种"事后制定"的"任务式"章程若仅仅是基于某种形式上的需要，认为可有可无、制定不科学无法执行或干脆不执行，大学章程权威都将得不到维护，大学管理将难以实现科学有序。以上现象的产生和问题的存在，根本原因是章程没有发挥应有的权力明确和分配的作用，没有体现管理过程中的规范、指导和依据进而产生的激励作用。

仅从作为校内制度承接教育法律法规的纽带和桥梁，其校内"法"的属性规定了章程不仅是大学规章，不仅体现在规定大学内部治理结构，更是大学宪章，规定大学与政府与社会的关系。大学章程的制定决不仅是大学自己的事，也是国家权力机关的事。南方科技大学朱清时校长上任伊始就着手制定大学章程，交深圳市人大审议，成为深圳特区的法律，其根本目的在于明确大学与政府权力分配，保证大学自治，免于因人因事因时而变，真正明确及保障大学内外部主体权利，满足大学各利益主体需要，实现利益平衡，否则章程的正义价值无从体现。

（二）大学章程实施必须确保实效性

大学章程的制定和公布只是保证文本的静态实现，更为关键的是使静态的制度得以实现并取得实效，成为大学举办者和全体成员共同遵守的行为准则，约束指导激励主体的教育活动和教育行为，以建立正常的教育关系、维护各主体教育利益和形成良好的教育秩序，体现章程"法"的意志、强制力和刚性要求。"执法必严"，章程只有在执行和实施中才体现其自身价值。"徒法不足以自行"，再完善的制度必须要被公正地执行才能体现出来，大学章程制定之后便应长期严格遵守。没有章程实施的严肃性和实效性，其权威性就无从谈起，章程严肃性实效性是实现权威的根本和核心。

在大学内部，大学章程实施的核心就是有效行使学术权力和行政权力。从已制定的一些大学章程来看，虽明确了学术委员会、教学委员会、学位评定委员会、教授委员会等学术机构和职责，但从当前各学术机构组成和职责履行来看，各个委员会成员绝大多数为校领导和院长的现象非常普遍，校长、副校长和院长既是行政领导又是学术领导的双重身份，很容易出现学术权力依附于行政权力，行政权力挤压学术权力，学术机构成为领导意志合法化的工具，沦为附庸和摆设，导致学术权力弱化和边缘现象。不久前某大学校领导集体退出学术委员会，教授在学术委员会能够行使自己的权力，"能说话、敢说话"了，"纯"教授组成的学术委员会在当前具有重要的"象征"意义，但学术委员会委员的产生是否是教授的民主选举、委员的遴选机制是否科学？学术委员会能否独立地对学术事务作出裁决，"不白说"不再仅仅是评议和咨询？大学事关重大的事务经费分配和使用等财务制度与教师待遇和考核等人事制度能否有占半数以上的学术委员会参与决策？现行法律法规和章程对大学的内部各权力主体之间的关系缺乏清晰的界定，导致学校决策机构与行政职能部门权力过于集中。现行法律法规和章程修订和执行，应切实提高学术权力的合法地位，健全学术机构的决策行为，充分发挥教授等在学术领域及重大事项中的参与决策作用，由个人或某个部门的行政权力转换为委员会制；强调多方参与、民主管理，使学术权力和行政权力互补和协调，才能真正实现"还权于教授"。

在大学外部，大学章程实施是去"行政化"即有效制约"上级"权力。政府采购、金融支付和副校长提名等教育法律法规确定的大学人权事权财权，不仅是各大学校长长期以来遭遇到的制度和法律困境，也是特区朱清时校长难以跨越的"坎"。从现行校长选拔任用制度看，即使在《国家中长期教育改革和发展规划纲要》规定"改革我国教育管理体制，建立现代大学制度、完善大学校长选任办法"，并于 2010 年底启动的当下，从部属大学到地方院校的校长副校长也依然是上级委派，大学与地方交流、大学与大学轮岗，反映出对大学校长与地方干部使用统一标准、大学与地方用人机制相同、大学与大学个性相同。解决章程实施有效性问题，实现其权威，首先有赖"上级"的重视和决心，法律要有其实效性重要的是"法律应当有至上的效力和最高的尊严，当领导人个人以及执政党的意志与法律出现矛盾时，法律必须高于领导人的个人意志"。① 自上而下，才能"还权于大学"，才能有效建立现代大学制度。

（三）注重培育大学章程信仰

长期以来，我国法治建设重视立法，而忽视法律赖以生存的文化土壤及对法律的信仰和崇尚。具有浓厚儒家伦理化色彩的传统法律，与道德规范、行政命令之间没有清晰边界，法律往往成为伦理道德附庸和行政命令的延伸。大学同样存在法律意识和制度观念落后，管理过程中的行政化烙印明显，章程制定与实施主观重视不够，很长时间内靠行政指挥、靠上级指令，造成大学行政意识严重且愈演愈烈，大学学术组织属性淡化，人们所说"一个部长一个做法，一个大学党委书记一个想法，一个大学校长一套理论"，人在政举，人走政息，大学没有独立之精神，自由之思想，决不为过。师生员工对章程的价值认识不足、对章程保障自身权利和利益的属性认识不足，大学主体普遍存在对章程认识误区和重视不足，究其原因是缺乏对章程的信仰和尊重。

培育大学章程信仰是其权威的集中体现。海耶克认为法治社会的法应体现社会正义，能反映社会客观规律、经济活动规律，同时也应体现社会关系中的价值内容和道德因素。只有合这样的"法""才可能被信仰"。科学制定大学章程，体现民主、公正、平等、有序等人类正义价值，与大学质效优化的目标相契合，实现主体的利益需要，实行良法之治，从而增强其自身的可信仰度是信仰培育的核心要素。营造"法治"文化是信仰培育的基础。现代法治作为一种系统的有秩序的生活状态，它不仅是一种制度设计，同样也是一种文化模式。如果说法治秩序是建立在制度和意识等有机整合基础之上的正式要素，公民文化则是法治得以实现的隐形的、非正式要素，法治信仰需要文化作为保障。大学主体尚"法"理念的构建，是"法治"理想实现的精神先导，与信仰对象的契合，是主观信仰心理与外在信仰行为的统一，是"硬"与"软"的并重，是章程得以高效运行的必要条件。因此，章程信仰的培育还需要文化营造，从而产生对

---

① 焦志勇：《论我国公立大学章程的地位和作用》，《山东大学学报》（社会科学版）2009年第 8 期。

章程的理性认识，培育大学主体的制度需求、制度操守、制度情感和制度遵守。

　　章程制定原则保证大学自主办学，合理规定大学内部治理结构，反映各主体权利和需求，具备值得信赖的公正品质，体现章程正义价值；同时在大学治理过程中，又以章程为先以章程为重以章程为有效，维护章程的至高地位和威严；就能促使主体形成尚法理念和守法精神，形成信仰章程的文化；反之，章程信仰的文化营造，又能提升对章程价值理性认识并自觉维护和遵守章程。实现三者相互依存和相互促进，方可保证大学章程权威的实现。

第三节　大学章程建设实效

　　大学章程是校内的"宪法"，它是维护学校秩序的法律依据，是调整学校、政府与社会等内外部关系的重要手段，是平衡行政、学术权力的有力工具，是调动教师、学生积极性的重要源泉，也是彰显高校精神的重要途径，更是现代高校制度的载体。正是因为意识到了它的重要性，在我国《国家中长期教育改革和发展规划纲要》（2010—2020）中，第四十条提出要"加强章程建设。各类高校应依法制定章程，依照章程规定管理学校"。教育部政策法规司司长孙霄兵表示，目前我国公办高校多数还没有章程，已有章程不符合现代大学制度要求。教育部在 2012 年要推动所有高校全面启动章程制定或修订工作，并要做好章程制定的分类指导与试点工作，"不要千篇一律，千人一面，不要冒进，但也不要拖延"。从民办高校制度建设来看，民办高校在成立之初即要求有章程，履行了章程制定的必要程序，但在实践过程中，章程制定是否科学？是否千校一面、千篇一律的应景文本？是否真正发挥了制度的中介桥梁和内部治理的"法"的作用？未来在实行政校分开、管办分离、维护大学的学术独立性方面如何发挥作用？章程制定程序的合法性如何体现等是值得研究者和实践管理者关注的。

　　（一）高校章程实效的定义与特征

　　法的实施是实现立法者的目的、实现法律作用的前提，是实现法的价值的必由之路。"法的实施更是建立法治国家的必要条件。制定好的法律，并严格实施这种法律，被古希腊思想家亚里士多德认为是法治的两个重要条件之一。"① 美国当代法学家博登海默也指出："如果包含在法律规定部分中的'应当是这样'的内容仍停留在纸上，而不影响人的行为，那么法律只是一种神话，而非现实。另一方面，如果私人与政府官员的所作所为不受符合社会需要的行为规则、原则或准则的指导，那么是专制而不是法律，会成为社会中的统治力量。因此，遵守规范制度而且是严格遵守规范制度，乃是法治社会的一个必备条件。"②

以民办高校为例。目前，我国的民办高校内的法治建设还存在不少问题，有法不依、有章不循的现象时有发生：如教师的工资拖发、社会保障体系不到位；学生的权益受侵（如田永案）等不和谐的行为时常发生，章程实施的效果不甚理想，与章程规定和章程立法目的有较大距离，与建立现代化大学制度的发展步伐还不相适应。民办高校内出现的种种现实问题使管理者、监管者的目光逐渐从制定与修改章程本身转移到章程的实施效果上来，章程制定的目的不是为了应付而制定，更不是为了存在而存在，它的最终价值是要发挥作用，而高校章程发挥作用的过程也就是章程的实际运行过程，章程的效力如果因为执行的问题不能转化为章程实效，章程的权威性受到质疑，制度建设的目标预期就不能实现。其实，我国的高等教育各项立法工作一直都在紧锣密鼓地进行，我国政府制定了系列的法规条文，出台了许多法案，逐步建立起具有中国特色社会主义高等教育法制体系，其依法治校的框架已基本形成。但很多并没有得到很好的贯彻实施，"有法不依"、"无章可循"、"有章不循"等现象也一直存在。研究民办高校章程，如果是限于章程文本及实施的关注，显然不能全面地反映章程的潜在价值。要把握目前民办高校章程运行情况和高校管理法治化进程的情况，就不能不对章程的实效性进行深入的考察。

法律实效是法学理论的基本问题，从法学视角阐述民办高校章程实效内涵之前，有必要先对相关的法理概念进行梳理。目前，在法学界对法律实效的概念主要有以下几种观点："一种观点是所谓法律的实效性，法律实效即是法律的功能和立法目的实现的程度和状态。"③ 也就是"立法者

①　张根大：《论法律效力》，《法学研究》1998 年第 2 期。

②　张星久：《论合法性研究的依据、学术价值及其存在的问题》，《法学评论》2000 年第 3 期。

③　陆俊杰：《论大学章程的形式合法性》，《现代教育管理》2009 年第 9 期。

的意图和期望由文字上的规定作用于社会实际生活及人的行为所产生的实际影响和成效。"① 另一种观点是:"法律实效性(Efficacy of Law),法律实效一般是指具有法律效力的制定法在实际社会生活中被执行、适用和遵守的状况,即法律的实质有效性。"② 实效还指"人们实际上按照法律规定的行为模式去行为,法律被人们实际遵守、执行或适用"。③ 还有一种观点为:法律实效指法律在现实中被人们实际施行以及法的功能、法的目的实现的程度和状态。法律实效不仅指法律运行过程中被人们实际施行的状态和程度,还应包含法律实施后所产生的实际效果,法律规范实效问题实际上涉及的是一个国家制定法的法律实效问题,"只有实现法律的功能和目的才是实现了法律实效,这构成了正确界定法律实效的不可或缺的两个方面"。综上所述,本书认为第三种观点不但反映了法律实效性不可或缺的两个方面:不仅包括法律实施状态及程度,而且包括实现法律功能和目的,产生实际效果,这是一个比较全面的概括。进而定义民办高校章程实效是指在现实中被民办高校各行为人实际施行及章程的功能、目的实现的程度和状态。不仅包括在章程运行过程中各行为人实际施行的状态和程度,还应包含章程实施后所产生的实际效果。

民办高校章程实效具有以下特征:现实性特征。指章程分析的是实际状况问题和现象,而不是章程应当如何超现实或理想领域内的问题,属于在现实领域中的客观问题,也是民办高校章程运作的实际评价指标,是章程立法者的意图和期望由文字上的规定作用于高校实际生活及人的行为所产生的实际影响或收效;动态性特征。指章程实效揭示的是章程运行的过程中被人们适用、执行和遵守以及实施后对高校关系范围内主体的行为的影响以及章程价值、立法目的实现的程度问题,是考察动态的具体过程中的表现;可评估性特征。指章程实效结果状态是可以进行考察和描述的,比如"有章可依、有章必依、执章必严、违章必究"就是评估章程实效的一个重要标准。

(二)民办高校章程实效相关概念辨析

为了更好地理解实效的内涵,我们对实效、效力、实施、实现相关概

---

① 米俊魁:《大学章程价值研究》,中国海洋大学出版社 2006 年版,第 3 页。

② 《马克思恩格斯全集》第 2 卷,人民出版社 1957 年版,第 82 页。

③ 米俊魁:《大学章程价值研究》,中国海洋大学出版社 2006 年版,第 3 页。

念进行辨析以得到更为准确、清晰的理解。

1. 实效与效力

"法律效力是指由国家制定或认可的法律及其表现形式，即对主体行为所具有国家统一强制作用力，表征为法律的形式有效性。法律效力表征的则是法律自身的存在及其约束力，属于理想的、静态的应然范畴。"[①]

法律实效则是强调法的实际实施状态，属于"实然"的范畴。表征法律的实质有效性，即哪一些法律被人们实际遵守、执行或适用及它的实施状况。以上辨析运用到本书上，则民办高校章程的效力被认为是由国家审批通过，民办高校制定或认可的校内法律，它对民办高校内的各教育利益主体的行为都具有统一的强制执行力，是对高校内的所有相关人的约束，表现为校内"宪法"的形式；而章程的实效则强调章程的实际实施状态，体现的是章程的实然有效性，反映了章程被高校各主体实际遵守、执行及它的实施程度。

2. 实效与实施、实现

法律实施与法律实现是两个非常相近的概念，甚至有些学者对它们不加区别。而在《中国大百科全书·法学卷》对法律实施所作的解释是："国家机关及其公职人员、社会团体和公民实现法律规范的活动。"这是个活动过程，它包括法律执行机关执行法律和一般公民遵守法律。"严格地说，法律实施（Enforcement of Law）是指法律在社会中的运用、强制贯彻，即法律自公布后进入实际运行。法律实现（Fulfillment of Law, Realization of Law），则不仅指法律转化为现实的活动（法律实施），而且还包括这一活动所产生的结果。所以，"法律实施只是法律、法规等开始生效，实施的目的是要使法律规范的要求在生活中实现，但还不等于实现"[②]。而法律实效更强调法律实施的状况及其有效性。同理，民办高校章程的实施是指章程在民办高校内的运用、强制贯彻，进入实际运作状态；章程的实现是指章程的规范、协调等立法目的得到实现，属于理想状况；而章程的实效则强调章程实际实施的状况及其有效性，离章程目的的实现还有一段距离。

综上所述，实效、效力、实施、实现四者之间表面上形式相同，但内

---

① 谢磊：《法律实效分析》，四川大学博士学位论文，2004年，第9页。

② 陆俊杰：《论大学章程的形式合法性》，《现代教育管理》2009年第9期。

在属性上却相差甚远，它们是既有区别又有联系的四组概念。总之，实效是强调状态、程度和有效性；效力是指理想的应然目标；实施是实现的方式，而实现则是最终目的和目标。所以，民办高校章程实效研究重在研究与诠释民办高校章程在民办高校范围内的具体实施状况有效性，体现为章程作用于高校实际行为人的实际影响和成效，是章程目的实现的前提，只有民办高校章程发挥了正实效，才可以最终实现民办高校章程的终极目标。所以，民办高校章程的实效、效力、实施、实现也是相辅相成的。

在归纳分析了我国民办高校章程的现状、问题及国外的章程建设经验之后，我们有必要找到改善我国民办高校章程实效的主导因素，通过多方面实证的考察探索如何科学利用这些主导因素来提高民办高校章程的实效。

（三）法理视角下的民办高校章程的实效观

我们判断任何一种法律实效的有和无、好与差，都需要一种标准来衡量，通过对其法律本身质量及其实际运行情况的好坏考察，运用某种标准或评价来进一步确认法律实施后法律的功能和目的是否得到了实现，在何种范围和程度上得到了实现。关于评价的标准，不同学者有不同的看法。

从内容范围来看，主要分为宏观、中观、微观三个尺度："对某一特定的法律规范进行评价是微观评价；对某一特定的法律或法规、某一特定的法律制度的评价是中观评价；对一个国家的法律整体的评价是宏观评价。"[1] 有的学者直接运用微观和宏观两个维度来进行评价。从实效结果来看：有学者把实效划分为正面、负面或零效果。"如果是正面效果，意味着法律的实施实现了法律的价值和立法的目的。如果是负面效果，则法律没有实现其价值且还会给社会或个人带来危害或其他负面效应。零效果是指法律实施后，并未在社会上引起相应的反响或给个人带来任何后果，一切依然如故。"[2] 另外，高效的法律、低效的法律、无效的法律或者负效的法律也用来评价实效的结果，还有学者直接把结果分为好、较好、差、较差等。从分析方法来看，有学者根据权利、义务的实现程度或违法制裁的力度等提出了具体化的评价。"他们以科学的手段，对实效进行了

---

① 李丽珍：《我国民办高校办学特色研究》，吉林大学博士学位论文，2009 年，第 5 页。

② 杨二辉、徐绪卿：《民办大学精神探论》，《现代教育科学》2008 年第 6 期。

定量与定性评价，比如以法律效力和法律实效之间的关系比作为定量分析的框架；以法律制定前的社会秩序状况数量统计和法律制定后的社会秩序状况数量统计之关系比作为定量分析的框架。""而定性的评估则产生于定量的评估之后，即在对某一部法律的实效在定量评估的基础上，对其法律实效作出性质上的判断。"① 虽然每种评价的表现形式不一样，但反映的思想大致相同，任何一种法律法规不可能完全有实效，也不可能一点实效也没有，学者们都是建立在客观分析的基础上，通过自定的标准体系来衡量一种法律的实效。

综上所述，本书对民办高校章程的实效研究是为了反映章程建设的现状，以便发现问题，使章程的建设得到不断的改进、完善，不断适应民办高校的发展需要，为促进民办高校依法治校、按章办学的法制化管理而服务。基于这样的指导思想，本书主要选取中观的、绝对的、形成性实效评价观，即以民办高校章程为对象，对章程内规定的高校内部管理各方面的工作进行实效定性评价，如管理体制的规范、教师权力的规定等是否合法合理，以章程"应然"的价值目标为评价基准，判断"动态"实施过程中每一章程规定事项达到的目标或基准的程度，重点从章程的制定、实施、效果等方面来综合分析影响实效的因素。

（四）制约民办高校章程实效的主要因素

民办高校章程建设的现状反映出，已实施的大学章程实际发挥的作用与期望的价值存在很大差距。到底是什么原因导致民办高校章程的实效如此不良呢？本书认为影响民办高校章程实效的主导因素有以下三个：

1. 民办高校章程本身的合法性、合理性因素

民办高校要充分发挥章程的价值和作用，在高校实际管理过程中来实现章程的良好实效，首先就要保证章程自身的良好法律品质，体现为章程的合法性与合理性。合法性是指一种政治统治或政治权力能够让被统治的客体认为是正当的、合乎道义的，从而自愿服从或认可的能力与属性，其含义主要是正当性。"所谓大学章程的合法性，可以理解为大学章程符合某些普遍性的规范（如法律、社会价值观、意识形态、利益需要、传统、社会习惯等），因而在一定范围内被认可、接受和遵守的属性。它分为形

---

① 周蕾：《民办大学精神价值的新思考》，《中国校外教育》2010 年第 8 期。

式合法及实质合法。"① 形式合法性主要是指章程取得制定权的形式、制定的程序是否合法，同时，章程的内容不能与上位法有不一致的地方。实质合法性则是指章程的价值是否与人们的利益需要、社会价值观、传统、道德、观念等一致，从而被人们所肯定、接受并认真遵守的属性。民办高校章程在制定过程中，要保证章程的形式合法性和实质合法性，让章程本身体现公平、正义等法律价值，这是实现章程良好实效的基本前提。合理性是指合规律性，高校章程的合理性因素主要是指章程的制定要正确反映高校组织的本质特性以及大学教育的运行规律。

章程在制定时，需要不断思考：章程是否在本质上反映民办高校大多数人的根本利益和客观现实需要，这是章程让各主体积极主动遵守的前提条件；章程的内容需要是否符合民办高校发展的客观规律，体现和贯彻了法制道德基本要求；章程规定的权利义务是否合情合理，章程内容是否符合高校实际发展水平。同时，内容里是否规定了合法程序来保证章程的实施。章程的表述是否做到了语言明确、具体、规范；在逻辑结构、程序操作设定上是否完整；章程与其他规章制度之间是否和谐，没有冲突。这些都应当是章程立法质量的最基本要求。值得注意的是章程制定权的合法性，它体现在高校章程制定权主体必须符合法律要求，有制定章程的主体资格和相应权限。"大学章程制定主体法定性是法治化的必然要求，也是相关机构或个人拥有章程制定权及相关权力并能进行章程制定活动，从而成为章程制定主体的必备条件。"②

2. 民办高校章程实施的内、外部制度因素

以民办高校为界，我们可以把影响章程效果的体制分为外部体制和内部体制。外部体制主要是指外部宏观体制，包括国家的法律体制、政治体制、教育文化体制等。法制包括基本的社会法制制度、法制体制、某一具体的法制制度的状况。比如，社会主义法制化观念的宣传、促进民办高校发展的法律法规的颁布等就是保证民办高校依法治校、按章办学的必要外部法制环境，也使高校各主体意识到法制的重要性，更会对高校章程这样

---

① 朱永东：《新形势下民办高校办学定位的若干思考》，《浙江树人大学学报》2004 年第5 期。

② 殷爱苏、许庆豫：《试论我国高等学校章程的制定和实施》，《苏州大学学报》（哲学社会科学版）1997 年第 4 期。

的校内大法予以重视，认真执行；政治体制包括国家党的路线、方针和政策，它影响到国内人民对民办高校的看法与认可度。其中，国家政府有关民办高校发展的管理、规划、监督、检查等都直接影响了民办高校的发展，如果国家大力支持，民办高校会不断地完善自身的各项制度建设以保证校内良好的秩序，更大程度地吸引更多的学生，从而使民办高校摆脱生存危机，把内涵建设放在重点，法制化管理也变得水到渠成，高校章程的实效也必然得到提高；教育文化环境指有关章程实施的文化条件、社会氛围、社会舆论倾向，是否有歧视民办教育、是否存在一种相信法律的权威，崇尚平等、公正、法治、尊重人权的社会风气等。

　　民办高校的内部管理体制也在大环境的影响下发生着深刻的变化。在办学体制上，民办高校是由举办者投资创办的，当他们的资产投入到高校后，便失去了对资产的所有权，高校拥了资产的法人财产权。作为举办者往往不能很好地平衡自己的权利义务，在产权和融资问题上往往与教育公益出现利益冲突，为避免各种权力的交织混乱，章程中是否明确的划分出各自的权力范围，是否在最大程度上达到权力的平衡，这是影响实效的重要因素。另外，民办高校在管理体制上是董事会或理事会领导下的校长负责制。董（理）事会负责高校的包括现任校长、院长及资金安排等方面的重大事项，校长负责高校内的主要日常行政管理工作，负责教学和科研的规划和安排。但董（理）事会的成员构成、利益分配、权责；董事会与校长院长价值导向和权力边界，其他管理机构的设置等都直接影响到校内所有的规章制度的制定与实施，对章程实效影响很大。应该说，高校管理体制的健全、合理、有效与否直接关系到章程的制定、实施、成效。这种管理体制的健全是指各部门的设置、人员、经费、管理模式等都有专门的机构去完成，各部门之间也是一个互动完整的体系；体制的合理指强调各部门的分工合作，各司其职；体制的有效是指有效率，可以在章程规定的范围内作出必要的、权威的、有约束力的决定。民办高校内部管理体制只有不断完善，才可保障章程的合理实施，进而提高章程的实效。

　　3. 民办高校章程实施的文化因素

　　（1）法治观念因素。人们的法治观念、法律意识直接影响到对高校章程的看法。章程作为高校内宪法，如果高校内各教育主体对章程持怀疑、否定的态度，忽视民办高校章程的权威和法律效力，就不会去重视章程并认真遵守它，有时就算自己的合法权益受到侵害也不愿诉诸法律来保障自己，这样法制观念就会对章程的实施产生负面的影响。

（2）趋利因素。不容忽视的以利益趋导的"人治化观念"也会影响章程的实施，因为"人们奋斗所争取的一切，都同他们的利益有关"。① 在高校内仍然存在利益的分配，"教育利益属于以物质利益为基础的精神利益，从另外的角度看，它又是以经济利益为基础、政治利益为主导的文化利益"。② 所以，如果高校内的各教育利益主体们追求他们各自的又相对独立的利益时，就会造成利益的冲突，这是不可避免的。而这种复杂的利益关系状况外加上当今人们利益优先的价值取向，又不可避免地对章程实效造成负面影响。正是由于各教育主体们的这种"逐利性"影响了章程的权威性和至上性，可能会导致人们因对章程的不信仰而转向求助于"人情关系网"或"权力网"等非正常的救济途径。

（3）习惯因素。人们传统习惯的定式也会对章程的实施提出强大挑战。"政策、习惯往往取代法律成为维系生活的主要规范，或者至少在实际上发挥作用，以至于成为法律之外的规则或制度。"③ 在这些"习惯"面前，章程的权威性被权力机构或领导部门抵减为零，想怎么管理就怎么管，根本不用国家的法，高校领导们说了算，这是种"领导习惯"。由此势必降低其他利益主体对章程公平的期望值，导致他们不敢奢望得到"公平"对待，以至于对章程的不尊重、对法的漠视，在许多人眼里也正在变成一种习惯。这样的因素存在会影响章程的实效。

总之，"只有观念在人们头脑中深深扎根，人们才能自觉地按照这一观念去行动，有意识地付诸实施"。④ 要认真贯彻章程的实施是一个系统的工程，它不仅要求民办高校的举办者和办学者对章程有正确的认识，高校章程绝不是可有可无的一般规章制度，它可以规范与监控高校行为的合法性并保证高校正常运作，必须让章程有效发挥、价值实现，这是保障实施的思想基础与组织保障；而且还要求高校内部各教育主体参与到章程的实施中来，他们作为民办高校法律关系的参加者，他们的行为受到章程的调整、享有章程赋予的权利及承担相应的义务，他们的法律意识、法治观

① 牛维麟：《现代大学章程与大学管理》，《中国高等教育》2007年第1期。
② 王朝阳：《关于民办高校法人治理研究》，苏州大学博士学位论文，2008年，第4页。
③ 黄路阳、田建荣：《高等学校章程的修改》，《内蒙古师范大学学报》（教育科学版）2008年第9期。
④ 米俊魁：《大学章程价值研究》，中国海洋大学出版社2006年版，第3页。

念水平以及法律知识、思想素质、心理素质等综合素质水平都对民办高校章程的实效产生重要影响。"要在各种教育利益的基础上分析实效性，重视利益与协调机制，寻求能促进利益冲突调整和章程实效提高的有效途径，同时要认清，习惯是影响实效的重要因素之一，对于当代中国社会和高校的影响不仅是久远的，而且是普遍的。"① 对民办高校的实效也要特别注意文化方面的因素影响。

由上可以看出，影响民办高校章程实效的三个因素即章程本身的合法合理性因素、实施的文化因素和内、外部体制因素都在不同层面制约了章程实效的发挥，本书就从这些因素入手来一一分析民办高校章程实效的现状和改善的途径。

（五）民办高校章程实效的实证研究

在我国，由于历史的原因，民办高校的发展几经波折，高校制度还不够健全，章程的建设更是需要进一步完善。在我国的民办教育促进法中，明确规定了民办高校在成立时就要具备章程。但章程具备后，却在实际治校时不被人问津。

民办高校章程实效的主要问题反映在：首先，民办高校章程在我国教育法律体系中的地位不高，其章程的法律效力并没有得到保证，这使得高校章程在具体的制定、实施、运行过程中失去了法律支持，其权威性大打折扣。其次，我国民办教育促进法中关于学校性质、法律关系主体的利益和责任、产权等问题不明确，相应的民办高校章程中的权责利也无法明确划分，这样的权责不明隐藏着许多法律纠纷。再次，民办高校章程缺乏自身个性，没有彰显本校的办学特色，各校定位、专业设置和学校文化多有雷同。高校的目标定位和人才培养等规定宽泛，没有新意，在表述上也不够专业，章程条款语义不清多处可见。最后，在章程的实施程序上也存在明显的疏漏，没有程序性的规定会导致高校法律纠纷时常出现，因它没有得到高校内各教育主体的认可与执行，自然也不能成为治校的宪章。

综上所述，民办高校章程从制定到实施都没有得到应有的重视，章程的实效性差。各民办高校没有认清章程的法律地位，没有重视章程的建设，这也直接影响到了民办高校现代管理制度的建设，阻碍了民办高

---

① 李维民：《陕西民办高校面临的新挑战》，《民办教育研究》2007 年第 5 期。

校的发展。

本书选取了江西两所比较成熟的民办高校进行个案调查和分析，从实践层面考察章程的实效问题。在实证考察过程中获得了两高校章程文本资料，对两位高校校长的访谈和其中一所高校教师的问卷调查，共发放问卷100 份，回收 100 份，其中有效问卷 100 份。本问卷是在教师开会时发放的，有较好的普遍性、真实性和覆盖度。问卷内容密切结合章程中涉及的以下几个方面：包括章程在内的规章制度的看法、对参与学校管理的形式调查、对教师权益保障情况、对教师学术权力的保障情况及学生的权益保障情况。本书整理归纳后发现，这两所高校章程的制定和实施都具有一定的共性，反映了一些普遍性的问题。

1. 民办高校章程没有体现合法性合理性

如上所述，民办高校章程要发挥实效的前提是章程自身是合法的、合理的。然而分析了两所高校的章程文本发现章程的内容和结构都没有很好的体现出章程的合法性及合理性。

（1）民办高校章程中办学宗旨没有彰显高校精神、培养目标过于简单划一

在南昌××学院的章程中的办学宗旨是这样规定的：以马克思列宁主义、毛泽东思想、邓小平理论和"三个代表"重要思想为指导，认真贯彻党和国家的教育方针，全面推进素质教育，为社会主义现代化建设服务，与生产劳动和社会实践相结合，培养适应 21 世纪社会主义现代化建设需要的德智体美全面发展的具有创新精神和较强实践能力的高级专门人才，为科教兴赣，建设美好新江西提供人才支持和智力贡献。江西××学院章程中的办学宗旨为："科教兴国为己任，为振兴中华而办学"。

从中可以了解办学宗旨内容或是直接套用高等教育法等相关法规中的表述，或过于宽泛，没有反映出民办高校的内涵精神及办学定位。分析其原因，本书认为主要是因为：一是民办高校精神的遗失。每所大学都有自己特有的精神内涵，它是历史的沉淀，更是特定社会使命的担当。一所没有精神内涵的高校必然也是没有活力的，更无法提炼高校的指导思想及办学宗旨；二是民办高校还没有找准自己的生存发展空间，没有确定自己的办学定位，只用政策思维来设定自己的办学宗旨。在市场不断变化的情况下，这种脱离本校办学实际的宗旨如同虚设。

培养目标总是和办学宗旨联系在一起，正是由于办学宗旨存在以上的

问题，所以，它们设定的培养目标也十分的简单、统一，没有高校个性特色。如：南昌××学院章程没有明确提出培养目标，只是在培养模式上指出了是培养"应用型、复合型人才"；而在江西××学院章程中把"培养面向 21 世纪适应我国经济和社会发展需要的德、智、体、美全面发展的应用型人才"作为培养目标，这样的培养目标毫无特色可言。

（2）章程立法依据不全面

在南昌××学院章程中，他们列出了立法依据是《中华人民共和国教育法》、《中华人民共和国高等教育法》、《中华人民共和国民办教育促进法》及《中华人民共和国民办教育促进法实施条例》。而在江西××学院中列出：《中华人民共和国宪法》、《中华人民共和国高等教育法》、《中华人民共和国民办教育促进法》。

这两所民办高校虽在同一省份，却有不同的法律依据，有的包括了《宪法》作为制定章程的依据，有的没有包括国家针对民办教育颁发的最新法律条文《中华人民共和国民办教育促进法实施条例》。作为同一省份的民办高校章程，其立法依据应该是统一的，民办高校章程立法依据模糊，也是章程法律地位不明确的体现。民办高校应该把与民办高校密切相关的上位法都列入章程中，使章程的法律地位得到更有效的保障。同时，《中华人民共和国民办教育促进法实施条例》是在《中华人民共和国民办教育促进法》的基础上颁布的，是民办教育领域最新的法律规范，它也应被列到章程的立法依据中来。如果没有与时俱进的法律作为立法的依据就不能很好地反映最新国家法律法规的变化，从而影响对高校自身的章程作出相应的修正和完善。

（3）章程中的高校注册地址不明确

南昌××学院注册院址为：主校区设南昌市××××号。在南昌市××××，×××，×××，×××设有分校区。江西××学院只列明：学院设在南昌市×××区。

从严格的法律规范角度来看，作为法定地址的注册地址必须是其中一个，平等列出地址，显然也是不妥的，更不能笼统言之在××高校园区内。

（4）民办高校章程制定主体、修改程序不明确

南昌××学院规定：第四十条章程需要修改时由理事会决定并实施，并报审批机关审查，由审批机关向社会公告。江西××学院也规定：第三十六条本章程由学院理事会负责解释，经江西省高等教育行政部门批准后

生效，修改程序相同。

　　对于民办高校，董事会作为大学的最高权力机构享有章程修改提案权是不言自明的；但举办者的主体地位没有在章程中明确指出。没有将制定章程的主体责任到人，就非常不利于推动章程的建设。同样，章程的修改程序不明确，也进一步影响了章程的后续完善。对于章程的公布应该由高校自己来安排，国家审批机关是负责管理与监督。

　　南昌××学院的校长访谈中提到：章程是由我打了好几个夜班才写出来的。现在的这份章程是我们以前的初稿，当时还是学院升本科之前拟定的。所以（章程里）提到的校名都是旧的。不过，学院后来好像修改过一次，资料在×主任那里。后续的修订我就没参与了。江西××学院的校长也表示：当时我正好参编这份章程，现在就不知谁来管这事了。

　　可见，民办高校领导对章程的制定及后续修订并不重视。没有专门的机构或人员来进行规范的制定与修改、完善，随意性很大。对章程的修改与完善没有连续性，也未提及经由教代会讨论事宜。高校章程没有进行及时更新、自我完善，没有发挥规范和保障高校自主管理的作用。章程制定、修订也没有监督机构进行监控，整个章程制度流于形式应付。

　　（5）学校法定代表人的产生及罢免程序没有规定

　　如在南昌××学院章程的第二十九条规定：学院的法人代表由投资方民营××××集团代表担任。第八条理事长是学院法定代表人。江西××学院第十九条规定：理事会商讨议题可由理事长提出，也可由理事会成员提出申请。理事会要在调查研究、分析论证的基础上，提出可行性方案和意见。

　　可见，以上章程条款都没有对法定代表人的产生及罢免程序作出明确的规定。由于章程中没有体现民办高校理事会的具体运作程序，在人员配置、议事规则上主观性仍然很大，缺乏应有的法律规范。

　　（6）章程中对职能部门的规定没有做到权利与义务的对等

　　两所高校的章程中，都只是对理事会和院（校）长的职权作了规定，但却没有提到各自应承担的责任或义务，并作出相应限制，这明显不符合"权利义务对等"的法律原则。在"理事长、校长"的任命这方面，也只提到了他们的"主要职权"，却没有列明应承担的责任、义务。现存民办高校章程在权力机构的规定上过于简单划一，不利于以后的依法管理，既没体现章程的合法性，也缺乏合理性。

（7）章程中的关键性问题没有明确列明

在赢利问题上，有的民办高校为了寻求政策空间趋利或避免不必要的麻烦常常在章程上对此避而不谈或一言带过，其实这样反而为以后的利益分配埋下隐患，"产权不明"、"举办者权益不明"必然会引起资产分配上的混乱。国家在新的法规下是允许民办高校取得合理回报的，这也表明了政府的积极支持态度，因此举办者对此也应明确自身的权益，有所作为。作为章程的绝对必要记载事项，不可以忽略。民办高校大多是自筹资金，艰苦奋斗，其合法权益应得到保障，但"合理回报"的提取在执行上难以把握，限制了民办学校的出资者获得合理回报的权利，这在很大程度上限制了举办者的后续投入和其他资金进入民办教育领域。所以，政府既要加强会计监管力度，防止办学资金他用，同时也要设法保障投资者的权益，这些都应该在章程中明确规定。

校内的学术机构是高校的核心组成部分，它也是保障教师学术权力的基本形式，然而这点没有在章程中述及。另外，学生作为教育主体，解决其冲突的任何救济途径也没有提到，这都与法制精神不符。

南昌××学院的校长对此事的看法：我们章程的内容都是严格按照有关国家法律法规制定的，一般不会有什么重大的遗漏。那些你提到的学术机构、教师权益、学生权益等我们都是按国家规定的，章程上没有详细列出，也不必样样列进去的。另外，章程的建设还不是我们办学、管理的重心，也没有很多的人手来做这些事，修订、监督等。江西××学院的校长也很为难地说：我们不想列入章程的原因主要是：一、刚才我说了这些制度会经常变动，人员上、时间、议题上等等，如果列入章程，那每次修改程序就不是那么容易了，还要报上级管理机关备案，太不方便了。二、章程的修改与完善需要特定的程序，需要特定的人员设置，我们现在所有人员都是非常的忙碌，那么多的行政事务、教务工作、招生就业等重要的事情压得我们根本没有精力来处理章程这样的事情。另外，我们民办高校的体制最大特点就是要灵活，死的东西、固定的东西还是少用的为好。

但作为校内的基本治校总纲，如果没有对关键性的内容进行规定，没有包括法律的基本要素，这样的规章制度本质上就缺失了合法性，就不能构成一份完整的法律条文了。基于上述的事实，大部分内容照搬国家法律法规的基本规定，套用他校的"章程公式"制定出的高校章程没有突出该校的特色、大学精神，只是一份行政工作中应付的文件，章程在内容上没有细化，粗线条勾画章程框架，没有体现章程规范的立法目的。对章程能调整相关利益主体对自身的权利义务关系的作用也很漠视，对章程的实施不作要求，所以在章程中也没有违反章程规定的追究程序及内容。

（8）章程的文本格式与文字要求都缺乏严谨性，科学合理性不足

虽然国家相关法律法规没有具体规定高校如何制定章程，而让高校自主决定其格式及繁简程度，但综观上述章程文本，有的章程章节设置过于简单、粗放，没有符合应用文体的规范要求，这就影响到章程立法的科学性。比如，《南昌××学院章程》在第一章总则中就只有一条规定；而江西××学院章程中第七章和第八章也出现了一章节只有一条的现象。同时，文字方面，如"本科教育、专科教育"的出现也显得口语化，"院长对理事会负责"这样的句子也不够严谨，应使用完整的陈述语。总之，章程文本表现出章程立法技术较弱，急需加强。

（9）民办高校章程特色事项缺失，没有体现高校特色

以上两高校章程大部分都是绝对记载事项，相对记载事项屈指可数，任意记载事项更是没有。如南昌××学院章程中绝对记载事项有 11 项，相对记载事项 4 项，任意记载事项没有；江西××学院章程中绝对记载事项有 9 项，相对记载事项 2 项，任意记载事项没有。这样的章程并没有挖掘高校自身特点，只是机械性的与国家规定的法律规定结合起来，章程是僵化的，没有生命力的。对比国外章程中相对记载事项及任意记载事项的丰富，我国的章程事项要达到既规范又体现特色还需要各个民办高校进一步探究完善。

2. 民办高校运行过程中章程效用缺失

（1）依法治校、按章办学的法制观念淡薄

在访谈中，南昌××学院的校长反映：学院里是有章程的。但它只是学院在设立时，政府需要的一份申办文件而已，平时管理中很少用到。江西××学院的校长也指出，这章程我们平时很少用，主要是教育厅需要时就给他们看看，我们实际过程不会想到它。

在对教师的调查问卷中，我们也发现高校内的大部分教师的法制观念也不强烈，超过了一半的教师表示高校内的规章制度知道与否并不太重要（如表 6 - 1）。

表 6 - 1

问题 ＼ 观点	A	B	C
高校章程作为校内制度的总纲，您认为教师是否应该了解？	应该。因为学校前途涉及教师及学生利益	不太重要。只是暂时受聘，学校前途是投资者的事	很重要。希望学校政策是公平的，制度是稳定的能保障教师权益
所占比例（%）	30	55	25

可见，民办高校利益相关者（包括章程的制定者在内）都在思想观念上缺乏法制观念，没有对章程的正确认识，也没有把依法治校、按章办学贯彻落实到高校的具体管理中来。他们忽视了法治的作用，更没有意识到章程的法律地位，大多数人只是被动地去适应各项规章制度。

在访谈中，两校长都提到：学院各个院系或其他行政机构也有自己的规章制度的，这些专门的规章制度就可以解决很多具体问题了。章程只是形式，进行一些原则性的规定，处理校内的事务还是要依据校内具体的制度。

章程是校内总规章，是"最高法"，它是校内所有规范的制定依据，更是处理校内外各项权利义务关系的手段。把高校章程等同于校内其他规章制度，就完全忽视了章程的法律性质，降低了章程的法律地位，没有办法对校内所有规章进行统领。如果每个部门、院系的管理机制仍按固有模式运转，遵照的还是各相关部门自我规定的行为规范，发生问题和冲突时再具体解决，则使高校内的管理失去统一性及前瞻性。

（2）民办高校"趋利"行为现象普遍

民办高校办学的主要经费来源于学费，而生源是其经费的最大保障。高校的管理重心往往放在如何获得更多的生源，得到更多的办学经费上。正如江西××学院的校长提到：我们的管理机构目前的管理重心还不在这。应该说这和我们民办高校整体的发展有关，现阶段最主要的还是生存问题，重抓进口（即招生）和出口（即就业），这是我们的生命线。至于现代大学制度等还是要缓一步再谈。当前最大的问题也是我们每年都会遇到的难题就是招生问题！其他的建设以后再慢慢来。

正是由于这些思想观念上的误区，导致了高校内部制度建设无暇顾及，而被动应付"生存危机"。而一个制度不规范的高校是无法立足于现代大学竞争舞台的，管理的混乱、关系的复杂、师资的薄弱等没有制度体系来进行规范制衡，没有章程来对教育主体间的权利义务进行规范，不重视章程的建设及实施将严重影响民办高校的可持续发展。

民办高校章程从制定到实施的过程中，也不能排除决策者、执行者们的"利益"导向，故意回避或执行不严在学校管理过程中长期存在。

如在上文他们在各自的章程中只提到理事会及院长的职权范围，却对应承担的义务、责任回避不谈；同理，在对校教师、学生的权利规定时往往更侧重于责任、义务的规定，对他们应有的权利则一笔带过。

（3）习惯等固有模式的限制

南昌××学院校长说，章程强调的是一种法理，如果能一切按章办学那当然是好，依法办学在国外已是司空见惯的事了。但对我国的高校管理来说，还不是很快就能实现的，光靠高校内的章程还是远远不够的。国外好多的大学，他们都是非常注重法制的，这都成了他们的日常习惯了。我们中国这方面还要加强。

民办高校章程中没有对教师、学生的权益进行深入规定，但高校内的教师与学生们似乎也没有感觉到任何不满，如在表6－2、6－3的教师调查问卷中，被问到工会、教代会、学术委员会等机构的基本制度规范时他们都不太清楚，似乎对它们可以给予的保障并不关心（如表6－2、6－3）。

表6－2

问题 ＼ 观点	A	B	C
您是怎样看待教代会制度呢？	很重要	不太重要	无所谓
所占比例（％）	20	65	15

表6－3

问题 ＼ 观点	A	B	C
您是怎样看待学术委员会制度的呢？	很重要	不太重要	无所谓
所占比例（％）	25	55	20

这些数据不仅反映了高校利益主体的法制观念不强外，还反映出他们习惯了现有的民办高校管理，习惯了现有的"被对待"。"大家都是这样，我也没什么好说的"都表现了教师的被动和惯性。在这样的固有习惯下，很难保证章程在依法实施过程中得到认真遵照。

　　3. 民办高校章程实施的内部管理体制不够完善

　　民办高校的实施离不开内、外部环境，正如访谈中，南昌××学院校长提到：国外的校内管理机制良好，一切都非常有秩序。这一切都不仅是学校内部体制的完善，更是整个国家教育体制的体现。所以，对大学的管理不能只从内部来看，还要结合外部的体制，应该系统的来分析。我认为，教育改革是一个很难攻克的堡垒，国家宏观教育体制一定要改革才行。江西××学院的校长也说：我们的压力还是很大，因为我们不但要对上负责，还要对下负责，不但要对学生负责，还要对社会负责。并且我们还有很多的问题也亟待解决，比如资金来源、国家坚持力度、民办院校的准入制度、人们的旧观念、轻法制管理、官本位等都会影响到我们民办高校的发展。

　　就民办高校内部的管理体制来看：

　　（1）董（理）事会制度在立法上存在不足

　　《民办教育促进法》中明确指出民办高校应该设立董（理）事会，领导机制是董（理）事会领导下的校长负责制。可见，民办高校的董（理）事会是高校内部决策机构，校长是执行机构，负责高校内的教育教学及行政工作。在我国大多数民办高校中，举办者往往通过董事组成的董事会间接地参与学校管理，国家也在相关的法律条文中明确规定，允许民办高校的举办者或投资者取得合理的回报，即投资人可以通过选任董（理）事实际控制董（理）事会，获得剩余价值。但总体上来看，民办高校仍然不愿承认赢利，依然享受政策给予的优惠，所以大学董事会制度既要保证投资者利益，同样也要保证学校的公共利益，董（理）事会制度作为内部治理结构的中枢，它的完善与否影响依然重大。

　　在高校章程中董事会制度并没有细化。表现为：第一，高校章程中没有指明举办者或投资者是否一定是董事会成员，出资人的地位没有得到明确。第二，董事的构成合法性不足。如在南昌××学院的章程中：第十四条××理事会成员主要来自：①学院举办者或投资方代表；②具有5年以上教育教学经验的负责人（在理事会成员中约占半数比例）；③学院优秀教师代表。在这样的董事会成员构成当中，过多地强调了教育教学经验，而忽视了民办高校应该努力吸取多元主体参与民主管理，包括出资人、高级管理者、教师、学生、家长及其校外人员，没有通过多元主体的合理配置高校控制权，所以很难形成利益相关者对民办高校的共同治理。第三，任职资格。在南昌××学院章程中，虽然提到了5年以上的教育教学经验，但对其他的资格、经历、能力、学历等都没有任何规定，不利于董事构成的互补性，无法反映社会对学校办学的要求和期待。第四，任职期限。在江西××学院的章程中，没有提及理事会委员的任职期限；在南昌××学院章程中提出了每届任期四年，可连选连任。但在访谈中，我们发现理事会成员是经常变动的，人事变动并不一定经理事会开会通过，有时往往是董事长的个人要求。如江西××学院的校长说，我以前在理事会，人员没有这么多。后来，我们按指示把一个党委书记也加进来了。可见，如何选如何任似乎并没太多程序来控制。第五，董事回避。凡是家族或亲戚都不能入董事会，同时涉及董事本人相关事务表决也应回避。这一点在章程中也没有提及。

（2）教职工聘任制度没有明确保障教职工的利益

教职工聘任制度，是在符合国家法律制度的情况下，聘任双方在平等自愿的前提下，由学校或者教育行政部门根据教育教学岗位设置，聘请有教师资质或教学经验的人担任相应教师职务的一项教师任用制度。它主要涉及教职工的劳动管理、职工福利及社会保险等，国家在相关的法律法规中强调要保证各校的教师合法权益。然而，在教师调查问卷中，约有55%的教师都反映对学校内的福利保障不是很满意，同时约有70%的教师希望通过民主管理的方式实现自己的基本权利（详见表6-4、6-5）。

表6-4

问题　　　　　　观点	A	B	C
您对学校给予的基本社会保障及待遇等满意吗？	基本满意	不太满意	不满意
所占比例（%）	20	55	25

表6-5

问题　　　　　　观点	A	B	C
您认为保障自己权益最重要的是通过什么途径？	开会解决	找关系	民主管理
所占比例（%）	14	16	70

在章程中，虽然涉及教师的聘任制度、福利劳保等事项，但都是简单的规定，大多还是对教师应尽义务的要求，对重要的教师保障制度、维权制度没有提及，更没权利的规定。这显然是与法律精神不符，它的合法性

必然受到教师质疑。

(3) 教代会制度的运行机制不完善

教代会制度是高校实行民主管理的基本形式，教师通过民主选举，组成教师代表大会，在高校内部行使民主管理民主监督权力的一种制度。它是中国基层民主制度的重要组成部分。教代会的主要职责包括建议权，审议通过权，和对领导干部的评议监督权等。它体现了学校民主管理的思想。在南昌××学院章程中没有出现关于教代会制度的任何规定，可以说这是对教师权益忽视的另一表现。而在江西××学院的章程中，仅有成立教代会这一提法。第三十一条，学院依据《中华人民共和国教育法》规定，成立以教师为主体的教职工代表大会，依法行使代表大会的职权，以保障教职工参与学院的民主管理与监督。当问及为什么没有详述时，江西××学院校长反映说，虽有专门的教代会制度，但不必都列入章程中去。教代会在民办高校内部管理体制中主要发挥着民主管理和民主监督的作用，忽视对它的规范，就不能很好地保障教师们参与民主管理，对校内的各项规章制度（包括章程在内）就不能较好地理解与贯彻落实。

在调查中，我们发现约有75%的教师基本上没有参与过教师代表的选举（见表6-6），70%的教师对教代会应然的职责不太清楚（见表6-7），同时调查还显示出约有80%的教师希望通过民主化管理的方式来优化教代会制度（见表6-8）。可见，目前在章程中所规定的教代会制度，并没有深入人心，它的运行机制缺乏民主参与，常常被人治化管理所取代。

表6-6

问题 \ 观点	A	B	C
您参与过投票选举教职工代表吗？	经常参与	有时参与	基本没参与
所占比例（%）	5	10	75

表6-7

问题 \ 观点	A	B	C
您对教代会的应然职能清楚吗？	清楚	不太清楚	不清楚
所占比例（%）	10	70	20

表 6 - 8

问题＼观点	A	B	C
如何改善教代会制度？	开会学习	全校多途径宣传	民主管理
所占比例（％）	8	12	80

（4）学术委员会制度没有明确规定教师们的学术权利与义务

学术委员会或教学委员会主要是研究讨论院系里的课程设置、新教师的选聘资格、职称评定等的机构，高校内的学术委员会或教学委员会是非常重要的制度，也是高校区别于其他任何一个行政组织机构的独特特征。

经过调查，我们发现还是有 55％ 的高校教师都不太满意学术委员会的现状（见表 6 - 9），并且约有 75％ 的人都认为影响学术委员会实现应然职能的原因是学术行政化（见表 6 - 10），并希望通过强化制度建设、重视教授的比例和吸收教学骨干的方式来强化学术委员会的职能（见表 6 - 11）。

表 6 - 9

问题＼观点	A	B	C
您对学术委员会职责的实施情况满意吗？	满意	不太满意	不满意
所占比例（％）	15	55	30

表 6 - 10

问题＼观点	A	B	C
您认为学术委员会失职主要原因是什么？	都是学校领导决定，教授没有权力	教师流动大，师资不稳定	行政领导管理，学术行政化
所占比例（％）	15	10	75

表 6 - 11

问题＼观点	A	B	C	D
您认为学术委员会制度如何完善？	重视教授的比例	多吸收学校里的教学骨干入会	提高高学历教师的比例	强化制度建设
所占比例（％）	30	28	10	32

　　在调研的两家民办高校章程内根本都没有对学术委员会制度进行规定，有的高校是以内部制度的形式对学术机构加以管理，这种对学术机构的忽视，不能依法保障高校内的教师学术权力，其本质是学术事务被弱化，教学事务被弱化，师生利益得不到保障。

（5）学生权利保障机构缺失

　　高校学生是教育主体之一，国家也明文规定要保障各级各类的学术权益。在高校章程内应对其维权机构作出相应的规定。然而，通过调查，我们发现学生作为高校的受教育者，约有64%的教师认为高校不太重视学生的权益（见表6－12），其中42%的教师认为学校存在管理混乱的问题，硬件不到位也是主要的问题（见表6－13）。同时，73%的教师都不清楚学校里具体的学生救济途径或维权机构（见表6－14）。可见，章程中对学生的权益规范缺乏，反映了高校领导没有认识到学生是高校内的主要教育群体，他们的权益没有在章程中明文规定，这也与章程的公平、正义等法律精神不符。

表6－12

问题　　　　观点	A	B	C
您认为学生权益受到学校重视吗？	很重视	不太重视	不重视
所占比例（%）	16	64	20

表6－13

问题　　　　观点	A	B	C	D
您认为学生权益受侵主要反映在哪些方面？	学校硬件设施不到位，图书资料有限	随意并班、停课，管理上混乱	课程设置不合理	缺乏优秀的师资力量，流动大，变化多
所占比例（%）	30	42	20	8

表6－14

问题　　　　观点	A	B	C
学生权益是否有专门救济途径？	有	没有	不太清楚
所占比例（%）	12	15	73

综上所述，本书认为，影响民办高校章程实效的三个制约因素之间是既有区别又有联系的：民办高校章程本身是章程实效发挥的基础，教育主体们的法律意识及高校内的法制文化氛围是章程实效发挥的前提，而高校内外部的体制则是章程实效发挥的组织保障。科学处理好这三者的关系，才能实现章程的实效性。

（六）民办高校章程实效不良带来的影响

本书认为，衡量和判断民办高校依法治校状况的优与劣，并不仅仅是依据该校出台的行为准则或规章制度的多少或是否都生效，更需要考量这些规章制度、规范是否在实施过程中得到了实现，即实效状况。

目前我国民办高校章程的实效状况整体上不令人满意（如表6－4、6－5所示），这反映了民办高校的规则失范，将会进一步引发和导致各利益相关主体对高校规章制度权威性的失望，从而失去对其足够的信任和认同，形成规范的实效性危机。同时，那些不能产生实效的规范实际上是虚的，没有价值的，只会使相关利益主体忽略法律权威、淡化法律意识与法治观念。

具体来讲，民办高校章程实效的不良带来的负面影响表现为：一、章程应有的价值不能转化为主体价值追求的目标，造成了各教育主体之间的隔阂，最终导致高校相关教育主体对章程的漠视。二、章程虽然已经存在，它是校内的"宪法"，然而现状是"有法不依"、"法非法"更使高校主体间对高校规范持否认态度，削弱了章程的权威，法治观念更无法强化。三、章程实效不强更无法保证民办高校的依法治校，对民办高校建立现代大学制度也产生了阻力。所以，民办高校章程的实效不佳的状况如果得不到应有的改观，将会严重影响中国民办高校依法治校、按章办学的进程。

（七）改善我国民办高校章程实效的若干思考

经过上文对章程实效制约因素的分析，可以总结出改善我国民办高校章程的实效应该注意以下几点：

1. 依法制定民办高校章程，保证章程的法的性质和合规律性

高校章程内在因素是影响民办高校章程实效的重要方面，章程在制定时需要充分体现合法性及合理性。在结构内容上，要依据国家有关的法律法规，既要保证基本内容要素的不遗漏，又要灵活拓展本校的特色要素，使高校的特点通过章程得到有力的体现，才可以从源头保障章程的良好实效。

科学制定章程首先需要把握好两个基本原则：一、高校章程要反映高

校的客观现实需要。马克思说："立法者应该把自己看做一个自然科学家。他不是在制造法律，不是在发明法律，而仅仅是在表达法律。"我们不能凭主观意志去立法，其结果只能归于失败。同样，违背学校内部管理规律所制定的法律终归无法用而无用。制定章程也要从实际出发，实事求是。这是辩证唯物主义思想在章程立法工作中的运用，立法工作者应当通过深入的调查研究，进行科学的论证，发现和把握高等教育发展的客观规律和民办高校客观现实需要，将其反映到章程上来。为使章程具有一定的稳定性，不因客观现实的发展变化而朝令夕改。章程的立法活动应有一定的科学的创见和预见。二、高校章程制定要体现公平、民主的精神和原则，要紧密联系师生。为了使章程能够得到高校主体的支持与配合，就需要密切联系利益主体，这不仅由我国政治制度的民主集中制的性质所决定的，同时也是保证订立章程科学性的必然要求。只有这样，民办高校章程才能真正体现和反映高校主体的需要，章程才能深得人心，进而得到各利益相关主体的自觉遵守和维护。

办学特色是指学校在长期教育实践基础上，凭借自身的优势和强项，所形成的为社会所认可的、稳定的个性特征，民办高校需要不断提炼本校的办学特色，通过高校章程的途径来展示，从而得到社会的认可。在确定民办高校的办学宗旨时，应该首先提炼各所民办高校独特的精神气质。"民办大学特有的精神气质是：为国分忧的民族精神、艰苦创业、无私奉献的精神、高度的社会责任精神、勇于探索的改革和创新精神、敢于挑战、勇于竞争的精神。"民办大学的发展要靠经济力量的支撑，但这并不与大学精神相冲突，相反，"现在已经把经济头脑转化为一种新型的大学精神形式，这种独特的精神，正在丰富着如今民办大学新鲜的精神宝库"。我国的民办高校章程就应该是表现民办高校精神的载体，它让这种精神得以彰显和传承，并通过办学宗旨体现出来，这样的办学宗旨也必然是独一无二的。民办高校要注重面向社会需求找准自己生存发展的空间，准确地给学校进行定位，并在办学治校的实践中坚持自己的办学理念和办学特色，这是办好一所高水平的高校所必然要遇到的带有普遍性的问题。民办高校定位要重点明确：定位主体应该是办学者，不是举办者，还要从功能定位、服务定位、特色定位等多个角度综合确定民办高校的办学定位，从而设定培养的目标。

借鉴国外成熟的高校章程，它们在内容上，凡是国家法律条文规定的绝对记载事项一个不少，对待相对和任意记载事项更是十分仔细，因为这正是体现高校管理水平、高校特色的最好载体，他们的章程对教师、学生的民主管理和监督权利规定非常全面，并统领设立的各项委员会，小到饮食管理委员会都给予了规定，正是这样全面而且规范的章程及一系列制度规章才凸显了他们规范的治理，又彰显了高校独特的个性。我国的民办高校章程事项还需要进一步依据本校实情来科学设置。民办高校章程内容结构要做到科学化就需要做到以下三点：一是章程规定要具体、严谨、完整；二是章程规定之间、章程文件之间协调一致；三是章程文件互相衔接，互相配套。只有相互补充、互相配套的规章制度共同作用，才可建立较为完备的高校法制体系。形成统一有机的整体，保证民办高校章程的有效实施和实施效果。

最后，高校章程需要建立完善的立法程序。完善的章程订立程序可以使章程的制定经过充分和全面的考量，使各项概念、原则、规范等更加具体、详细、完整；同时，章程制定也要遵循一定的法律程序，以使章程达到程序的合法，使其符合"法律优先原则、法律保留原则、正当程序原则、合理合法性原则"，履行必要的"事前告知、事中说明、事后救济"。这种程序机制让各利益主体参与到章程的订立中来，避免了章程的片面性。所以说，严格而完善的民办高校章程订立程序能够在很大程度上保障高校章程的科学性，必须严格遵守。章程的订立活动从提起到正式文件，再到最终通过颁布实施，这样的过程不但需要经过较长的一段时间，还要经过层层的环节。高校需要加强对大学章程实施工作的研究，组织专门的"立法小组"对章程的制定、修订与实施负责，多方咨询与调研，搜集整理高校各教育主体的各项意见及建议，不断的反馈到专门的章程制定部门，从而促进章程的不断完善，使章程反映高校大众的心声，确保了章程的合理性，使它真正成为治校的根本大纲。

总之，要制定一部完善的民办高校章程需要综合各方因素考虑，确保它的实效性就更不是件容易的事，所以要在遵循宪法、遵循高等教育规律、体现法制统一、恪守法制尊严、保障受教育者权益的法制观念下，使民办高校章程的制定、修订、实施等过程合理合法。

2. 逐步建立现代民办高校制度，才能体现章程实施的良好效果

（1）民办高校内部体制的完善

章程是否有实效，取决于高校内外部的管理体制是否科学，是否按照章

程精神和系列制度保证高校正常运行。因此，从另一个角度来看，完善的管理体制是制约民办高校章程发挥实效的重要因素之一。因为章程是制度的载体，良好的高校的管理体制也可以反映出民办高校有比较完善的章程制度。从高校内部的体制出发，要完善内部管理体制首先要正确处理以下几个重要关系：

①举办者与办学者的关系。如上所述，我国民办高校与公办院校最主要区别就在于管理体制不同，举办者与办学者角色分离，举办者是民办高校章程制定的主体，也是理事会的决策人；办学者是高校内主要事务的管理者，担任为高校校长的角色，他们各自代表不同的利益，处理好他们的关系，是民办高校章程中首先要规范的主体行为关系。举办者大多是民办高校的投资者，他们会不自觉地参与到高校的直接管理当中，甚至影响到高校校长的决策，这种权力的干预使高校管理不顺，权力责任不清晰，影响到民办高校的教育教学秩序和质量。另外，由于出资人所有权与学校法人财产权不分，加上所有权与经营权不分，这些敏感的产权问题都使举办者与办学者、各管理者成员之间的关系复杂。章程的重要任务之一就是要理清举办者与办学者之间的关系；董事长、董事会及校长之间的关系；董事会成员构成问题；监督机制缺失问题等，对他们各自所应拥有的权力与责任进行足够明确的区分，规范各自的职权和工作范围，这是每个民办高校章程制定必须要明确的基本和核心关系。

②高校行政机构与各学术委员会的关系也是民办高校内不可忽视的利益关系。民办高校的决策机构是高校章程的制定部门，各行政机构是章程的执行部门，为了更好地落实制度，就需要正确处理好行政机构（包括决策机构在内）与各学术委员会的关系。学术组织或委员会、学生组织或各委员会，他们的权益主要是通过教学委员会、学术委员会、学位委员会和教授委员会等学术决策机构；工会、教代会、学生会等师生权益保障组织，他们代表着教育者和受教育者的权利和义务责任，他们的合法权益是受到国家有关教育法律保障的，在章程中，应该对工会、教代会、学生会等这样的组织、委员会进行职责规范，同时还要明确记载师生的各项权利义务，这是章程制定必须考虑的重要内容。因为这涉及师生的各项权益，也是调动全体教职员工、学生们积极参与章程实施的基础，如果合理保障了他们的权益并使之充分认识到自己是高校主体，他们就会成为章程及其他规章制度实施的强大群众基础，也是章

程实效得以实现的重要力量。

　　要正确处理以上各利益关系，就要不断地优化高校内的管理体制。借鉴国外民办高校内部治理的经验，很多大学章程都对大学管理中权力机构的划分进行了法律上的切割，即董事会享有哪些权力、理事会或者执行机构及校长享有哪些权力、最终的司法诉讼又必须通过怎样的途径等。我国民办高校应强调构建以权力制衡为核心的民办高校法人治理结构，清晰的产权是前提。只有这样民办高校内部科学的管理体制才可以协调好各项关系，才可以保证章程的正常实施并产生良好的实效。就董（理）事会制度而言，就应该在章程中明确董（理）事会的性质、地位、职能，对董事的任职条件、任职年限明确规定，重视董事会的议题内容审核及议事程序建设，杜绝董事长"一言堂"的现象发生；董（理）事长和校长是高校内主要的领导，正确处理好他们的关系，规范各自的职权范围通过章程得到明文的规定，这是有效避免冲突的最佳途径。同时，建立监督机构如监事会并明确监事会的职权，充分发挥高校内各主体的民主参与积极性，通过师生和社会的监督来确保各项制度的落实到位，制约权力机构的权力滥用。在实际管理中，高校要努力使各个权力决策机关、行政管理机关和监督机关等既相互补充又相互制约，在各自的职权范围内依法运作，做到内部各体制运作高效率、低成本。另外，还要积极完善校内教职工的劳动保障机制，发挥工会的作用，优化教代会制度及学生维权制度，提高高校教育主体的积极性，从而保障章程的实效。

　　当前建立现代大学制度是高等教育改革最紧迫的任务，现代大学制度的核心是在国家的宏观调控政策指导下，大学面向社会，依法自主办学，实行科学管理。现代大学制度涉及规范和理顺大学与政府、大学与社会的关系，涉及大学内部治理结构的完善和改革。现代大学制度主要构架包括两个层面，即宏观层面（学校与外部的关系）：政府宏观管理、市场适度调节、社会广泛参与、学校依法自主办学；微观层面（学校内部）：党委领导、校长负责、教授治学、民主管理。民办高校也要在新的历史发展时期探索建立现代管理制度才可以立足于新一轮的高校竞争，这是历史发展的必然趋势。高校章程是制度的载体，建立现代高校制度就是要不断完善章程，通过章程来进行各项权力的再分配与制衡，促进现代大学管理制度的形成。

（2）民办高校外部体制的规范

正如访谈中两位校长谈到的那样，依法治校、按章办学离不开高校的内、外体制改革。国家在宏观方面的教育管理体制也对高校制定的各项规章制度产生很大的影响。

从民办高校外部即政府管理角度来说，要重视高校章程的法律地位。目前，国家已出台的《高等教育法》、《民办教育促进法》、《民办教育促进法实施条例》。2012年初，还专门出台了高校章程制定暂行办法，提出了高校制定章程的要求，但大多只是对一些原则性的问题进行了指导，一些重要事项的规定缺乏指导和规范，比如高校章程的法律性质、地位、制定主体、制定修改程序以及各类学校章程应载明的主要事项等都比较模糊。这样过于简单的要求，很难提高章程的法律地位并把"法制精神"渗透到高校章程中。

同时，政府应严格按照"章程"规定，保证高校的办学自主权，并在此基础上对高校进行监督管理。具体做法上，可以建立健全民办高校督导制度、年检制度和评估制度。建立督导制度是根据《民办教育促进法》规定，政府对民办高校实施管理的有效手段。政府向民办高校委派督导专员是落实这一制度的重要举措。建立年检制度是对民办高校实施日常管理的重要手段，也是一项开展较多、行之有效的管理手段。同时，要加强政府各部门的协调领导机制，促进民办高校健康发展。

综上，随着高校内、外部体制的不断完善，民办高校章程的制定与实施也将变得更加的科学，章程的实效也会得到有效的提高。

3. 营造民办高校法制文化氛围，保障章程价值实现

（1）积极树立依法治校、按章办学的法制观念

随着我国教育体制的不断变化，我国民办高校发展都呈现出多样化的特色，主要表现在投资主体多元化、校产所有制多样化、管理体制多样化、办学形式和办学层次多样化，以及专业设置等方面的多样化等，其中尤以举办和管理体制多样化最为典型。民办高校要在新一轮的高校竞争中争取优势，就必须要不断地创新发展思路，改变习惯思维定式。目前很多高校都是按固有惯性在运作而并没有制度规范，高校主体们都习惯地受到高校内的各项"人治化"氛围的影响，旧有的观念使"人情网"在高校的存在根深蒂固。作为高校的管理者，要加大力度改变现有的思想观念，改变现有的高校管理模式，在兼顾公平的基础上提高管理效率，创新高校

发展思路。这不但要涉及内部管理机制的完善，还关系到各项监督、制约机制的形成。对高校内的教育主体们来说，也要改变传统思维定式，积极参与创新各项制度的建设，才会使高校内的所有人员都加入到高校的建设中来，营造出良好的法制氛围，确保各项规章制度的有效实施。

民办高校章程的制定主体是举办者，执行者是各行政管理机构，他们对章程的性质、地位、作用等的了解直接影响到他们对章程的实施，应认识到章程不是为了应付政府的检查而设立，而是高校依法治校、规范发展的基本要求，章程是高校正常运转的基础性规章制度，是协调和平衡各种校内、外关系的手段，章程的作用不可低估。

大学党委书记、校长应按章行事，依法管理高校，促进高校健康快速的发展。监督组织和机构应履行监督职责，以民办高校的章程为基准制定其他的规章制度，以保证民办高校内的制度统一。只有具备了制度观念和意识，高校章程的制定和实施才有思想基础与组织保证。

教师和学生是高校教育主体的重要组成部分，作为教育者和受教育者是高校关系中最基本也是最重要的群体。章程要得到良好的实施需要进行广泛宣传，让各利益关系主体了解认同并主动遵守和按章办事，才可促进高校章程价值目标的实现。

（2）维护章程体现的自由、秩序、公平正义价值

法理上，自由是指法通过制度的保障，使主体的行为任意化。有法律才有自由。秩序被认为是工具性的价值，这里强调的秩序是社会生活的基础和前提。正义强调的是社会生活中主体的平等和公正。公平正义是法的基本标准。

大学的本质特征之一是学术自由。民办高校也要发挥教育主体们的主动性和创造性，对每个主体的合法自由都要予以保障。而在保障自由的同时，也要注意对高校秩序的维护。大学教育存在和运转过程中，大学教育主体相互作用所具有的一定确定性、稳定性和连续性的过程、结构和模式，即大学教育活动的井然有序和有条不紊。章程在制定过程中要体现教育公平价值，使高校教育主体的权利义务规范做到公平、正义。然而随着民办高校的不断发展，各教育主体们自身的利益需求也不断提高，这就需要新的高校教育秩序来体现教学和研究的自由、各主体利益的公平。这样就不断促进了高校章程的修订与完善。正是因为高校章程内在价值与"人治化"管理截然不同，它才可成为依法维护高校大部分人利益的工具，才

能有效调整"趋利"行为带来的不良影响。所以,高校在章程制定时就要保证章程价值的实现,使各要素的合理合法性得到保证。

当前,随着国家教育体制的深化改革,依法治校、按章办学已成为国家对所有大学的基本要求,如何完善制定和实施大学章程,这不但是国家政府主管部门的事,还事关大学内的所有教师和学生。研究结果发现我国民办高校章程中存在的诸多问题,非常不利民办高校的进一步发展;提出的改善建议和思考以期促进民办高校的发展,使民办高校从应对"生存危机"转到抓住"发展契机"上来,使章程真正产生实效。

后　记

开展本项研究是省级重点课题任务和本科教学的需要。几年来一直面向全校师范专业本科生开设"高等教育专题研究"课程，教学工作、长期的研究以及学院管理实践使我敏感于大学日新月异的发展和变化，重新审视大学教学科研社会服务的内涵，思考高等教育后大众化阶段质量保障问题。几年来，通过调查和研究，完成了江西省"十一五"教育规划重点课题《大众化阶段江西高等教育质量保障体系研究》，课题的研究成果构成了本书的核心内容。因开设专题研究课程，成果列入教育学院国家特色专业"公共事业管理"建设成果出版资助系列丛书。

高等教育的产生发展推动了经济社会的发展和人类社会的进步，其职能也随着社会要求不断提高并得到强化和拓展。在大学职能演变的各个阶段，产生了一批著名教育家和学者，其代表作思考了大学发展问题，总结了大学发展规律，为研究现代大学的发展提供了启示和借鉴。中世纪大学主要职能是培养人才，纽曼的《大学的理想》主要阐述了大学教学活动的重要性，作为象牙塔的大学在自我封闭的环境中研究高深学问，始终强调培养学生是大学的唯一职能。1809年，洪堡在德国创立柏林洪堡大学，宣告了中世纪大学的终结，标志着研究型大学的产生，大学的职能也由单一的培养人才拓展到科学研究。不仅如此，弗莱克斯纳的《现代大学论》提出作为研究机构存在的大学应如何将科学置于社会的顶峰，大学与社会的联系日益紧密，其职能也从大学内部延伸至社会生活当中，美国林肯政府于1862年颁布了《莫雷尔法案》，标志着社会服务职能逐渐常态化。研究者的讨论已扩展至与社会相联系的方方面面，如德里克·博克的《走出象牙塔》，克拉克·克尔的《大学的功用》等，都论述了大学随着社会服务职能的拓展而发生的巨大变化。本书所探讨的后大众化阶段大学发展问题主要从上述大学三大基本职能的发展演变入手，研究高等教育后大众化阶段的特征和大学使命，并从微观视角思考后大众化阶段大学人才培养质量、学术发展问题和社会服务能力问题，通过现代大学制度的载体大学章程的研究，探讨了制约大学三大使命实现的管理体制机制问题，章程建设也是《国家中长期教育改革和发展规划纲要 2010—2020》提出的现代大学制度探索的热点和现代大学制度建设的重点。

　　本书力求资料占有的丰富性和前瞻性。研究立足于国内外研究前沿，根据研究内容需要进行了广泛的调查访谈，江西师范大学研究生院、教育学院资料室等为本项研究提供了大量工作数据和文献资料信息，这些都是本书形成的重要基础。研究着眼于后大众化阶段大学发展过程中的突出问题，提出了富有操作性的思考和建议，力求针对性和科学性，以期丰富后大众化阶段大学发展理论和指导实践。参与本课题研究和本书撰写的有民办高校南昌理工学院的黄凌霞老师，研究生曾维华、董宁然、邹菁、马楠、高婷、何华生、黄云。翟春光、李琳、朱玉双同学也参与了相关工作，成果凝聚了师生团队共同的思考和努力。

　　在研究过程中要感谢院长何齐宗教授、副院长万文涛教授、谢翌教授及全院老师的支持和宝贵意见；感谢研究生院陈军科长、教育学院研究生办公室郭文娟老师及调研学校的大力支持。感谢教育学院特色专业建设办公室主任蔡连玉博士和出版社宫京蕾老师，为本书出版所做的工作。在此谨向关心和支持我开展研究工作的老师、同事、学生以及我的家人表示由衷的谢意。

王云兰

于南昌青山湖畔

2012.02